문답식

민주시민교육 60選

Politische Bildung 60

정창화 · 허영식

法 文 社

이 저서는 2019년 대한민국 교육부와 한국연구재단의
지원을 받아 수행된 연구임
(NRF-2019S1A5A2A03053294).

This work was supported by the Ministry of
Education of the Republic of Korea and the
National Research Foundation of Korea
(NRF-2019S1A5A2A03053294).

머 리 말

인권과 민주주의, 그리고 법치주의의 가치와 이념에 기반을 둔 자유민주적 기본질서는 일반적으로 헌법정신에서 핵심적인 준거로 작용하며, 이와 동시에 사회정치적 측면에서 바라볼 때 우리가 추구해야 할 근본적인 지향점으로 간주되고 있다. 이와 같은 사항을 함축하고 있는 헌정애국주의(혹은 헌법애국주의)는 기존의 전통적인 민족적 애국심과 차별화할 수 있다. 또한 이러한 관점에서 출발할 때, 자유민주적인 사회와 국가를 유지・발전시키기 위해서는 우선적으로 민주적 정치문화가 요청된다. 그리고 이와 같은 민주적 정치문화를 조성하고 잘 가꾸기 위해서는 그러한 민주적 정치문화에 부응할 수 있는 사회구성원, 즉 시민의 역량과 자질 혹은 정치적 문해력(political literacy)이 필요하다.

이와 같이 성숙한 시민의식을 함양하고, 인지적・정의적・행동적 측면에서 시민의 지평과 시야를 확장시키는 데 있어서 중요한 기능과 역할을 수행하는 교육적 방책이 민주시민교육이다. 그렇지만 그러한 역량과 자질은 자동적으로 혹은 저절로 길러지고 확장되는 것이 아니라, 계획성과 의도성을 전제로 한 학습과 교육의 과정을 거쳐서 비로소 갖추어질 것으로 기대할 수 있다. 따라서 국가와 사회, 학교와 가정은 모든 사회구성원, 즉 아동・청소년・성인을 대상으로 삼아 그러한 학습과 교육의 과정을 가능하게 만들거나 아니면 그러한 학습과 교육을 위한 장을 마련해주어야 한다. 또한 학습과 교육을 담당하고 있는 행위주체(교육기관이나 단체)는 민주시민교육을 핵심적인 과제로 삼고, 이 과제에 부응할 수 있는 방안이나 전략을 모색해야 한다.

이러한 배경과 문제의식에서 출발하여, 이 책은 민주시민교육에 관한 기본적인 정보와 지식을 가능하면 이해하기 쉽도록 문답형식으로 제시하는 데 주된 목적을 두고 있다. 이러한 목적에 도달하기 위하여, 우선 민주시민교육의 개념과 이론적 기초에 대해 간단히 살펴보고(제1부 제1장~제11장), 이어서 민주시민교육의 교수학습방안과 관련된 사항을 좀 더 자세하게 기술한다(제2부 제12장~제50장). 그 다음 민주시민교육의 제도와 조직에 관하여 논의한다(제3부 제51장~제60장). 이 책의 발간을 맡아주신 법문사 대표님과 유진걸 대리 그리고 편집 및 교정을 담당해 주신 김용석 과장과 조판 및 디자인을 해 주신 김명희 차장과 손현오 과장에게 모두 진심으로 감사의 말씀을 드린다.

2021년 1월

정창화 · 허영식

제1부 개념과 이론 – 민주시민교육의 개념과 이론적 기초

제2부 방법론 – 민주시민교육의 교수학습원칙 및 방법

제3부 제도와 조직 – 민주시민교육의 법제, 조직 및 운영체계

부 록

제1부

개념과 이론

민주시민교육의 개념과 이론적 기초

제1부

1. 민주시민교육의 개념과 목적은 무엇인가?
2. 공공과제로서의 민주시민교육은 어떻게 해야 하는가?
3. 민주시민교육의 기본가정과 연구활동분야는 무엇인가?
4. 민주시민교육에서 초당파성의 원칙과 실천방안은 무엇인가?
5. 민주시민교육의 기능은 무엇이며 어떻게 구분할 수 있는가?
6. 민주시민교육에서 정서와 합리성의 관계를 어떻게 이해해야 할까?
7. 민주시민교육에서 생활과 정치의 관계를 어떻게 이해해야 할까?
8. 민주시민교육에서 갈등과 합의의 관계를 어떻게 이해해야 할까?
9. 민주시민교육은 왜 학교교육의 기본적인 과제인가?
10. 특정한 교과를 넘어선 민주시민교육의 가능성은 무엇인가?
11. 민주시민교육의 원칙에 관한 합의는 가능한 것인가?

민주시민교육의 개념과 목적은 무엇인가?

민주시민교육은 국제적인 이해의 지평에서 폭넓게 관찰할 수 있는 교육적 방책을 나타내는 개념이다. 유럽연합의 경우를 살펴볼 때, 민주시민교육에 해당하는 용어로는 정치교육(politische Bildung, educazione politica), 시민정치교육(civic/political education, educazione civica/ politica), 시민도덕교육(education civique/morale), 시민과 혹은 공민과(civics)를 들 수 있다. 유럽연합 회원국별로 민주시민교육을 살펴볼 때, 역사적·문화적 전통, 교육정책의 제도와 실제 측면에서 차이와 다양성을 보여주기 때문에, 유럽연합 수준에서 어떤 통일된 민주시민교육은 존재하지 않는다. 하지만 이러한 차이와 다양성에도 불구하고, 공공적인 사안에 참여할 수 있는 시민의 기본적인 역량을 갖추도록 해야 한다는 점에 있어서는 대체로 일반적인 합의가 존재한다고 볼 수 있다. 다시 말하면, 민주시민교육은 적어도 필수적인 정보와 지식의 습득, 사회정치적 문제에 관한 토의와 합리화, 그리고 적절한 행위와 행동의 활성화에 기여할 것이라고 기대하고 있다(Mickel, 2005: 650).

미국의 경우를 살펴볼 때, 의미론의 수준에서 독일의 '정치교육'(politische Bildung)에 대체로 부응하는 용어로는 시민교육(civic education), 시민과 혹은 공민과(civics), 시민학습(civic learning), 시민성교육(citizenship education, education for citizenship), 사회과(social studies)를 들 수 있다. 민주시민교육과 관련된 구체적인 교과, 학습영역, 강좌에 해당하는 명칭은 물론 더 다양하게 나타날 수 있다(Koopmann, 2005: 652). 독일의 정치교육이 함축하고 있는 의미가 대체로 영미권에서 사용하는 용어인 시민교육에 대응한다는 점은, 예를 들면, 독일의 연방정치교육원(bpb: Bundeszentrale fuer politische Bildung)을 영어로는 연방시민교육원(Federal Agency for Civic Education)으로 번역하여 사용한다는 사실에서 확인할 수 있다. 이와 마찬가지로 함부르크 정치교육원(Landeszentrale fuer Politische Bildung Hamburg)에 해당하는 영어 번역어는 함부르크 시민교육원(Hamburg Agency for Civic Education)이다.

민주시민교육은 헌정질서(자유민주적 기본질서)의 유지·발전에 기여할 수 있도록 사회구성원인 시민(국민)이 성숙성(자율과 책임의식)을 갖추도록 하는 데 주된 목적이 있다. 이러한 목적을 고려할 때, 민주시민교육의 개념은 국가와 지역사회에서 일어나고 있는 사회정치현상에 관하여 인식하고, 사회정치적 상황을 합리적으로 판단하고, 사회정치과정에 참여하거나 행위를 하는 데 필요한 지식, 기능, 가치·태도를 갖추도록 하는 교육시설의 조치와 활동을 가리키는 집합명칭이라고 규정할 수 있다.

민주시민교육의 목표와 과제는 자유민주사회의 가치를 사회구성원에게 전달하고, 그들의 역량을 강화시키는 데 놓여 있다. 그리고 이 시민의 역량에는 사회정치적 전개과정과 동향을 분석하고, 스스로 판단형성을 할 수 있는 능력이 포함되며, 자신의 이해관계와 공동체의 사안을 위해 관여하고, 민주적인 생활의 구성과 민주주의의 발전을 위해 참여할 수 있는 능력이 포함된다. 민주시민교육은 다원적이고 자유민주적인 사회와 국가의 기본적인 가치에 기반을 두고 있다. 이 기본적인 가치는 예를 들면 헌법에 포함된 기본권과 세계인권선언에 포함된 인권에서 더 구체적으로 표현되고 있다.

이와 같은 민주시민교육의 목표와 과제에서 출발할 때, 공공기관에서 민주시민교육을 담당하는 행위주체(교사·강사)는 초당파성(정치적 중립성)의 원칙에 유의할 필요가 있다. 그들은 헌법에서 명시한 자유민주적 기본질서의 유지와 발전에 기여해야 한다. 초당파적인 입장에서 교육을 해야 한다는 과제에 부응하기 위해서는 교육담당자는 일방적으로 특정한 정치적·종교적·세계관적 진술이나 표명을 하지 않도록 해야 하며,

정치적・종교적・세계관적 측면에서 학교의 평화를 깨뜨리거나 교란시키지 않도록 해야 한다. 예를 들면, 인간의 존엄성, 자유권, 평등권, 자유민주적 기본질서에 어긋난다는 인상을 학습자에게 주지 않도록 유의해야 한다. 초당파성의 원칙과 연관해서 이렇게 기본권과 인권을 언급하는 이유는 교육담당자는 언제나 헌법정신에 따라 자유민주적 기본질서의 유지와 발전에 기여해야 한다는 기대가 있기 때문이다. 이 초당파성의 원칙이 지닌 의미와 중요성은 소위 '뮌헨선언'(1997)에서도 확인할 수 있다. 이 선언에 따르면, 공공과제로서의 민주시민교육은 다양성(다원성)・초당파성・독립성의 원칙에 따라 운영되어야 한다(bpb, 1997: 36-37).

공공과제로서의 **민주시민교육**은 어떻게 해야 하는가?

민주법치국가는 시민의 자율적인 사고와 행위를 요구하며, 자기책임과 사회적 책임을 고려하면서 판단을 하고, 헌정규칙과 가치를 존중하며, 이것을 위해 능동적으로 참여하려는 자세를 필요로 한다. 공공의 과제로서 행해지는 민주시민교육은 개인적·사회적 지향뿐만 아니라 민주적인 태도와 행동방식의 발달과 공고화를 위해 지속적이며 포기할 수 없는 기여를 한다. 사회적·경제적·기술적인 변화에 직면하여 민주시민교육은 새로운 과제와 도전 앞에 서 있다. 특히 이러한 변화의 조건을 고려할 때 민주시민교육의 미래지향은 중요한 의미를 갖게 된다.

소위 '뮌헨선언'(1997)에서 제시한 바와 같이, 공공과제로서의 민주시민교육은 다양성(다원성)·초당파성·독립성의 원칙에 따라 운영되어야 한다. 학교교육과 평생교육을 담당하고 있는 교육기관들은 민주시민교육을 위해 중요한 기여를 한다. 그들은 다원주의적인 민주시민교육에 기여할 수 있다. 공공과제로서의 민주시민교육을 담당하고 있는 교육기관은 자문·지원·육성을 통해 다른 교육기관이나 단체에서 제공하는 프로그램의 질과 효과성을 제고시키며, 다양성(다원성)을 유지하도록 기여할 수 있다. 법률 또는 조례에 근거하여 초당적으로 운영되는 민주시민교육 담당기관은 가능하면 모든 시민과 단체를 끌어들일 수 있는 이상적인 대화의 광장을 제공해야 한다. 공공과제로서의 민주시민교육을 담당하는 기관의 사업내용은 독립적으로 그리고 어떤 일방적인 지시를 받지 않으면서 이루어져야 할 것이다. 공공교육기관의 사업과 활동이 사람들로부터 인정받는 데 있어서 바로 이것이 결정적인 요소가 된다.

공공과제로서의 민주시민교육은 포기할 수 없으며, 단순히 시장의 논리에 떠맡겨서도 안 된다. 그것은 모든 참여자의 공동체적 과제로서 간주하고 또한 그런 식으로 더욱 유지·발전시켜야 한다. 민주시민교육의 수익은 투입과 산출이라고 하는 경제적인 범주로는 계산할 수가 없다. 마찬가지로 단기적인 효율성을 따지려는 생각은 민주시민교육사업을 위해 적합한 기준이 되지 못한다. 하지만 확실한 점은, 교육은 사람의 생각과 행동을 변화시키며, 나아갈 정향을 제공하고, 따라서 미래에 대한 투자가 된다는 것이다. 교육사업, 즉 자료개발, 다원적 정보제공의 마련, 여러 다양한 교육행사의 실시는 그에 대응하는 재정적인 비용을 필요로 한다. 따라서 물질적인 면에서 충분한 여건이 마련되어야 공공책임을 떠맡고 있는 민주시민교육사업도 성공적으로 이루어질 수 있다. 요컨대, 민주시민교육에 투자하는 물질적인 금전은 말하자면 상당히 높은 이자를 기대할 수 있는 것이다(bpb, 1997: 36-39).

민주시민교육의 기본가정과 연구활동분야는 무엇인가?

민주시민교육 전문가들을 대상으로 실시한 면담의 결과, 그들이 대체로 공유하고 있는 민주시민교육의 기본가정(신념체계)은 다음과 같이 다섯 가지로 제시할 수 있다(Sander, 2005: 27-28).

(1) 민주시민교육의 대상영역은 사회정치현상에 관한 학습과 연관된다.
(2) 사회정치현상을 합리적으로 다룬다는 의미에서 민주시민교육은 계몽주의의 전통에 입각하고 있다.
(3) 행위주체로서의 인간상에 지향을 두고, 스스로 판단하고 행위한다는 의미에서 성숙성(자율과 자기책임) 혹은 성숙한 시민의식을 기르는 데 궁극적인 목적을 두고 있다.
(4) 바람직한 정치적 질서로서 민주주의를 준거로 삼는다.
(5) 교육학과의 연관성을 고려하면서 간학문적(학제적)인 사회과학의 맥락에서 민주시민교육에 관한 연구와 활동을 수행한다.

위와 같은 기본가정 혹은 신념체계에 입각하여 민주시민교육의 연구활동 분야를 제시하면 다음과 같다(Sander, 2005: 28-31).

(1) 민주시민교육의 철학: 일반적인 목표와 규범적 함의, 일반적인 대상영역, 이론적 위상, 역사
(2) 학습환경의 계획 · 실행 · 성찰을 위한 도구: 교수학습원칙, 방법, 매체(미디어), 학습과정의 관찰, 분석, 평가를 위한 기준
(3) 교수학습연구: 양적 연구와 질적 연구의 방법을 활용하여 학습과정에 대한 경험적 연구 수행

소위 **보이텔스바흐 합의**(Beutelsbach Consensus, Beutelsbacher Konsens)를 기준으로 하여, 한편으로 상기한 민주시민교육의 기본가정 및 민주시민교육의 원칙(뮌헨선언, 1997)과의 친화성을 고려하고, 다른 한편으로

보이텔스바흐 합의의 맥락 혹은 배경이 되는 개방사회의 원칙 및 담론규칙과의 연결 가능성, 상호 연관성 혹은 친화성을 고려하여 비교분석한 결과는 다음과 같이 도식화할 수 있다(허영식, 2019a: 230; 2019b: 99).

표 1 민주시민교육의 원칙에 관한 비교분석

<table>
<tr><th>민주시민 교육의 기본가정</th><th>민주시민 교육의 원칙(뮌헨선언, 1997)</th><th>보이텔스바흐 합의의 원칙(1976)</th><th>개방성의 차원(개방사회의 원칙)</th><th>담론규칙(하버마스)</th></tr>
<tr><td>② 계몽주의 전통
③ 성숙성
(자율과 자기책임)
④ 민주주의 준거</td><td>③ 독립성
(기관 · 제도 수준)</td><td>① 주입 · 교화 금지(자주적 판단형성)</td><td rowspan="2">① 동등한 권리를 갖고 있는 참여자들이 대화공동체에 자유롭게 접근할 수 있다.
② 서로 다른 입장을 표출할 수 있는 가능성이 있다.</td><td rowspan="2">▷ 대화수준에서의 담론규칙:
① 말할 수 있는 사람은 누구나 담론에 참여할 수 있다.
② 누구나 모든 주장을 문제시할 수 있고, 누구나 모든 주장을 담론에 끌어들일 수 있고, 누구나 자신의 태도 · 소망 · 필요를 진술할 수 있다.
③ 상기한 두 가지 규칙, 즉 ①과 ②에 포함된 권리를 행사하는 데 있어서 어떤 화자(話者)도 방해를 받아서는 안 된다.</td></tr>
<tr><td>① 사회정치현상
④ 민주주의 준거
⑤ 간학문적 사회과학 맥락</td><td>① 다양성
(다원성)
② 초당파성</td><td>② 논쟁점 반영</td></tr>
<tr><td>② 계몽주의 전통
③ 성숙성
(자율과 자기책임)</td><td>① 다양성
(다원성)
③ 독립성
(기관 · 제도 수준)</td><td>③ 이해관계 고려(역량 강화)</td><td>③ 동등한 권리를 갖고 일반적으로 대화공동체에 참여가 가능하며, 대화공동체에서 이해관계를 대변할 수 있다.</td><td>▷ 담론윤리의 근거를 제시하는 규칙: 모든 타당한 규범은 다음 조건을 충족시켜야 한다. 즉, 모든 각자의 이해관계를 만족시키기 위해 규범을 일반적으로 따를 때 나타나는 결과 및 부수효과를 모든 당사자가 강제 받지 않고 받아들일 수 있어야 한다.</td></tr>
</table>

04 민주시민교육에서 초당파성의 원칙과 실천방안은 무엇인가?

이 부분에서는, 상기한 바와 같이, 뮌헨선언에서 제시한 민주시민교육의 원칙(다양성, 초당파성, 독립성)과 보이텔스바흐 합의에서 제시한 민주시민교육의 교수학습원칙(주입·교화의 금지, 논쟁점 반영, 학습자의 이해관계 고려)을 염두에 두면서, 특별히 초당파성의 원칙을 학교교육과 평생교육에서 적용하고 실천할 수 있는 방안을 모색하고자 한다. 여기서 언급한 사항 중 일부분은 이 주제와 관련해서 더 자세하게 기술한 제2부 제24장(초당파성의 원칙을 준수하기 위한 지침은 무엇인가?)에 다시 반영되어 있다.

(1) 민주시민교육에서 초당파성의 원칙을 어떻게 준수할 것인가?

교육자의 행위는 규범적 근거를 갖고 있는 가치에 입각하여 이루어져야 한다. 이러한 전제에서 출발할 때, 기계적인 의미에서 단순히 중립적인 행위, 즉 몰가치적(沒價値的)인 행위나 가치상대주의적인 행위를 통해 교육목표에 도달하려는 시도는 모순되거나 역설적인 것으로 보인다. 교육의 과정이 성공적으로 이루어지기 위해서는, 즉 민주시민교육에서 사회적·문화적·정치적·경제적 전개과정과 동향을 성찰하고 적절하게 다루기 위해서는 규범적 근거를 갖고 있는 교육목표를 확인할 필요가 있다. 다시 말하면, 교육실천에서 초당파성의 원칙을 준수한다는 것이 도대체 무엇을 의미하는지 검토할 필요가 있다.

초당파성의 원칙은 기본적으로 국가적 행위 혹은 공직자(공무원)의 행위와 관련된다. 국가적 행위 혹은 공직자의 행위가 갖고 있는 기능은 권력을 둘러싼 정치적 경쟁에서 합헌적인 정당에게 기회의 균등을 보장하는 데 놓여 있다. 어떤 정당도 국가기관이나 공직자의 행동을 통해서 특별한 대우를 받거나 아니면 불이익을 받으면 안 된다. 여기서 핵심적으로 중요한 사항은 정치적 담론에 참여한 사람은 누구나 자신의 견해나 판단을 자유롭고 개방적인 과정에서 형성할 수 있다는 것이다.

하지만 민주시민교육이 이루어지는 학급이나 장소는 정치와 전혀 무관한 공간이 아니며, 교육자도 역시 정치적으로 완전히 중립적인 행위주체가 아니다. 따라서 어느 정당의 이념적 기초와 일반적인 목표・내용을 비평적으로 다루는 일, 당의 강령(정강)을 인용하고 그것에 대해 비평적 분석을 하는 일은 초당파성의 원칙을 위반한다고 간주할 수 없다. 이와 마찬가지로 극우주의, 극좌주의, 이슬람근본주의, 이슬람혐오증, 집단관련 인간혐오, 증오를 선동하는 발언이나 행동, 자본주의적 경제체제에 관한 비평적 취급, 사회와 정치체제의 민주적 발전을 위한 방안 모색 등은 초당파성의 원칙과 결코 모순되지 않는다. 하지만 이때 가능하면 사실에 입각한 객관성을 유지하고 일방적인 입장을 회피하는 것이 바람직하다(Waldmann, 2019: 28).

(2) 초당파성의 관점에서 바라본 보이텔스바흐 합의

민주시민교육 분야에서 소위 **보이텔스바흐 합의**는 그동안 많은 사람들이 긍정적으로 받아들인 일종의 협약과 같은 지위를 갖추게 되었다. 하지만 이 합의는 원래 조약이나 계약을 통한 합의가 아니었으며, 처음에는 단지 공공교육기관에서 실행하는 민주시민교육을 위해 적실성이 있는 것으로 간주되었다. 하지만 시간이 지나가면서 이 합의는 마치 민주시민교육의 윤리적 핵심과 같은 것으로 인정을 받게 되었으며, 또한 평생교육 차원에서 이루어지는 민주시민교육에 있어서도 교육담당자가 고려해야 할 중요한 준거가 되었다. **보이텔스바흐 합의**에 포함된 세 가지 교수학습원칙(주입・교화의 금지, 논쟁점 반영, 이해관계지향과 주체지향)은 민주시민교육을 위한 수업이나 프로그램의 구성적 원칙으로서 이해해야 하며, 어떤 특정한 내용과 주제를 지향하거나 확정하는 일과 관련된 사항은 포함하고 있지 않다. 초당파성의 관점에서 바라볼 때, 이 세 가지 원칙이 지닌 함축의미는 다음과 같이 기술할 수 있다.

1) 주입 · 교화의 금지

민주시민교육의 핵심적인 과제는 학습자가 자주적인 정치적 판단능력을 형성할 수 있는 공간과 여건을 마련하는 데 놓여 있다. 학습자에게 특정한 신념을 억지로 강요하거나 선교활동을 하는 방식으로 개종시키려는 시도를 해서는 안 된다. 학습자의 인격(인성)을 존중하고 (정치적) 성숙성의 목표를 존중한다는 교육의 취지에 비추어볼 때, 주입 · 교화의 형태는 적절하지 않은 것으로 보인다. 하지만 학교교육의 실제를 살펴볼 때, 교육자와 학습자 사이의 관계에서 어느 정도 비대칭성이 발생할 수 있다. 따라서 이러한 위험성을 의식하고, 이러한 관계의 구조에 대해 늘 성찰할 필요가 있다. 이것은 물론 교육자가 어떤 정치적 질문이나 문제에 관하여 자신의 입장을 표출해서는 안 된다는 것을 뜻하지 않는다. 하지만 자신의 입장을 투명하게 밝히고 그 입장에 대한 이유나 근거를 제시해야 한다. 이와 동시에 그때그때 각 주제에 관하여 다른 입장과 시각도 역시 대변할 수 있다는 점을 분명하게 밝혀야 한다. 경우에 따라서는 교육자의 개인적인 의견이나 입장을 교육의 과정에서 가능하면 뒤로 물러나게 하는 방안이 더 적절할 수도 있다(Waldmann, 2019: 28).

2) 논쟁점 반영

논쟁점 반영의 원칙(학문 · 정치에서의 논쟁점을 가능하면 수업에 반영해야 함)은, 현실적으로 살펴볼 때, 여러 가지 서로 다른 주제를 다루는 데 있어서 다중관점을 고려해야 한다는 촉구로 이해할 수 있다. 하지만 그때그때 제기되는 문제나 질문에 관한 입장의 범위를 도대체 누가 결정할 수 있는가? 민주시민교육에서 다룰 수 있는 대상(내용 · 주제)과 관련하여 교육담당자가 가능한 입장의 폭 전체를 알고 있다는 것을 현실적으로 기대할 수 있는가? 자유로운 의사표현의 한계를 넘어서는 입장이나 심지어는 형법상 문제가 될 수 있는 진술에 대해서까지 고려할 수 있는 여지를 부여할 수는 없을 것이다. 그리고 서로 다른 입장을 단순히 병렬적으로 제시하는 것으로는 충분하지 않다. 다중관점이란 입장과 평가의 다원적인 병렬만을 의미하는 것이 아니라, 논쟁과 이의제기도 포함하고 있으며, 경우에 따라서는 타협의 추구도 포함할 수 있다. 이런 것들은 역동적인 민주주의에서 개방적인 사회를 위해 필수적으로 요청되는 경험에 속한다. 이때 사회적으로 지배적인 다양성 혹은 다원성에서 배제되어 있는 집단과 관점에 귀를 기울이는 일이 중요할 수 있다. 그렇게 해야 이제까지 금기시되었던 주제나 억압되었던 현상을 비로소 다룰 수 있는 담론의 장을 마련할 수 있다(Waldmann, 2019: 28-29).

3) 이해관계 고려

보이텔스바흐 합의의 세 번째 명제는 민주시민교육의 수신자와 관련되며 교육의 과정에서 전달해야 할 능력과 관련된다. 그래서 이 원칙은 때로는 이해관계지향과 주체지향, 참여자지향이나 활동지향으로 해석되기도 한다. 여기서 핵심적으로 중요한 점은 민주시민교육이 학습자에게 정치적 상황과 갈등을 분석하고, 자신의 이해관계를 정식화하고 성찰하며, 자신의 이해관계에 따라 사회정치적 상황에 영향을 미치는 전략이나 방안을 모색할 수 있는 능력을 전달해 주어야 한다는 것이다. 여기서 학습자는 정치적 주체 즉, 자신의 이해관계와 아이디어를 갖고 정치과정에 관여하거나 개입할 수 있는 자주적이고 성숙한 행위자로서 이해해야 한다. 이 맥락에서 거론되는 사항으로는 분석적·방법적·전략적 역량의 함양, 자기결정과 공동결정을 위한 역량강화, 참여의 가능성 인지, 구성적 역량의 개발, 그리고 참여하려는 자세와 태도 확립 등을 들 수 있다(Waldmann, 2019: 29).

(3) 공공적 진흥과 초당파성의 원칙

'독일을 위한 대안(AfD)' 정당은 최근 학교교육과 관련해서, 교사가 민주시민교육과 관련된 수업에서 초당파성(정치적 중립성)의 원칙을 위반한다는 인상을 줄 경우, 학생들이 익명으로 신고할 수 있는 포털을 구축하여 운영하고 있다. 시민사회단체 행위자들의 사업과 활동에 관하여 '독일을 위한 대안' 정당이 제기한 대정부질문에는 시민사회의 조직이나 단체에게 부여하는 공공재정수단(보조금)을 취소할 것을 포함하고 있다. '독일을 위한 대안' 정당은 그 근거를 시민사회단체 행위자들이 정치적 중립성의 원칙을 위반하거나 보이텔스바흐 합의를 준수하지 않는다는 데에서 찾고 있다. 이 정당은 또한 마음에 들지 않는 시민사회단체에게 극단주의의 낙인을 찍기도 한다. '독일을 위한 대안' 정당은 학교수업에서 그들이 가정하고 있는 주입・교화를 중지시키고, 여러 지역의 정치교육원(민주시민교육원)을 비난하는 여론몰이를 하려는 목표를 추구하고 있다. 이와 동시에 이 정당은 인종차별주의 및 다른 집단관련 인간혐오의 형태에 반대하고 다양성과 관용을 위해 노력하는 여러 교육기관이나 단체를 비난하는 활동을 전개하고 있다.

이와 같은 사례를 통해 우리는 초당파성의 원칙을 재검토할 필요가 있다. 민주시민교육을 담당하고 있는 시민사회단체는 결코 국가의 위임을 받아 행위를 하는 대리자나 수탁자가 아니다. 그들은 사회를 위해 보충적으로 적실성이 있는 과제를 떠맡은 자주적이며 독립적인 조직이다. 이들을 위해 일정한 지침에 따라 공공재정수단에서 나온 보조금이 제공될 수 있다. 시민사회단체는 자체의 가치지향과 신념에 기반을 두고 그들의 목표와 과제를 정식화하며, 역동적이고 다원적인 민주사회를 위해 중요한 기여를 한다.

물론 그들의 활동이 자유민주적 기본질서와 모순되지 말아야 한다는 데에는 논쟁의 여지가 없는 것처럼 보인다. 이러한 사항은 진흥과 관련된 지침에도 반영되어 있다. 하지만 그렇다고 해서 예를 들면 사회현실에 대해 비판적으로 분석하거나, 기본권에 대한 제한이나 위반을 비난하거나, 경제체제의 새로운 질서를 요구하거나, 민주주의의 개혁을 추구해서는 안 된다는 결론을 도출해서는 안 된다. 공공적 진흥을 통하여 시민사회조직의 활동 그 자체가 국가의 조치가 되는 것은 아니다. 게다가 국가의 진흥조치가 기본권적인 자유의 측면에서 시민사회의 행위자를 제한해서는 안 된다.

평생교육의 지평을 살펴보면, 다양하고 서로 다른 세계관을 갖고 있는 기관이나 단체를 확인할 수 있으며, 여기에는 재단, 노조, 정당관련재단, 교회, 학술단체, 시민대학 등이 속한다. 이와 같이 다양한 기관이나 단체는 민주시민교육의 다원성을 보장하고 있다. 그동안 새로 설립된 행위주체들은 예를 들면 청소년문화, 특별한 교육적 접근방안, 인종차별주의에 관심과 주의를 기울이고 있다. 이러한 행위주체에서도 추구하는 어떤 가치지향이 매우 중요한 요인으로 작용하고 있다.

공적인 재정수단을 통해 이루어지는 행사는 서로 다른 세계관, 태도, 가치관, 정치적 선택을 갖고 있는 사람들을 위해 원칙적으로 개방되어 있다. 하지만 행사를 주관하는 단체나 기관의 가치준거 혹은 가치구속성을 고려하여 사람들이 특정한 단체나 기관의 행사에 참여한다는 점에도 역시 주의를 기울일 필요가 있다. 따라서 행사를 주관하는 단체나 기관 자체의 가치지향을 일부러 감출 필요는 없다. 그러나 원칙적인 수준에서 살펴볼 때, 투명성을 확보하고 제고하는 것이 바람직하다. 이를 위해서는 예를 들면 자체의 인식관심을 의식하도록 하고, 담론과 논쟁적 토론, 의사형성과 판단형성을 위한 공간과 여지를 마련해야 한다. 요컨대, 보이텔스바흐의 세 가지 원칙에 대한 지향은 세계관이나 가치에 묶여 있는 기관이나 단체의 특정한 면모 혹은 특징과 모순되지 않는다 (Waldmann, 2019: 30).

민주시민교육의 기능은 무엇이며 어떻게 구분할 수 있는가?

여기서 우리가 주의를 기울이고자 하는 민주시민교육의 기능은 정치체제 수준에서 민주시민교육이 어떤 기능을 수행하는지 혹은 수행해야 할 것인지의 질문과 관련된 것이다. 정치사회화의 현상에 관한 연구를 살펴보면, 대체로 두 가지 흐름을 구별할 수 있다. 그 하나는 정치체제의 작용을 위해 정치사회화가 어떤 기여를 해야 할 것인가의 질문을 다룬다. 즉, 이러한 경향은 정치사회화의 체제적 기능에 초점을 맞춘다. 다른 흐름은 사회화를 주로 개인의 시각이나 입장에서 관찰하고자 한다. 이러한 경향은 집단 혹은 개인의 필요와 요구를 충족시키기 위하여 정치체제가 어떻게 변화해야 할 것인가의 질문을 다룬다. 이러한 흐름에서는 정치사회화의 해방적 기능을 상대적으로 더 많이 강조한다.

민주시민교육에 대한 요구나 필요는 정치체제가 변화할 경우, 그러한 변화를 정부(정치적 기관)나 사회집단이 추구할 경우, 또는 집단이나 기관이 변화를 막으려고 할 때 발생하거나 존속하게 된다. 이와 같은 진술 속에는 이미 민주시민교육의 해방적 기능과 체제적 기능 사이의 긴장관계가 함축되어 있다. 이 두 가지 기능 사이의 긴장관계는 체제변화 대 체제유지, 사회비판 대 체제의 안정화(혹은 기존 체제에 대한 동일시) 사이의 관계로 해석할 수 있다.

또한 개인적 측면과 체제적 측면을 구별하려는 시도에서도 이와 유사한 맥락을 확인할 수 있다. 체제적 측면에 중점을 둔 입장과 결합된 정치적 배경은 기존의 정치적 질서를 유지하는 데 놓여 있다. 이때 학습목표는 책임의식을 갖고 공공생활에 참여하는 것이다. 이와는 대조적으로 개인적 측면을 강조하는 입장은 공동결정과 자기결정을 실천적으로 학습하는 데 주된 관심이 있다. 여기서는 정치현상에 대한 비평적 취급과 논의를 통해 개인의 정체성을 확립하려는 의도가 상대적으로 더 강하다.

이와 같은 모순 혹은 긴장관계를 암시하는 학습목표의 보기로는 비판적 충성과 능동적 순응이라는 용어를 들 수 있다. 비판적 충성이라는 개념 속에는 민주시민교육 혹은 정치사회화의 두 가지 기능 사이에 놓여 있는 긴장관계가 이미 함축되어 있다. 그렇지만 충성에 중점을 둘 것인가 아니면 비판(비평)에 더 많은 관심과 주의를 기울일 것인가의 질문은 정치적 입장이나 시대상황에 따라 서로 다르게 답변하거나 해석해야 할 성질의 문제이다.

능동적 순응의 개념도 역시 사회화의 기능이 지닌 양면성을 잘 보여주고 있다. 사회화의 기능은 한편으로는 개인을 사회 속으로 편입시켜 사회 구성원으로서 적절하게 역할을 수행하도록 하는 데 놓여 있다. 하지만 다른 한편으로 사회화의 기능은 사회나 국가가 개인에게 비평적 통찰 대신에 부당한 고정관념이나 편견을 따르도록 강요할 경우, 개인과 집단이 이러한 시도에 대해 대항하거나 저항할 수 있도록 하는 데 놓여 있다. 이와 같은 사고방식은 사회에 적응하거나 사회적 통합에 기여한다는 의미에서 사회를 '위해서'뿐만 아니라, 다른 한편으로 사회에 대한 비판(비평)의식을 갖추도록 한다는 의미에서 필요한 경우 거기에 '대항하도록' 해야 한다는 것을 함축하고 있다(Ackermann, 1987: 36; 허영식, 1999: 15－17).

06 민주시민교육에서 정서와 합리성의 관계를 어떻게 이해해야 할까?

민주시민교육의 기능과 마찬가지로 합리성과 정서의 관계도 역시 민주시민교육에서 그렇게 쉽게 해결할 수 없는 근본적인 문제로 남아 있다. 합리성을 지나치게 일방적으로 강조하면 인지주의, 주지주의 혹은 비판적 지성주의로 흐를 위험성이 있다는 비난을 받을 수 있다. 거꾸로 정서를 지나치게 강조할 경우에는 민주시민교육이 정서적 심정교육으로 환원될 위험성이 있다는 비판을 받을 수 있다.

한편으로는 정치현상을 다루는 데 있어서 민주시민교육이 인지적이고 추상적인 수준에서 벗어나지 못한다는 문제점이 지적되곤 한다. 예를 들면, 민족의식과 향토의식의 강화에 지향을 둔 입장은 정서적인 측면을 강조하려는 경향이 있다. 어쨌든 합리성의 가능성과 중요성을 일방적으로 강조하거나 과대평가하는 것은 경고의 대상이 되고 있다. 왜냐하면 학습자 개개인의 정서적·주관적 요소, 불안, 경험, 필요와 욕구를 적절하게 고려하지 못할 경우, 민주시민교육은 수신자의 마음에 와 닿지 못할 수 있기 때문이다. 즉, 합리성의 일방적인 강조는 가치·태도 학습과 동기부여의 영역에서 부족함을 수반할 수 있다.

하지만 사고와 성찰의 필요성과 중요성은 여전히 인정해야 한다. 사고 또는 성찰이 결여된 행동과 정서는 학습자가 인식을 하는 데 있어서 방해가 될 수 있으며, 종종 외부적으로 규정된 목적이나 임의적인 목적을 위해 바람직하지 못한 방향으로 나아갈 수 있다. 성찰이 결여된 정서는 합리적으로 정치적 판단을 내리고 행위를 하는 데 있어서 방해가 될 수 있다. 이러한 입장에 따르면, 판단역량과 민주적 참여를 추구하는 수업과 교육은 개인과 집단이 감정에 의해 흔들릴 수 있다는 위험성에 대해 감수성을 길러주어야 한다.

민주시민교육이 학습자의 정치사회화를 교정시키는 기능도 갖고 있다는 점을 고려할 때, 인지적 역량을 계발하는 일은 여전히 중요하다. 따라서 이상의 논의를 종합해 본다면, 정서와 합리성을 서로 배타적인 양자택일적인 요인으로 간주하지 말고, 서로 보완시켜야 할 요인으로 간주해야 한다. 정서적 과정과 인지적 과정이 상호 조정관계에 놓여 있다는 점은 인식의 과정을 선정하거나 활성화하거나 아니면 저지하는 데 있어서 정서가 작용한다는 점에서 확인할 수 있다. 이런 관점에서 바라볼 때, 정서적 요소를 포함한 일상의식과 합리성에 기반을 둔 학술적 의식을 연결시킬 수 있는 방안을 모색할 필요가 있다. 여기서는 구체적이고 감각적인 경험을 개념화하거나 정의(情意)를 합리적으로 조정하는 일이 요구되며, 다른 한편으로는 연대의식, 시민적 용기, 자유 등에서 재현된다는 의미에서 정신의 정서화도 필요하다.

합리성과 정서의 상호관계는 정치의 도덕화 문제 혹은 정치와 도덕의 관계와 연결시켜 논의할 수 있는 쟁점이다. 보기를 들자면, 독일통일 이전 1950년대에 구서독에서 등장했던 반공교육은 냉전이라고 하는 시대적 상황에서 당시 동구권의 공산주의와 과거의 민족사회주의를 전체주의라는 패러다임으로 바라보면서 도덕적·정치적으로 그 두 가지를 동일시하려는 시도를 보인 바 있다. 도덕적이고 추상적인 수준에서 민주주의와 자유라는 개념을 통하여 당시 구동독의 공산주의 상태와 대조시킴으로써 구서독의 바람직한 모습을 강조하고, 그 대신 구서독의 정치적 현실이 안고 있는 여러 가지 문제점들을 피해가려는 시도에서 정치의 도덕화를 확인할 수 있다.

그런데 정치의 도덕화가 수반하는 귀결은 두 가지로 구분할 수 있다. 하나는 규범의 현실화이다. 이것은 규범을 이미 현실인 것처럼 간주하려는 경향을 가리킨다. 예를 들면, 반공교육·민족교육·공동체교육 등은 규범을 현실인 것처럼 간주하려는 경향에 속한다. 다른 하나는 규범과 현실의 대비이다. 이것은 현실을 규범의 주장이나 요구에 비추어보면서 비평하려는 경향을 가리킨다. 기존의 체제를 비판하려는 입장에서 사회정치적인 현실과 상태를, 예를 들면, 사회주의 이념이나 아니면 헌법규범에 비추어보려는 시도가 여기에 속한다.

상기한 두 가지 분석도구(규범과 현실의 대비, 규범의 현실화)를 갖고, 예를 들면, 위험사회이론 및 이것의 영향을 받은 미래지향 교수학습론의 경향을 살펴보면, 양면성을 발견할 수 있다. 위험사회에 대비한다는 뜻을 갖고 바람직한 미래의 윤리를 규범으로 상정한 다음, 복합적인 위험사회의 문제에 대한 해결을 지나치게 단순화할 경우, 이러한 시도는 규범의 현실화를 수반하는 정치의 도덕화라고 해석할 수 있다. 하지만 다른 한편으로 바람직한 미래윤리라는 규범적 기준을 갖고 후기산업사회 혹은 산업사회에 대한 체제비판을 시도할 경우, 이것은 규범과 현실의 대비, 즉 규범에 비추어본 현실비판이라고 해석할 수 있다(Ackermann, 1987: 38-39; 허영식, 1999: 17-20).

민주시민교육에서 생활과 정치의 관계를 어떻게 이해해야 할까?

민주시민교육에서 고려해야 할 근본적인 질문 중의 하나는 정치영역과 생활세계의 관계 혹은 정치현상에 대한 학문적·체계적 이해와 학습자의 생활경험 사이의 관계를 어떻게 해석할 것인가이다. 이 질문에 대한 답변을 위해 정치이론의 기초에서 단서를 찾는다면, 우선 좁은 의미의 정치개념과 넓은 의미의 정치개념을 구분할 수 있다.

> 좁은 의미에 있어서 정치개념은 특정한 집단의 구체적인 상황이나 사태를 처리하는 업무에 국한되는 것이 아니라, 임의의 집단과 개인의 일반적인 상태를 조정하는 데 중점을 둔다. 즉, 어떤 사회나 국가의 공동생활을 가능하게 만들고, 다른 사회나 국가와의 관계를 설정하는 일이 더 중요하다. 이런 의미에서 정치는 사회 그 자체를 경험할 수 있도록 해주고, 사회를 행위능력이 있는 하나의 정치적 통일체로 구성시킨다. 간단히 말해서, 좁은 의미의 정치개념은 사회 전체적으로 구속력이 있는 이해관계의 조정을 대상으로 삼는 모든 행위를 가리킨다.
>
> 넓은 의미의 정치개념에서 출발할 때, 정치적 행위는 사람들 사이의 사회적 상황을 공동으로 해결하거나 처리하기 위한 의도를 가진 행위, 그 상황에서 만나는 집단과 개인의 서로 다른 의도와 이해관계를 조정하고 타협시키려는 시도라고 정의할 수 있다. 이러한 의미에서 정치는 모든 사회집단과 사회영역에서 확산적인 형태나 분산적인 형태로 나타난다. 그렇지만 넓은 의미의 정치개념은 우리가 보통 좁은 의미의 정치개념에 포함시키는 행위·과정·조직을 이해하고 파악하는 데 있어서 충분하지 못하다.

그런데 정치와 사회생활의 관계를 이해하는 데 있어서, 정치 그 자체와 사회생활의 정치적 적실성을 구별하는 것이 유용한 방안이 될 수 있다. 여기서 사회생활의 정치적 적실성은 이익집단·정당·시민운동·대중매체를 통한 공적인 의사형성에만 국한되지 않는다. 이 모든 것은 사회 전체적으로 구속력이 있는 조정에 영향을 줄 경우, 이미 그 자체가 좁은 의미의 정치에 속한다. 다시 말하면, 좁은 의미의 정치적 과정을 넘어서서 정치의 근거는 사회생활 영역에 폭넓게 확산되어 있다. 사회 전체의 질서에 영향을 주는 데 일차적인 목표를 두지 않은 상태에서 다른 목적을 추구하는 일도 정치적 의미를 가질 수 있다. 예를 들면, 학생과 교사가 학교에서 어떻게 상호작용을 하는지, 무엇을 학습하고 가르치는지, 어떻게 가정교육이 이루어지는지, 기업에서 생산되는 상품은 무엇이고 생산방식은 어떠한지, 어떻게 근로조건이 마련되고 갈등이 조정되는지, 이 모든 것은 사회 전체의 수준에서 정치적 공동생활을 위해 나름대로 정치적 의미를 지니고 있다. 그리고 사회 각 영역에서 어떤 결함 사항이나 부족한 점이 사회 전체적인 조정을 필요로 하는 정치적 문제가 되기도 한다.

상기한 바와 같이, 좁은 의미와 넓은 의미의 정치개념 구분, 그리고 정치 그 자체와 사회생활의 정치적 적실성에 관한 개념적 구분은 한편으로 사회 전체의 정치질서와 다른 한편으로 각 영역에서 사회생활을 영위하는 개인을 연결시키기 위한 대안이 될 수 있다. 그리고 이 방안은 민주시민교육의 교수학습을 위한 함의도 제공할 수 있다. 넓은 의미의 정치개념은 정치가 학습자의 사회적 환경에서도 이루어지는 실천 혹은 행위라는 것을 깨닫게 해준다. 사회생활의 정치적 적실성은 협의의 정치와 광의의 정치를 수업에서 연결시킬 수 있도록 해준다. 즉, 학습자 자신의 생활세계가 협의의 정치와 어떤 연관성이 있다는 것을 분명하게 밝히려고 할 때, 학습자의 문제 · 체험 · 경험의 시각에서 바라보거나 출발할 수 있는 근거를 제공한다.

독일의 경우를 살펴볼 때, 정치와 생활의 관계에 대한 질문은 이미 1950년대에 공민교육과 동반자 교육 사이에서 벌어진 논쟁에서 근본적인 문제로 등장하였다. '민주주의가 국가형태로서의 의미와 더불어 생활형식으로서의 의미도 지니고 있는가?'라는 질문과 관련하여, 동반자 교육은 동반자 관계의 명제를 통해 답변을 하였다. 이에 따르면 학생과 교사의 관계를 포함해서 직접적인 인간관계를 모든 사회적 수준에서 새롭게 구성하는 일이 과제로 등장하였다. 그런데 공민교육의 입장에서는 사회적인 것과 정치적인 것을 동반자 교육이 충분히 정확하게 구분하지 못한다고 비판하였다. 하지만 동반자 교육은 민주주의의 내용적 질문보다는 오히려 토의 · 토론의 진행을 위한 민주적 절차와 같은 실용적 훈련과 연습에 주된 관심을 두었다.

학습자의 생활세계 혹은 사람들의 일상세계에서 정치학습의 단서를 찾으려는 시도는 개인화라는 사회변동현상을 고려하면서 1980년대에 와서 다시 부각되었다. 이러한 생활세계 접근을 표현하는 용어로서 주관성의 증후군 또는 주관적인 전환이라는 말도 사용되었다. 이제 여기서는 학습자의 주관적인 상태에 관심과 주의를 기울였으며, 정치는 개개 주체의 드라마를 위한 소재로서 이해되었다. 정치학습의 대상이 되어야 할 정치 그 자체는 이러한 과정에서 소홀히 다루어지게 되었다. 학습내용보다 학생과 교사 사이의 인간관계가 더 중요한 요인으로 간주되었다.

바로 이러한 주관주의적 경향 혹은 생활세계 지향 접근에 대한 반작용으로 정치학습의 핵심요소를 다시 찾고자 하는 노력이 등장하였다. 이것은 정치개념을 둘러싼 논쟁에서 확인할 수 있다. 이 맥락에서 정치교육의 핵심을 좁은 의미의 정치개념에서 찾으려는 시도와, 다른 한편으로 정치개념의 확장이라는 관점 또는 통합 사회과 교육의 관점에서 그러한 시도를 비판하는 경향 사이에 논쟁이 벌어지고 있다(Sutor, 1984: 62-69; Giesecke, 1997: 4-6; 허영식, 1999: 20-22).

08 민주시민교육에서 갈등과 합의의 관계를 어떻게 이해해야 할까?

보다 넓은 거시적인 맥락에서 민주시민교육의 근본문제에 대한 논쟁의 가능성을 살펴보면, 자유롭게 논쟁이 이루어질 수 있다는 사실은 다원주의 사회를 반영하며, 논쟁의 원리 그 자체는 다원주의 사회이론에 기반을 두고 있다. 그리고 서로 다른 입장을 가진 사람들이 '의견을 같이 하지 않는 데 동의(agree to disagree)'한다는 것을 논쟁의 원리는 이미 최소합의로 가정하고 있다. 이런 시각에서 바라볼 때, '아무래도 좋다(anything goes)'는 방식으로 자의(恣意)적 상대주의로 흐르지 않는다는 점에서 논쟁의 원리는 결코 가치중립적이지 않은 것이다. 자유민주적 기본질서의 여러 원리들(기본권과 인권 존중, 국민주권, 법치국가, 복수정당제, 권력분립, 다수결원칙과 소수입장의 보호 등)에 이 절차적 가치합의가 반영되어 있고, 이 원리들은 또한 자유민주사회 혹은 자유민주국가를 위해서 비(非)논쟁적 배경조건을 형성한다.

사회적 다원주의 이론에 바탕을 둔 논쟁의 원리는 또한 학문적인 인식의 발전을 위해서도 요청된다. 학문은 문제와 함께 시작한다. 그러나 문제에 대한 정의(定義) 수준에서 이미 논쟁의 여지가 있으며, 각 학문적 패러다임 혹은 접근방안이 제시하는 문제해결 방안은 논쟁의 여지가 더 많다. 이런 전제와 가정에서 출발할 때, 학문의 발전을 위해서는 논쟁의 원리, 그리고 이에 따른 학문적 확산 혹은 증식의 원리가 필요하다. 즉, 토마스 쿤(Kuhn)이 말한 의미에서, 소위 정상과학(normal science)의 국면에서는 외관상 처음에 전망이 별로 없는 대안을 위해서도 발전의 여지나 가능성이 있다는 것을 인정하는 것이 바람직하다(Grammes, 2005: 129-134). 또한 논쟁의 원리와 더불어 염두에 두어야 할 사항은 나와 다른 주장이나 입장을 가능하면 진지하게 받아줄 수 있는 관용의 정신이 요청되며, 논쟁의 건설적 해소·해결에 지향을 둔 타협능력이 필요하다는 점이다. 논쟁의 원리와 관련하여 이 부분에서는 민주시민교육의 담론에 있어서 합의와 갈등의 관계가 어떤 함의를 지니고 있는가의 질문에 대한 답변을 다음과 같이 몇 가지 명제로 정식화하고자 한다.

(1) 최소한의 공통된 기본신념이 없이는 어떤 사회도 존재할 수 없다. 하지만 공통된 기본신념을 정확하게 규정하고, 어떻게 그러한 합의에 도달할 수 있는가를 확정하는 일은 상당히 어렵다. 민주시민교육의 영역에서는 합의가 필요하다는 점이 대체로 받아들여지고 있다. 하지만 이와 동시에 합의는 어디까지나 갈등과의 변증법적인 관계 속에서 살펴볼 때 의미가 있다는 점이 강조되고 있다.

(2) 자유민주주의 사회에서는 합의가 중요한 만큼 이와 동시에 갈등도 역시 중요하다. 열린사회와 다원적인 사회에서 정치적 생활은 다양한 종류의 갈등으로 점철되어 있다. 그리고 합리적 담론을 통해 제기되는 갈등해소방안 혹은 갈등해결책은 대부분 잠정적인 성격을 지니고 있다. 갈등은 사회가 정체(停滯)되는 것을 방지하고 변화를 가능하게 만든다. 또한 정치는 그러한 갈등을 다루고 어떤 조정방안을 모색한다. 어떤 사람들은 논쟁적 혹은 갈등적 성격 때문에 정치적 생활에서 등을 돌리거나 거리를 두려고 하지만, 갈등의 조정은 필요하며, 그러므로 생산적 갈등역량을 위한 교육적 방책이 요청된다.

(3) 어쨌든 합의와 갈등은 명백히 서로 대립 혹은 반대의 관계에 놓여 있지만, 동시에 상호의존관계에 놓여 있다는 점을 상기할 필요가 있다. 갈등을 조정하고 이것을 참아내려면 합의 혹은 의견의 일치를 가정해야 한다. 갈등을 공정하고 유익하게, 그리고 공개적으로 조정하는 데 있어서 어떤 확고한 공동의 기반은 보증역할을 수행할 수 있다. 하지만 합의의 기반이 확고하지 못할 경우, 때로는 일상적인 갈등이 근본적인 원칙의 질문으로 비화될 가능성이 그만큼 커지게 된다. 따라서 합의에

관해서 별로 언급이 되지 않거나 지적이 되지 않을 경우, 그만큼 더 많이 합의가 존재한다고 간주할 수 있다. 또한 대립관계와 논쟁이 발생하더라도 이것이 체제 그 자체의 기반을 문제시하지 않는다면, 그것은 갈등과 합의의 긴장관계가 온전하다는 표시가 될 수 있다.

(4) 이상의 논의를 종합할 때, 민주시민교육의 영역에서뿐만 아니라 정치영역에서도 합의의 탐색 혹은 합의의 추구는 하나의 과정으로 이해하는 것이 바람직하다. 지나치게 경직된 상태로 합의를 확정하려는 시도는 합의와 갈등의 긴장관계 속에 놓여 있는 역동성을 약화시키거나 침해할 수 있다. 그러므로 내용적으로 보다 더 엄밀하게 합의의 상태를 규정하려는 시도는 곧 한계에 봉착할 수 있다. 물론 공공과제로서 실시되는 민주시민교육에 있어서 헌법, 그중에서도 특히 국민의 권리와 의무에 관한 조항이 중요한 지향의 준거가 될 수 있다. 하지만 그것을 마치 현실에 그때그때 바로 적용할 수 있는 것처럼 구속력이 있는 것으로 해석할 경우, 오히려 헌법의 가치를 감소시킬 수 있는 위험성이 있다.

(5) 민주시민교육의 영역과 정치영역에서 최소합의가 중요하지만, 합의와 일치에 대한 기대의 폭을 지나치게 넓게 잡으려는 시도는 주의를 요한다. 왜냐하면 그렇게 한다면 자유의 여지가 확장되는 것이 아니라, 오히려 축소되기 때문이다. 하지만 어쨌든 갈등을 가능하게 만들고 갈등을 조정하기 위해서는 최소한의 공동신념이 요청된다. 즉, 갈등은 합의의 필요성을 입증하며, 거꾸로 합의는 갈등의 필요성을 확인한다. 그러나 갈등의 극단도 절대적인 것으로 간주해서는 안 된다. 왜냐하면 그럴 경우 정치는 결국 투쟁과 적대관계로 끝날 것이기 때문이다. 그러므로 민주시민교육에서는 여러 가지의 경기규칙과 절차를 배우고 또한 연습하는 일이 중요하다. 구체적인 내용에 관해서 의견의 일치나 합의에 도달할 수 없다고 한다면, 그 내용적인 선택을 가능하게 만드는 절차와 규칙의 중요성은 그만큼 더 커지는 것이다(Schiele, 1988: 72-76; 허영식, 1999: 22-25).

민주시민교육은 왜 학교교육의 기본적인 과제인가?

학교수업과 생활을 통해 학생들은 확실한 정보와 지식을 획득하고 민주적인 행동을 연습하고, 사회정치참여를 위한 능력과 자세를 갖출 것으로 기대된다. 즉, 학교수업과 생활은 시민의 사회정치적 행위를 위한 토대가 된다. 학생들은 대개 학교에서 민주시민교육을 접하게 된다. 따라서 민주시민교육은 학교교육의 기본적인 과제에 속한다. 학교 바깥에서 이루어지는 민주시민교육은 대체로 사람들의 자발적인 참여에 의존하고 있는데, 바로 이 점에서 학교 민주시민교육은 확연하게 구별된다. 아동과 청소년은 자유와 민주주의, 그리고 국제이해의 정신을 갖추고, 자유민주적 가치·태도를 갖추며, 정치적 책임을 떠맡을 수 있는 자세를 갖추도록 교육을 받아야 한다. 바람직한 자세와 태도를 함양하기 위해서는 자유와 민주주의, 그리고 국제정치에 대한 지식을 갖추어야 한다. 하지만 이 지식은 저절로 갖추어지는 것이 아니라, 기본적으로 교과에 기반을 둔 수업을 요구한다.

일반적으로 살펴볼 때, 학교 민주시민교육은 학교의 교육과제로서 확고하게 수립되는 것이 바람직하다. 민주시민교육을 위한 교과가 학교교육과정에서 특별한 위치를 차지하고 있다는 점은 특히 새로운 교육과정을 확정할 때 두드러지게 나타난다. 왜냐하면 민주시민교육은 상당 부분 이데올로기와 연관된 교육적 방책이기 때문이며, 이와 관련된 교과의 교육과정은 우선적으로 정치적 논쟁의 대상이 될 수 있다. 즉, 다른 학교교과와 비교할 때 정치적 공론장에서 논란의 소지가 될 가능성이 그만큼 더 많다. 이런 사정을 고려할 때, 학교 민주시민교육은 일반적으로 중요한 사안이라는 점을 다시 확인할 수 있다(Detjen, 2015a: 1).

10 특정한 교과를 넘어선 **민주시민교육**의 가능성은 무엇인가?

민주시민교육은 좁은 의미에서 특정한 교과(일반사회, 정치·경제, 사회·문화, 공민, 도덕, 윤리 따위)를 통해서만 이루어지는 것은 아니다. 민주시민교육은 다른 여러 교과에서도 역시 실시될 수 있다. 왜냐하면 다른 많은 교과가 사회·정치와의 연관성을 보여주고 있기 때문이다. 역사수업은, 비록 오래전에 있었던 과거의 일을 다루지만, 어쨌든 거의 전적으로 사회·정치적 현상을 다루고 있다. 지리수업에서는 공간적 소여성(여건)과 관련하여 정치적인 문제나 질문을 주제로 삼고 있다. 외국어수업에서는 특정한 나라의 문화·사회·정치를 소개하고 있다. 국어수업에서 학습자들은 사회적·정치적 문제와 연관성이 있는 문헌을 적지 않게 접하곤 한다. 다른 교과의 내용영역에서 사회적·정치적 측면에 대해 더불어 성찰하는 것을 가리켜 '수업원칙으로서의 민주시민교육'이라는 용어가 사용되고 있다.

또한 학교에서의 상호작용을 통해 민주시민교육의 효과를 달성할 수 있다. 왜냐하면 학교가 '정치적 경험공간'으로서 혹은 '민주국가·사회 속의 민주공동체(polis in polis, school as polis, micropolis)'로서 나름대로 어느 정도 기능을 수행할 수 있기 때문이다. 학교에서 정치적으로 행위를 하는 것이 비록 제한되어 있긴 하지만, 어쨌든 정치적으로 행위를 할 수 있는 기회가 다소 존재하기 때문이다. 학교는 학생들에게 학교생활에 참여할 수 있는 가능성을 어느 정도 허용하고 있다. 학생회장 선거나 학급회장(반장)선거가 있으며, 총학생회 따위가 존재한다. 각 학급은 공동의 사안에 대하여 학급회의에서 논의할 수 있다. 참여자들은 이러한 방식을 통해 규칙·권력·갈등·갈등해소에 대해 무엇인가를 학습할 수 있다. 즉, 매우 넓은 의미에서 정치에 관해 무엇인가를 배울 수 있다는 것이다.

그리고 학교를 특징짓는 상호작용방식(스타일)이 민주시민교육의 효과를 가질 수 있다. 교사가 학급을 운영하는 방식이나 실천에 옮겨진 수업형태가 함축적인 정치적 메시지를 전달할 수 있다. 권위적이고 위계질서를 강조하는 수업방식과 민주적이고 대칭적인 수업방식을 비교한다면 이러한 점을 더 분명하게 확인할 수 있다. 요컨대, 수업원칙으로서의 민주시민교육, 정치적 경험공간으로서의 학교, 교사와 학습자 사이의 상호작용방식은 특정한 교과의 수준을 넘어서서 나름대로 민주시민교육에 기여할 수 있다(Detjen, 2015a: 2-3).

11 민주시민교육의 원칙에 관한 합의는 가능한 것인가?

민주시민교육의 원칙에 관한 담론의 출발점으로서 이른바 '보이텔스바흐 합의(Beutelsbach Consensus, Beutelsbacher Konsens)'를 준거로 삼을 수 있다. 독일의 경우를 살펴보면, 1970년대 중엽부터 실용적 전환의 국면을 관찰할 수 있다. 이 국면은 민주시민교육에 관한 합의를 탐색하려는 시도에서 두드러지게 나타났다. 그 이전에는 민주시민교육에 관한 정치화된 논쟁·논란이 상당히 격렬하게 이루어졌는데, 이것은 민주시민교육의 위상에 부정적인 영향을 주었다는 진단과 평가가 거론되었다. 또한 정치적 논란과 학술적 논쟁을 극복하기 위해서 유사점이나 공통점 혹은 접점을 찾아야 한다는 문제의식이 발생하게 되었다. 즉, 공통의 기반을 마련해야 한다는 문제의식을 갖고 합의문제에 주의를 기울이게 되었다(허영식, 1999: 115).

이 합의는 정치적·학술적으로 입장과 관점이 서로 다른 전문가들이 보이텔스바흐라는 소도시에 모여 발표하고 토론한 학술회의(1976)의 결과를 가리키는 용어이다. 당시 바덴-뷔르템베르크 주정치교육원(lpb) 원장이었던 쉴레(Schiele)가 이 전문가협의회를 개최하였다. 이 자리에서 발제자인 수토르(Sutor)와 슈미더러(Schmiederer)가 가장 큰 대립을 보여주었다고 한다. 슈미더러는 그의 발제문에서 우선 양립하기 힘든 점에 관해 언급하였다. 민주시민교육의 개념적 구상에 대한 정치적·학술적 근거를 마련하기 위해 어떤 합의를 기대하기 어렵다는 것이다. 그렇지만 수업에 관한 고려사항이나 방안의 영역에서는 의견의 일치가 가능하다고 말했다. 이때 그는 특히 수업실천에 가까운 민주시민교육을 요구하고, 이런 의미에서 실용적 합의에는 도달할 수 있다고 말했다(Schmiederer,

1977: 136-137).

이와는 대조적으로 수토르는 헌법의 핵심적인 규정에 포함된 사항, 즉 헌법과 관련된 최소합의의 내용을 강조하였다. 일반적으로 타당한 학습목표를 기술하면서 그는 다음과 같이 제안하였다. "민주시민교육을 생각하고 있는 사람은 누구나 다음과 같은 목표의 정식화에 동의할 것이다. 민주시민교육은 가능한 한 객관적인 정보, 양심적인 판단형성, 그리고 헌법의 기본규범에 비판적으로 지향을 두고 책임 있는 의사결정을 통하여 정치참여를 할 수 있는 능력과 자세를 전달하는 데 있다"(Sutor, 1977: 170). 이와 같은 수토르의 제안이 어느 정도 동의를 받고 일반적 타당성을 확보할 수 있는가의 질문은 일단 보류하기로 한다. 이 맥락에서 더 중요한 점은 최소합의를 지향한 담론과 협의 그 자체가 사실상 이루어졌다는 것이다. 이러한 계기를 통하여 나중에 **'보이텔스바흐 합의'**라고 알려진 최소합의를 많은 사람들이 대체로 인정하게 되었다.

그런데 이 최소합의는 '민주시민교육에서의 합의문제'라는 주제를 갖고 개최된 전문가협의회의 귀결을 도출하는 과정에서, 그 협의회에 참석했던 벨링(Wehling)이라는 당시 주정치교육원(lpb) 직원이 정식화한 것이며, 합의 여부를 결코 직접 거수나 투표로 확인한 것은 아니다. 이 직원에게 원장이 요청한 과제는 관점과 입장을 달리 하는 진영 사이에서 도대체 무엇이 합의가능성이 있는지를 일종의 회의록(프로토콜, 조서) 형태로 표현하는 것이었다(허영식, 1999: 116). 자신의 주관적 판단을 전제로 하면서 벨링은 합의사항을 다음과 같이 세 가지 명제로 요약하였다(Wehling, 1977: 179-180).

(1) 주입·교화를 해서는 안 된다. 교사가 바람직하다고 생각하는 것이나 선호하는 것에 따라 학습자를 조종함으로써 학습자의 자주적인 판단을 방해하면 안 된다. 주입·교화와 민주시민교육 사이의 경계선이 바로 이 대목에 놓여 있다. 주입·교화는 자유민주국가에서 교사의 역할과 어울리지 않으며, 널리 인정받고 있는 교육목표인 학습자의 성숙

성(자율과 책임의식)과도 어울리지 않는다.

(2) 정치영역과 학계에서 논쟁적인 것은 수업을 실시할 때도 가능하면 논쟁적으로 다루어야 한다. 이러한 요구사항은 주입·교화의 금지 원칙과 매우 밀접하게 연결되어 있다. 왜냐하면 상이한 관점·입장을 고려하지 않거나, 선택 가능성이 있는 것을 은폐하거나, 다른 대안을 전혀 언급하지 않을 때에는 주입·교화로 변질될 수 있기 때문이다. 이때 교사가 심지어 교정기능도 떠맡아야 하지 않는가 하는 질문을 제기할 수 있다. 그 이유는 학습자에게 생소한 관점·시각·대안을 교사가 소개해야 할 경우도 있기 때문이다.

(3) 학습자가 자신의 이해관계(이익)에 따라 정치적 상황에 영향을 줄 수 있도록, 정치상황과 자기의 이해관계상황을 고려할 수 있는 기회를 학습자에게 제공한다. 이러한 목표설정은 조작적 행위능력(operational abilities)을 강조하며, 위에서 언급한 주입·교화의 금지 원칙과 논쟁점 반영의 원칙에서 논리적으로 도출할 수 있다.

상기한 두 번째 명제, 즉 논쟁점 반영의 원칙과 관련해서 부연하자면, 다른 정당한 시각·관점·입장이 있음에도 불구하고 이것이 전혀 드러나지 않거나 무시될 경우, 교사는 '악마의 변호인'(advocatus diaboli, devil's advocate: 철저한 논의를 위해 고의적으로 반대를 하는 사람, 일부러 반대 입장을 취하는 사람, 선의의 비판자) 기능을 수행할 수도 있다. 또한 상기한 세 가지 원칙과 관련된 윤리적 과제를 고려할 때, 민주시민교육 담당자로서 교사의 역할과 기능에 관한 질문을 제기할 수 있다. 청소년을 대상으로 한 민주시민교육에서 교사나 교육진행자의 인성(인격)은 중요한 역할을 수행한다. 민주시민교육 분야에서 활동하는 사람은 정치적으로 흥미·관심을 갖고, 성찰적이며 참여할 자세를 갖추고 있는 시민일 것이라고 기대된다.

진로를 탐색하는 국면에 놓여 있으며, 정치적 주체로서 자신의 위치를 정하는 과정에 놓여 있는 청소년은 대화능력을 갖추고 있으면서 입장이 분명한 상대방을 필요로 한다. 특히 사회정치적 사안과 진행과정에 대한 자신의 판단능력을 갖추는 데 있어서 청소년은 중요한 준거인물과의 적절한 상호작용을 필요로 한다. 이 준거인물로서의 타자는 청소년이 자기신뢰와 용기를 갖추는 데 있어서 매우 중요한 전제조건이 된다. 교사 혹은 교육진행자는 자주적인 정치적 신념을 교육의 과정에서 투명하게 밝히고 논증을 통하여 해명할 수 있는 인물, 하지만 토론에서 개인적인 의견이나 입장을 교육의 과정에서 어느 정도 뒤로 물러나게 할 수 있는 인물이 되어야 한다(Waldmann, 2019: 30).

벨링 자신은 '민주시민교육에서의 합의와 이의'라는 주제로 10년 뒤에 개최된 후속회의(1986)와 관련하여, 합의에 도달하는 데 가장 큰 어려움은 제3명제에서 발생할 수 있다는 점을 지적하였다. 왜냐하면 제3명제를 표면적으로 바라보면 마치 자제력이 없는 개인주의나 아니면 심지어 이기주의를 지지하는 것처럼 해석할 수 있기 때문이다. 제약이 없는 이해관계의 추구에 제동을 걸 수 있는 근거는 우선적으로 자유민주적 기본질서(즉, 인권, 법치국가, 민주적 경기규칙과 같은 자유민주주의의 기본적인 가치와 원칙)에서 찾을 수 있다. 그리고 이러한 가치와 원칙도 역시 각자의 개인적인 이해관계에 도움이 되는 것으로 인지할 수 있다면, 제3명제에 대한 의구심이나 문제제기는 상당 부분 해소될 것으로 보인다. 한걸음 더 나아가서, 민주시민교육을 통해 학습자에게 개인적인 이해관계와의 연관성을 전달할 수 있다면, 사람들은 이러한 가치와 원칙을 지속적으로 받아들이고 인정할 것으로 기대된다. 어쨌든 개인의 이해관계상태를 명료화하는 일은 개인의 사회적 책임 혹은 사회적 유대를 명료화하는 일을 동시에 포함해야 한다(Wehling, 1987: 199-200; Huh, 1993: 6-7).

제2부

방법론

민주시민교육의 교수학습원칙 및 방법

12. 민주시민교육의 교수학습원칙은 무엇이고 어떻게 적용할 수 있는가?
13. 다중관점 지향 민주시민교육 방안은 무엇인가?
14. 민주시민교육에서 교수학습원칙의 적용과 관련한 문제점과 한계는 무엇인가?
15. 민주시민교육에서 사회적 관점취득을 어떻게 수업에 적용할 수 있을까?
16. 민주시민교육을 위한 역량모형은 무엇인가?
17. 민주시민교육에서 정치현상의 이해를 위한 내용분석모형은 무엇인가?
18. 민주시민교육에서 민주주의 학습지는 어떻게 작성하고 활용할 수 있을까?
19. 민주시민교육에서 기본적인 학습상황은 무엇인가?
20. 민주시민교육에서 기본적인 학습상황에 해당하는 방법·기법은 무엇인가?
21. 민주시민교육에서 수업연구는 어떻게 할 것인가?
22. 민주시민교육에 기반을 둔 학교발전계획은 무엇인가?
23. 학교 민주시민교육 운영 개선을 위한 발전방안은 무엇인가?
24. 민주시민교육에서 초당파성의 원칙을 준수하기 위한 지침은 무엇인가?
25. 평생교육 차원에서 고려해야 할 민주시민교육의 원칙은 무엇인가?
26. 민주시민교육에서 배제와 포용을 어떻게 이해해야 할까?
27. 포용사회를 지향한 민주시민교육의 과제는 무엇인가?
28. 포용적 민주시민교육의 의미와 특징은 무엇인가?
29. 포용적 민주시민교육을 위한 교수학습지향은 무엇인가?
30. 포용적 민주시민교육을 위한 실천방안은 무엇인가?
31. 포용적 민주시민교육의 가능성과 한계는 무엇인가?
32. 민주시민교육에서 포용의 개념과 관련용어는 무엇인가?
33. 간문화 관련 민주시민교육의 행위영역과 실천은 어떻게 나타나는가?
34. 장애 관련 민주시민교육의 행위영역과 실천은 어떻게 나타나는가?
35. 통일문제 관련 민주시민교육의 행위영역과 실천은 어떻게 나타나는가?
36. 행위영역별 포용적 민주시민교육의 가능성과 한계는 무엇인가?
37. 간문화 관련 민주시민교육의 실천을 위한 보이텔스바흐 합의의 함의는 무엇인가?
38. 장애 관련 민주시민교육의 실천을 위한 보이텔스바흐 합의의 함의는 무엇인가?
39. 통일문제 관련 민주시민교육의 실천을 위한 보이텔스바흐 합의의 함의는 무엇인가?

40. 민주시민교육의 최소합의에 비추어볼 때, 교사의 역할에 관한 오해와 유의사항은 무엇인가?
41. 민주시민교육은 포퓰리즘을 어떻게 다루어야 할까?
42 민주시민교육은 사회의 양극화를 어떻게 다루어야 할까?
43. 민주시민교육은 편견·차별의 문제를 어떻게 다루어야 할까?
44. 민주시민교육은 문화적 본질주의의 문제를 어떻게 다루어야 할까?
45. 민주시민교육과 논쟁점 반영의 원칙은 어떤 관계에 놓여 있을까?
46. 민주시민교육에서 비판역량을 통한 논쟁점 반영의 원칙 재현은 어떻게 가능한가?
47. 민주시민교육에서 갈등역량을 통한 논쟁점 반영의 원칙 재현은 어떻게 가능한가?
48. 다양성사회의 통합을 위한 민주시민교육 사례가 있는가?
49. 사회통합에 기여할 수 있는 (세계)시민교육의 목표와 과제는 무엇인가?
50. 독일통일에 비추어본 민주시민교육의 과제는 어떻게 설정할 수 있을까?

12 민주시민교육의 교수학습원칙은 무엇이고 어떻게 적용할 수 있는가?

교수학습원칙은 복합적이고 다양한 사회정치현상 중에서 민주시민교육의 학습대상으로서 적절한 부분 혹은 단편을 조명하는 데 지침이 되는 양식이라고 이해할 수 있다. 이것의 도움을 빌어 사회정치현상을 재구성할 수 있으며 적절한 학습의 대상이 되도록 한다. 주제는 어떤 내용영역을 다루기 위한 관점(질문·문제제기·과제)과 결합시킬 때 비로소 등장하기 때문에, 교수학습원칙은 수업계획을 위한 주제를 선정하고 개발하는 것을 가능하게 만든다. 다음에 열거하는 교수학습원칙은 분석적으로 서로 구분할 수 있으며, 또한 상호보완관계에 놓여 있어 구체적인 수업계획에서 서로 겹치는 부분도 있다. 여기서 제시한 교수학습원칙은 소위 '**보이텔스바흐 합의**'(1976)의 세 가지 합의사항(주입교화의 금지, 논쟁점 반영, 이해관계 고려)과 매우 밀접한 관련이 있음을 확인할 수 있다. 즉, 그 세 가지 합의명제가 함축하고 있는 의미를 좀 더 구체적으로 풀이한 것이라고 해석할 수 있다. 교수학습원칙 중 특히 논쟁점 반영의 원칙을 실제로 구현하고자 하는 방안으로서 최근 다중관점에 지향을 둔 민주시민교육이 강조되고 있다(Sander, 2007: 190-200; Grammes, 2005: 134-135).

독일의 바덴-뷔르템베르크 주정치교육원(lpb-bw)은 '**보이텔스바흐 합의**와 새로운 교육계획'이라는 표제 하에 사회과를 위한 수업모형을 개발하여 학교에서 활용할 수 있도록 하고 있다. 여기서 소개하는 수업모형에서는 **보이텔스바흐 합의**사항에 중요한 의미를 부여하는 주제를 다루고 있다. 즉, 정치적·사회적·경제적 측면에서 쟁점이 되는 사안을 주제화하면서 그 논쟁적 측면에 특별한 주의를 기울이고 있다. 이때 중점은 학습자의 자주적인 판단능력을 길러주기 위한 수업전략에 놓여 있다.

보이텔스바흐 합의의 세 가지 원칙에 입각하여 다원주의의 요구를 고려할 때, 국가 혹은 국가를 대표하는 정치가는 사회정치적으로 논쟁적인 어떤 문제·질문과 관련하여 학교제도를 통해 일방적인 시각과 관점을 선전해서는 안 된다. 보이텔스바흐 합의를 사회과 수업모형에 반영할 때 유의해야 할 가장 최고의 준칙은 관점의 다양성(diversity of perspectives) 혹은 다중관점(multiple perspective)이다. 즉, 학교와 수업의 장(場)에서 학습자는 관점의 다양성을 참아내는 것을 연습하거나 습득할 수 있고 또한 그렇게 하지 않으면 안 된다. 이때 관점의 다양성을 결코 가치중립성 혹은 가치상대주의와 동일시해서는 안 될 것이다. 서로 다른 가치를 비평적으로 다루는 일은 수업에서 본질적으로 중요한 요소로 간주해야 한다. 그렇게 함으로써, 예를 들면, 세계관적·종교적 근본주의나 다른 교조주의적이고 편협한 가치설정에 대한 방어능력을 갖추어야 한다(lpb-bw, 2017: 3-4). 여기서 소개하는 수업모형은 사회과 교육과정에 명시적으로 언급된 교수학습원칙(사례학습, 논쟁점 반영, 문제지향, 학습자지향, 시사성 지향, 활동 지향)을 고려하면서 개발되었다. 이 여섯 가지 교수학습원칙의 의미와 특징을 도식화하여 제시하면 다음과 같다(lpb-bw, 2017: 4).

표 2 민주시민교육의 교수학습원칙

사례 학습	선택한 사례는 사회정치현상의 본보기가 되는 것이다. 따라서 학습자는 각 문제의 상태와 갈등을 비평적으로 다루며, 서로 다른 수준에서 역량을 갖추며, 정치적·사회적·경제적 갈등의 심층적인 구조에 대한 통찰을 습득하게 된다.
논쟁점 반영	정치적·사회적·경제적 갈등을 수업에서 다룰 때에는 다중관점을 고려하여 서로 다른 관점에서 관찰해야 한다. 이때 각 관점에 대한 판단 및 평가와 그 기준을 파악하는 일이 역량강화의 핵심적인 과제가 된다.
문제 지향	수업에서 학습활동의 목표는 언제나 문제에 대한 해결방안을 찾는 데 있으며, 이때 서로 다른 행위의 대안에 관하여 판단하고 평가함으로써 적절한 대안을 선택해야 한다.

학습자 지향	사례학습의 틀 속에서 선택한 사태는 학습자의 경험과 이해관계에 지향을 두어야 하며, 또한 언제나 학습자가 갖고 있는 선(先)개념에 지향을 두어야 한다. 사회과학과 관련된 교과수업을 시작할 때 이것이 핵심적인 지향이 되어야 한다.
시사성 지향	학습대상(내용과 주제)의 시사성에 대한 지향이 당연한 것으로 보인다. 하지만 이때 시사적인 사건(사태)이 지닌 객관적인 의미와 중요성, 일반성과 미래를 위해 추상화할 수 있는 능력, 또는 체제적 수준에서의 문제제기가 시야에서 사라지지 않도록 유의해야 한다.
활동 지향	학교의 맥락에서는 대개 현실적인 정치행위보다는 모의적인 것을 더 많이 관찰할 수 있지만, 학습자의 활동을 장려하고 문제에 지향을 둔 행위를 가능하게 하는 영역을 체계적으로 수업에 통합해야 한다. 즉, 가능하면 민주적인 학습이 학교현장에서 시작될 수 있도록 여건과 기회를 마련해야 한다.

성숙성(자율과 책임)을 갖춘 시민은 자주적인 판단을 할 수 있을 것으로 기대된다. 이러한 능력을 기르기 위해서는 내용분석역량과 더불어 과정과 관련된 역량(방법 · 판단 · 행위역량)이 중요한 의미를 지니고 있다. 학습자는 자신의 개인적인 관점을 확장하고, 개인적 관점 이외에 체계적으로 공공적 · 정치적 관점과 체제적 관점을 취할 수 있어야 한다. 이때 핵심적으로 중요한 것이 판단기준에 기반을 둔 판단역량을 기르는 일이다. 이때 인권과 기본권, 그리고 자유민주적 기본질서의 원칙에 유의한다는 전제를 고려하여, 주류에서 벗어난 개인적인 판단은 자유민주사회에서 가능하면 허용되어야 한다.

개인적인 판단 이외에 학습자는 판단기준(규칙과 법, 권력과 결정, 이해관계와 공익, 사적인 일과 공공성, 질서와 구조, 희소성과 배분)을 알고 적용할 수 있는 역량을 습득해야 한다. 일상적인 수업에서 종종 체제적 관점이 소홀히 다루어지는 경향이 있다. 단순히 시사적인 사건이나 일에 머물러 있는 경우가 적지 않다. 판단형성을 하는 데 있어서 일반화를 향한 추론을 위해 필요한 감각을 신장시키려면, 예를 들면, 민주주의에 관한 이론적 시각, 경제정책에 관한 시각, 글로벌 시각에서, 즉 체제적 수준에서 생각하는 연습과 훈련이 이루어져야 한다.

아동과 청소년도 역시 나름대로 판단을 내리고 있다. 그들이 미리 갖고 있던 생각이나 개념은 민주시민교육에서 중요한 부분을 차지한다. 따라서 그러한 생각이나 개념이 아무리 순진한 것이라 하더라도, 그것들을 진지하게 받아들이는 것이 필요하며, 과정에 지향을 둔 역량의 발달을 위한 기초를 마련해야 한다. 그렇게 함으로써 보이텔스바흐 합의의 목표, 즉 수업과 학교의 도움을 빌어 성숙성을 갖춘 시민을 길러야 한다는 목표에 부응할 수 있다. 이와 같은 맥락에서 학습자들은 자유민주사회의 유지 · 발전을 위해 관용과 다중관점을 당연한 것으로 간주할 것이며, 갈등상황이 발생할 경우 관용과 다중관점을 옹호할 것으로 기대된다.

교과교육의 수준을 넘어서서, 학교수준에서 민주적 행위역량의 함양과 신장은 여러 가지 측면에서 핵심적으로 중요하다. 민주시민교육은 참여에 기초하고 지속가능한 학교발전을 위해 중요한 요인으로 작용하며, 이와 동시에 학습자 개개인을 위해 중요한 학습목표로 간주할 수 있다. 민주시민교육의 적실성은 또한 간문화적 포용과 사회통합의 측면에서도 확인할 수 있다. 따라서 학교는 민주주의를 체험할 수 있는 경험공간을 마련하고, 일상적인 학교생활에서 갈등해소문화를 보여주고, 참여에 입각하여 학습과정을 구성할 수 있도록 해야 한다(lpb-bw, 2017: 5-6).

수업모형의 주제목록 중 '정치는 청소년범죄를 어떻게 다루어야 하는가?'에 해당하는 수업개요를 예시하면 다음과 같다. 또한 이 주제의 수업개요와 관련하여, 형법적 조치와 교육적 조치를 비교하는 논쟁적 토론과 여기서 작용하는 판단기준을 예시적으로 도식화한 그림을 첨부한다(lpb-bw, 2017: 37).

표 3 주제 '정치는 청소년 범죄를 어떻게 다루어야 하는가?'의 수업개요

단계	내용	참고자료 및 유의사항
1. 계획시간 주제(정치는 청소년 범죄를 어떻게 다루어야 하는가?)에 관한 문제개요	– 청소년 범죄를 다루는 데 있어서 제기되는 서로 다른 요구사항 – 세 가지 분석단계: (1) 현황파악 (2) 가능한 대안 (3) 정책과 조치	– 개인적 수준: 선(先)개념(네 가지 사례) – 정치적 수준: 정치 분야에서 나온 요구사항을 포함한 콜라주 – 수업계열의 문제파악 – 기본질문에 기초하여 수업계열의 계획
2. 현황파악 청소년 범죄에 관한 통계자료(숫자 · 데이터 · 사실)	– 형법상의 성년(수형연령), 소년형법 – 범죄를 저지른 청소년, 청소년 범죄의 원인 – 청소년 형사소송절차, 처벌의 목적	– 모둠퍼즐 – 개념적 기본지식의 파악 – 분석역량
3. 가능한 대안 해결을 위한 접근방안의 비교	– 형법상의 전략 – 교육적 전략 – 형법상의 조치와 교육적 조치의 비교	– 법치국가의 관점과 교육적 관점에서 두 가지 전략에 관한 해설 및 비교
4. 정책과 조치	– 정치 혹은 입법자에 대한 요구사항	판단기준에 의거한 학습활동 – 토크쇼: 다중관점을 고려한 판단 – 말풍선: 자기 자신의 판단, 기준에 입각한 판단 – 판단역량 – 추상적인 일반화 도출

그림 1 수업개요와 관련된 논쟁적 토론과 판단기준 예시

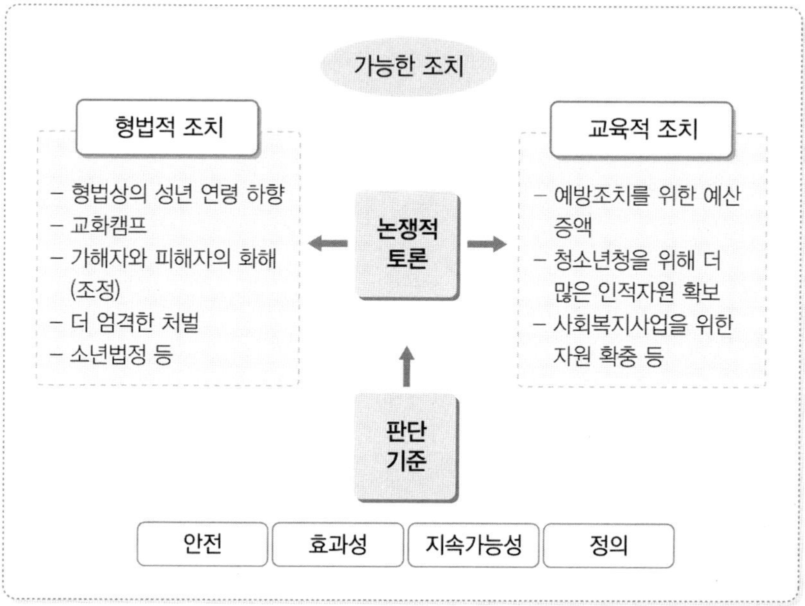

13 다중관점 지향 민주시민교육 방안은 무엇인가?

상기한 교육계획과 수업모형에 관한 해설에서도 확인할 수 있는 바와 같이, 논쟁점 반영의 원칙을 실제로 구현하고자 하는 방안으로서 다중관점에 지향을 둔 민주시민교육이 강조되고 있다. 자유민주적 기본질서에 입각한 현대사회에서 민주시민교육은 관점의 다양성 혹은 다중관점을 소홀히 다루어서는 안 된다. 시사적인 사회정치현상을 다루는 데 있어서 간학문적인 활동을 통해 습득할 수 있는 능력(역량)을 갖추는 것이 요청된다. 또한 사회정치현상을 다루는 데 있어서 다중관점이 역할을 수행한다. 상기한 논쟁점 반영의 원칙은 특히 다중관점의 교수학습원칙을 통해 실천에 옮길 수 있다. 이때 학습자는 다른 사람의 시각을 갖고 바라볼 수 있는 능력을 갖추게 되고, 경우에 따라서는 기존의 관점을 변경할 수도 있다. 공감은 시험적으로 타자의 마음속으로 들어가 그 타자의 관점이나 입장을 취득할 수 있는 능력을 지칭한다(Sander, 2009: 51-52).

다중관점에 지향을 둔 민주시민교육은 차이 · 다양성, 관점취득과 관점변경을 더 적절하게 고려하고자 하며, 상기한 논쟁점 반영의 원칙을 실제로 구현하고자 시도한다. 이러한 취지에 부응하기 위한 방법 · 기법으로는 디베이트(찬반대립토의), 전문가 면담, 워크숍, 낯설게 하기, 심미적 기법, 그리고 내러티브 접근방안을 들 수 있다. 또한 다중관점에 지향을 둔 수업 · 학습에 초점을 맞추어 볼 때, 정반합(正反合)의 논리에 따른 변증법적 과정에 주의를 기울일 필요가 있다. 여기서 변증법 지향 수업의 절차와 개요를 예시하면 다음과 같다(허영식, 2019a: 227-228).

표 4 다중관점 지향 민주시민교육 방안: 변증법 지향 수업의 절차

① 도입단계	– 출발점을 확인하는 차원에서 학습자가 이미 갖고 있던 이해·지식·이론 또는 선입견이나 편견을 진단할 수 있도록 이 단계를 구상한다.
② 전개단계	– 관점취득 혹은 다중관점의 적용단계에서는 공감(empathy)을 통해 다른 사람의 사고와 감정(마음) 속으로 들어가고, 그 다음 다른 사람의 관점·입장·견해를 갖고 인간관계나 사물을 바라볼 수 있는 기회를 제공한다. – 이때 일차적으로 내부의 관점(이믹(emic)의 관점, 너와 나의 관점, 당사자·참여자의 관점)에서 바라보는 데 중점을 둔 관점취득을 넘어서서, 더 객관적 수준에서 외부의 관점(에틱(etic)의 관점, 제3자의 관점, 관찰자의 관점)을 고려할 수 있는 학습기회도 마련해주는 것이 바람직하다. – 그리고 수업상황이나 여건이 허락할 경우, 한 걸음 더 나아가서, 내부·외부의 관점과 더불어 관점의 다양성을 고려할 수 있도록, 즉 다중관점을 기르고 신장시킬 수 있도록 주의를 기울여야 한다.
③ 정리단계	– 한편으로 도입단계에서 확인한 출발점(즉, 학습자 자신의 생각이나 견해·입장)(正)과 다른 한편으로 전개단계에서 살펴본 다른 사람의 내부관점, 더 객관적인 외부관점, 다중관점 따위(反)를 서로 대비·대조하면서 자신이 갖고 있던 기존의 관점·입장·견해를 변경했는지의 여부, 변경한 경우 무엇을 어떻게 어느 정도로 변경했는지를 확인할 수 있다(合). – 즉, 이 단계에서는 관점을 변경했는지의 여부를 확인하는 일이 중요하다. – 하지만 이때 관점변경을 강요하거나 억지로 이끌어내지 않도록 유의해야 한다. – 왜냐하면 만약 그렇게 한다면 민주시민교육의 중요한 원칙(즉, 주입·교화의 금지)에 어긋날 수 있기 때문이다.

그림 2의 도식(수업상황에서 교사-주제-학습자의 상호관계)과 연관시켜 볼 때, 민주시민교육은 교사·학생·수업주제 사이의 삼각관계 혹은 긴장관계가 대화·담론의 형태 속에서 이루어져야 하며, 이때 학습문제를 다루는 데 있어서 학습자가 가능하면 근거·이유가 있고 책임을 질 수 있는 판단을 내릴 수 있도록 해야 한다. 수업의 도입·전개 단계에서 교사가 안고 있는 과제는 정보·지식을 마련해준다는 의미에서 학습자

그림 2 수업상황에서 교사－주제－학습자의 상호관계

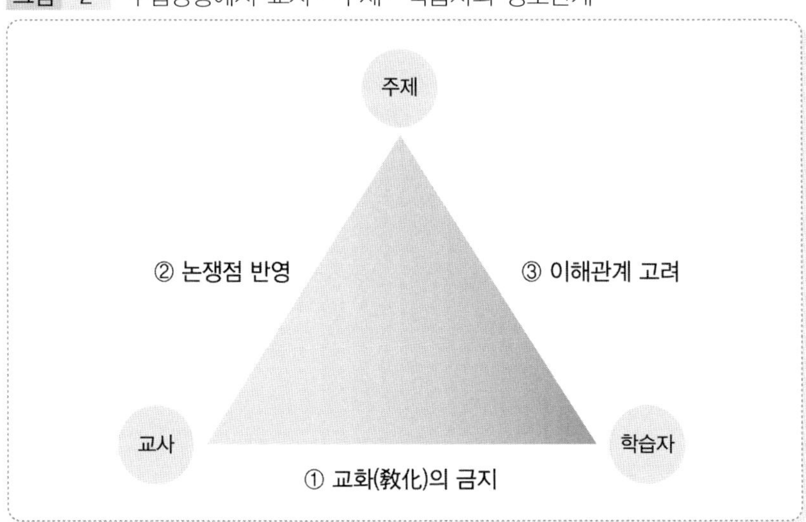

출처: Grammes, 1996: 145.

의 능력을 함양·신장시키는 데 놓여 있다. 여기서 주입·교화의 금지 원칙에 유의할 때, 일상에서 정보전달의 가장 효과적인 방법으로 흔히 간주되고 있는 교사중심수업(보기: 정면수업)에 국한시킬 필요는 없다. 또한 논쟁점 반영의 원칙에 유의할 때, 이 도입·전개 단계에서 서로 만나거나 맞붙는 것, 즉 이미 현존하는 선판단(선입견·편견·고정관념·가정 따위)도 역시 정보습득의 과정을 작동시킬 수 있다. 이러한 전제조건하에서 학습자는 어디까지나 잠정적인 것 혹은 일시적인 것을 말하는 것이기 때문에, 여기서 판단능력의 함양·신장은 거의 완결시킬 수 없는 판단의 과정 혹은 판단형성의 과정이 이루어진다는 것을 의미한다.

14 민주시민교육에서 교수학습원칙의 적용과 관련한 문제점과 한계는 무엇인가?

다중관점 지향 민주시민교육 방안을 모색하는 데 있어서는 다른 한편으로 보이텔스바흐 합의의 세 가지 원칙을 반영한 수업에 대한 성찰(분석 · 평가)에서 관찰할 수 있는 문제점과 한계, 즉 경험적인 연구결과에 주의를 기울일 필요가 있다(Grammes, 1996: 147-162).

표 5 수업분석에서 드러난 보이텔스바흐 합의의 문제점과 한계

(1) 주입 · 교화의 금지 원칙과 관련된 문제점과 한계 – 도덕적 호소와 과장을 통한 주입 · 교화 – 도덕적 관점에서 바라보는 현실분석과 정치적 올바름(political correctness: 사회적 약자에 대한 배려; 편견 · 차별과 관련된 발언이나 행동 자제)에 입각한 미디어 형식을 계속해서 취득함으로써 미묘한 주입 · 교화가 발생할 수 있음(정치적 올바름의 미명 아래 정당한 토론을 방해할 경우 '잘못된 관용'이라는 비판을 받을 수 있음) – 학습자의 정당한 이의제기를 간과하거나 못들은 척하거나 소홀히 다룸 – 서로 다른 관점을 성급하게 조화시키려는 경향
(2) 논쟁점 반영의 원칙과 관련된 문제점과 한계 – 인위적으로 구성된 학교지식의 측면에서 바라볼 때, 외관상 논쟁점이 있는 것처럼 연출하려는 경향 – 특히 간문화 주제와 관련하여 사회에 대하여 서로 양립하기 어려운 관점과 시각이 있다는 점을 고려할 때, 단순히 관점의 상대주의, 가치상대주의(모든 것이 다 일리가 있거나 좋음)로 흐르는 경향 – 교사의 발문이 안고 있는 3중의 구조(교사의 발문 – 학생의 답변 – 답변에 대한 확증이나 거부)와 관련하여, 성급하게 교사의 평가와 검열이 작용할 수 있음 – 관점의 대립 혹은 대면보다는 오히려 성급한 절충주의나 서로 다른 관점의 단순한 융합이나 혼합으로 흐를 수 있는 경향
(3) 학습자의 이해관계 고려 원칙과 관련된 문제점과 한계 – 학습자의 흥미 · 관심을 끌기 위한 동기유발 자료가 오히려 학습자의 흥미 · 관심을 줄어들게 할 수가 있음 – 진지한 협상 대신에 냉소적이거나 아이러니컬한 냉정함으로 흐르는 경향

- 성급하게 유추(주어진 두 가지 사실에서 하나의 단일한 특징을 찾는 일)하려는 경향. 이럴 경우, 복합적인 사회정치현상을 지나치게 단순화하거나 잘못된 판단으로 나아갈 수 있음
- 흑백논리(혹은 성급하게 선과 악으로 구분)로 흐를 수 있는 경향. 베버(Weber)의 용어를 빌려 언급하자면, 심정윤리(ethic of sentiment: 도덕적 엄격주의, 엄숙주의)에서 벗어나지 못함으로써 책임윤리(ethic of responsibility)의 측면을 제대로 고려할 수 없음

15 민주시민교육에서 사회적 관점취득을 어떻게 수업에 적용할 수 있을까?

사회적 관점취득을 통해 학습자는 타자가 처한 상황이나 운명을 공동체험하거나 추체험하면서, '남의 일 같지 않다.' 또는 '나도 언제든지 그러한 일을 당할 수 있다.'라고 하는 당사자의 사고와 감정을 갖게 될 것으로 기대된다. 이것은 두 가지 심리적 요소(즉, 측은지심과 같은 관여·염려와 정의감)를 포함하고 있다. 정의감은 학습자가 타자(다른 사람)의 관점·입장·시각에서 추체험하는 어떤 사건이 자신을 화나게 할 경우 발생하게 된다. 또한 학습자는 추체험하면서 발생하는 관여·염려에서 출발하여 이제 타자에 대한 책임의식을 가질 수 있다. 이것을 도식화하면 다음과 같다(Breit, 1991b: 61).

그림 3 사회적 관점취득 관련요인

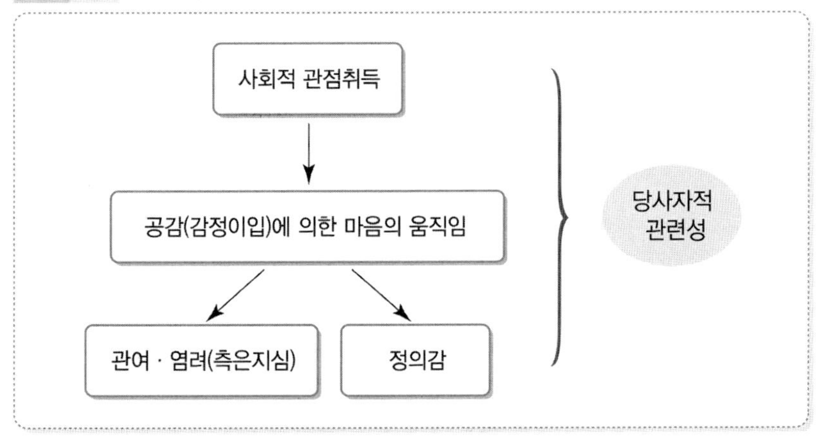

여기서 등장한 기본개념을 중심으로 통일교육을 위한 사회적 관점취득의 함의를 제시하면 다음과 같다(Breit, 1991a: 20; 정한기, 2004: 150).

그림 4 통일교육을 위한 사회적 관점취득의 함의

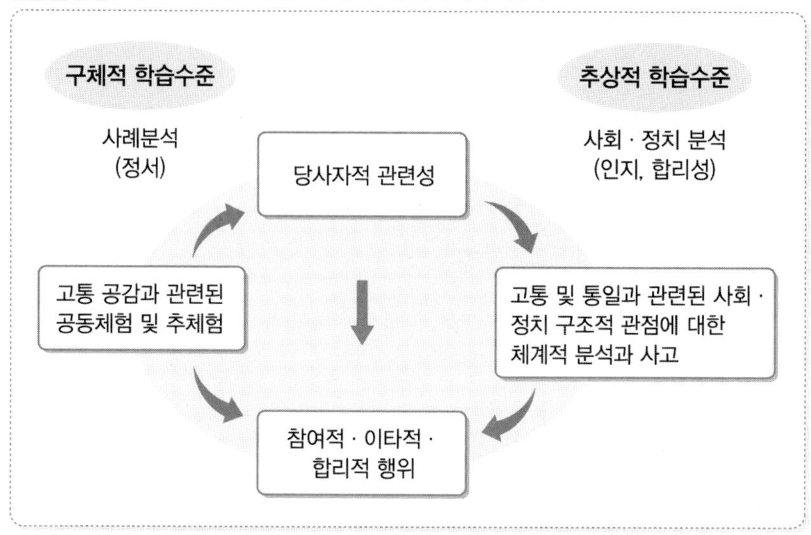

상기한 사항을 고려하여 사회적 관점취득을 적용한 수업을 구상하거나 계획을 세울 때 참고할 수 있는 수업개요를 예시하면 다음과 같다. 수업의 주제는 각각 '탈북 청소년 문제'와 '난민문제'에 관한 것이다.

표 6 사회적 관점취득을 적용한 탈북 청소년 문제 수업개요

단계	내용적 특징	자료(매체)
1. 도입 1-1. 출발점 확인	통일 또는 북한사람들에 대해 가지고 있는 선(先)태도 및 편견 확인	
1-2. 안내	탈북 청소년들이 남한생활에서 겪는 고통과 어려움을 통해 북한 청소년의 생활과 감정으로 안내	<북한에서 온 아이들: 한국생활 1년간의 기록> 방영
2. 전개(사회적 관점취득) 2-1. 감정이입(타자의 마음속으로 들어가기)	북한에서 온 탈북학생들의 사고와 감정 속으로 들어가 생각하기	영상물에서 일부 발췌한 읽기자료
2-2. 타자의 관점에서 바라보기	탈북학생들의 눈으로 바라보기	

3. 정리 3-1. 체계적 사고 안내(외부의 관점에서 바라보기)	탈북학생들의 고통에 대한 정치·사회적 체계적 사고 인식	
3-2. 반성 및 일반화	자신의 생활구성에 대한 반성	

출처: 정한기, 2004: 156.

표 7 사회적 관점취득을 적용한 난민문제 수업개요

<table>
<tr><td rowspan="4">도입</td><td>출발점 확인</td></tr>
<tr><td>· 지적 호기심, 관점, 학습능력 확인, 생각과 선입견 점검(설문조사 활용)</td></tr>
<tr><td>안 내</td></tr>
<tr><td>· 교과서에 제시된 지구촌에서 발생하는 다양한 문제들 안내, 사례 제시
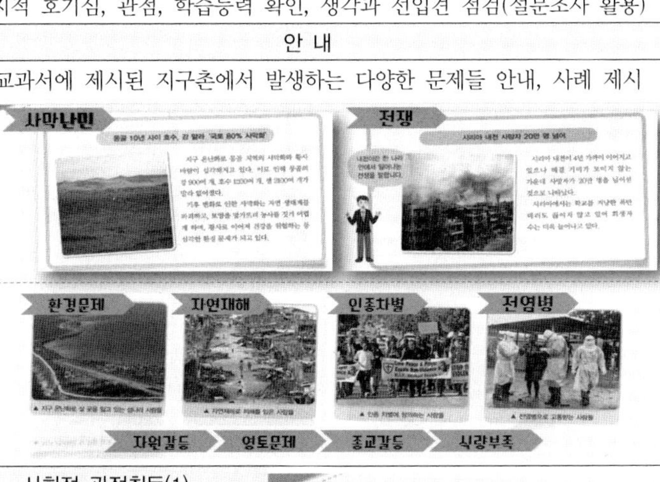
</td></tr>
<tr><td rowspan="4">전개</td><td>사회적 관점취득(1)</td></tr>
<tr><td>- 타자의 마음(사고와 감정) 속으로 들어가기
- '나라면 어떻게 느끼게 될까?' '어떤 생각이 들까?'
- 타인이 처한 상황을 생각하면서 그 마음속으로 들어가도록 하는 과정.</td></tr>
<tr><td>사회적 관점취득(2)</td></tr>
<tr><td>- 타자의 관점이나 입장에서 바라보기
- 학습자 자신이 타자가 되었다고 가정하고, 타자의 처지(상황)에서 생각한 것을 표현하고 행동하도록 하는 과정.</td></tr>
</table>

	추상적 사고
	· 사회적 · 정치적 · 구조적 관점에서 체계적인 분석과 사고를 하는 과정
	반성 및 일반화
정리	· 관점변경 여부 확인, 소감발표, 내용정리 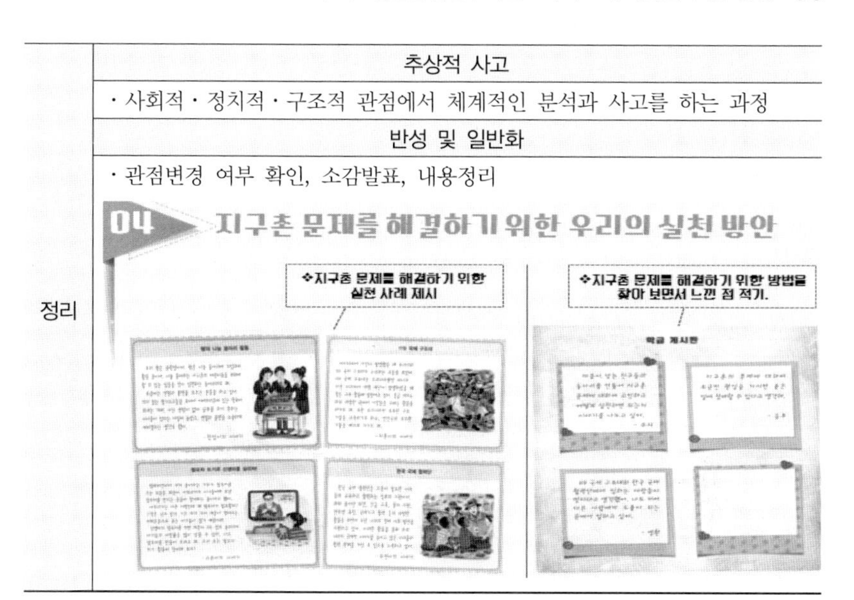

16 민주시민교육을 위한 역량모형은 무엇인가?

민주시민교육에 해당하는 교과의 일반적 과제는 아동과 청소년이 공공생활에 참여할 수 있는 역량을 갖추도록 하는 데 있다. 민주시민교육은 아동과 청소년으로 하여금 경제와 사회에서 적절하게 자리매김을 하고 나아갈 방향을 잡으며, 질문과 문제에 대하여 슬기롭게 판단·평가하고, 공공사안에 대해 참여할 수 있는 능력을 갖추도록 해야 한다. 이러한 일반적 목표설정은 '정치적 성숙성(자율과 책임)'의 개념으로도 풀이할 수 있다. 하지만 여기서 중요한 문제는 교과가 전달하거나 신장시켜야 할 역량의 개념에 대하여 구체적으로 정의를 내리는 일이다. 이것은 다음과 같이 세 가지 영역으로 구분한 역량모형으로 구체화할 수 있다(GPJE, 2004: 13).

표 8 민주시민교육 역량모형

<table>
<tr><th colspan="2">개념적 해석지식(기본적 배경이 되는 정보와 지식)</th></tr>
<tr><td>정치적 판단역량
정치적 논쟁·문제·사건, 사회적·경제적 전개과정 및 상태와 관련된 질문을 사실·가치측면을 고려하면서 분석하고 성찰적으로 판단·평가할 수 있다.</td><td>정치적 행위역량
의견과 신념, 이해관계를 정식화하고, 다른 사람들 앞에서 적합하게 대변·옹호하며, 협상과정을 진행하고 타협할 수 있다.</td></tr>
<tr><td colspan="2">방법적 역량
시사적인 정치현상과 더불어 법적·사회적·경제적 질문에 대해 방향을 설정하고, 교과주제를 여러 가지 방법으로 취급하며, 학습발달의 과정을 진행하거나 조직할 수 있다.</td></tr>
</table>

이제 이 세 가지 역량영역에 대하여 구체적 표준을 규정하고 학교제도의 단계를 고려하여 설정할 필요가 있다. 예를 들면, 정치적 판단역량의 영역에 있어서 학생이 각각 초등학교나 중등학교를 수료한 다음 갖

추어야 할 역량이 무엇인가를 규정할 필요가 있다. 여기서 핵심적인 사항은 학습발달과정을 복합성이 증가하는 것으로 기술해야 한다는 점이다. 즉, 보다 더 높은 단계에 해당하는 기준(표준)은 이전 단계의 기준(표준)을 전제로 하며 이것을 보완한다.

이 맥락에서 수준별 비중과 내용차원을 연결하여 제시한 모형을 소개하면 다음과 같다(Himmelmann, 2002: 33). 이 기본틀은 수준별 요인을 고려한 교육적 방책을 보여주고 있으며, 생활·사회·통치형식의 세 가지로 민주주의를 구분하고 있다. 이 기본틀은 시민성 혹은 민주시민의식을 함양·신장시키는 데 있어서 민주주의의 세 가지 측면을 수준별로 활용할 수 있는 방안에 초점을 맞추고 있다.

표 9 시민성 함양을 위한 교육

민주주의	생활형식(생활방식) (개인적, 사회적, 도덕적 전제조건)	사회형식 (다원주의, 갈등, 경쟁, 공론장, 시민사회)	통치형식(지배형식) (민주주의와 정치, 인권, 국민주권, 권력, 통제, 법, 의사결정 절차)
목표/단계	자기학습 자아역량	사회학습 사회역량	정치학습 민주주의역량
초등학교 수준	xxx	xx	x
중학교 수준	xx	xxx	x
고등학교 수준	x	xx	xxx

(xxx = 중점 혹은 상대적 비중)

17 민주시민교육에서 정치현상의 이해를 위한 내용 분석모형은 무엇인가?

민주시민교육의 핵심을 일차적으로 협의의 정치개념에 두고자 하는 접근방안은 복합적인 정치현상의 이해를 위한 분석모형으로서 '정책순환모형'과 '정치의 세 차원 모형'을 강조하고 있다. 정책순환모형과 정치의 세 차원 모형은 다음과 같이 도식화할 수 있다(Ackermann et al., 1995: 31-32, 37-40).

표 10 정책순환모형

기본개념(범주)	질문
문제	문제는 어디에 놓여 있는가? 문제해결을 위한 과제는 무엇인가?
논의	어떻게 논의와 취급이 이루어지는가? (이해관계의 갈등 혹은 견해의 차이를 보인 것은 무엇인가? 갈등을 조정하기 위한 협상·타협은 어떻게 이루어지고 있는가?)
정책(의사결정)	논의와 취급의 결과는 무엇인가? (혹은 무엇이 결정되었는가?)
평가 및 반응	논의와 취급의 결과 혹은 정책에 대한 평가·반응은 어떻게 나타나고 있는가?

표 11 정치의 세 차원 모형

차원	기본개념(범주)	질문
형식	법·제도	어떤 법과 제도가 관련되어 있는가?
내용	문제·과제 (문제 및 해결방안)	문제가 무엇이며, 해결을 위한 과제는 무엇인가?
과정	의사형성과 결정과정 (논의·결정과정)	어떻게 문제가 논의되고 다루어지고 있는가? (문제해결을 위한 갈등조정·타협은 어떻게 이루어지고 있는가?)

18 민주시민교육에서 민주주의 학습지는 어떻게 작성하고 활용할 수 있을까?

수업에서 활용할 수 있는 민주주의 학습지의 사례를 소개하면 다음과 같다. 여기서는 '학교와 민주주의' 주제에 해당하는 사례를 예시적 차원에서 소개한다(Gugel and Jaeger, 2004).

(1) 체크리스트

민주주의는 인정과 공동구성의 가능성을 전제로 삼고 있다. 이것은 학교에 대해서도 역시 적용되어야 할 것이다. 이런 가정에서 출발하여 여러분이 다니는 학교에서 현 상태는 어떠하며, 여러분이 바라는 것이 무엇인지 생각해 보고, 여러분의 평가를 다른 사람들의 그것과 비교해 보자. 체크리스트를 작성할 때, 사실이거나 여러분이 이미 경험하고 있으면 ①번에, 여러분이 앞으로 바라는 것이라면 ②번에, 그리고 그렇게 중요하다고 생각하지 않거나 잘 모르겠다고 생각하면 ③번에 √ 표시를 해보자.

①	②	③	
			나와 관련되거나 나에게 영향을 미치는 의사결정에서 내가 함께 말할 수 있고 결정에 참여할 수 있다.
			학생들이 공동으로 결정할 수 있는 가능성과 권리를 갖고 있다.
			학생들은 자신의 견해를 감히 말할 용기를 갖고 있다.
			자신의 견해를 말하는 학생은 불이익을 받을지 모른다고 우려를 한다.
			선생님은 점수부여를 자신의 힘을 행사하기 위한 수단으로 간주하시는 편이다.
			선생님은 더 영향력이 있거나 더 많은 결정권을 갖고 계시다.

			학부모는 자기 아이들에게 불이익이 갈지 모른다는 우려 때문에 비판적인 발언을 삼가신다.
			선생님은 지시받은 것을 고분고분하게 수행하시는 편이다.
			선생님들은 협력을 하고 의사교환을 하는 편이다.
			선생님은 학생들의 바람과 비평을 받아들이시는 편이다.
			선생님은 학생들을 공공연하게 웃음거리로 만드시곤 한다.
			학생들은 학교에 대하여 (혹은 특정한 선생님들에 대하여) 불안감을 갖고 있다.
			학생들은 선생님을 존경하거나 존중한다.
			학생들의 개인적인 학습발달이 선생님에게는 중요한 일이며, 따라서 그것에 대해 협의나 논의를 한다.
			맹목적인 복종이 아니라 학생들이 스스로 깨닫는 것이 요청되고 있다.
			선생님은 규칙을 설명하시고 또한 그 자신이 이 규칙을 지키신다.

(2) 우리 학교 민주주의의 모습

다음 표에서 여러분이 각자 선택한 칸(평정척도 ①~⑥)에 스티커를 붙이거나 스티커를 사용하지 않을 경우에는 √ 표시를 해보자. 평정척도 중 ①은 완전히 맞거나 사실이라고 생각한 경우를 가리키며, ⑥은 완전히 틀리거나 전혀 사실이 아니라고 생각한 경우를 가리킨다.

	①	②	③	④	⑤	⑥
우리 학급에서는 갈등이 발생하면 그것을 논의에 부치고 함께 해결방안을 모색한다.						
우리 학급에서는 서로 다른 사람들의 말을 경청하고, 아무도 무시를 받거나 악평을 받지 않도록 한다.						
학습과 관련해서는 성적이 떨어지는 학생들이 더 잘할 수 있도록 뒷받침을 하거나 격려를 하는 편이다.						
학습을 할 때 가능하면 학생들의 생활상황이나 현실을 고려하고 거기에 지향을 두고 있다.						
선생님은 좋은 수업을 하려고 노력하신다.						

선생님은 학생들을 존중해 주신다.						
우리 학교 전체를 볼 때, 모든 학년 수준에서 공동으로 참여하고 의사결정을 할 수 있는 가능성이 존재한다.						
학교 전체 수준의 총회가 정기적으로 개최된다.						

19 민주시민교육에서 기본적인 학습상황은 무엇인가?

표 12 수업의 기본적인 학습상황

조사	사회 · 정치 현상에 대한 자료와 출처를 통하여 정보를 얻으면서 사회 · 정치 현상에 관하여 무엇인가를 학습할 수 있다.
의사소통	다른 사람들과의 대화와 토의를 통하여 정보와 지식을 교환하면서 사회 · 정치 현상에 관하여 무엇인가를 학습할 수 있다.
묘사 · 서술	사회 · 정치 현상에 대하여 무엇인가를 다른 사람들에게 묘사하거나 서술하면서 사회 · 정치 현상에 관하여 무엇인가를 학습할 수 있다.
청취	다른 사람들이 사회 · 정치 현상에 대하여 제시 · 발표 · 보고 · 설명하는 것을 능동적으로 청취하고 자기 자신이 지닌 지식의 망에 통합시킬 수 있는 정보를 취하면서 사회 · 정치 현상에 관하여 무엇인가를 학습할 수 있다.
산출 · 제작	학습의 결과를 기록으로 남기는 산출물을 제작하면서 사회 · 정치 현상에 관하여 무엇인가를 학습할 수 있다.
도해 · 예증	추상적인 연관성이나 맥락을 실물 · 실례 · 도해 · 예증을 통하여 일목요연하게 설명하거나 시청각 자료를 활용하면서 사회 · 정치 현상에 관하여 무엇인가를 학습할 수 있다.
탐구	사회 · 정치적으로 중요하거나 의미가 있는 상황을 스스로 탐구하면서 사회 · 정치 현상에 관하여 무엇인가를 학습할 수 있다.
시뮬레이션	사회 · 정치적으로 중요하거나 의미가 있는 상황을 시뮬레이션(모의 · 가상 실험)하면서 사회 · 정치 현상에 관하여 무엇인가를 학습할 수 있다.
연습 · 반복	연습하고 반복한다면 수업에서 터득한 능력과 새로 배운 지식을 더 잘 간직하고 스스로 이용할 수 있다.
적용	배운 것을 새로운 상황에서 적용한다면 수업에서 터득한 능력과 새로 배운 지식을 더 잘 이용할 수 있고 향상시킬 수 있다.
환류 · 평가	자기 자신의 학습에 대하여 유의미한 환류(피드백)를 얻거나 평가를 받는다면 더 잘 학습할 수 있다.
자기 성찰	자기 자신의 지식과 학습에 대한 지식을 습득하고 자기의 학습을 의식적으로 조절할 수 있다면 더 잘 학습할 수 있다.

출처: Sander, 2007: 201－213.

20 민주시민교육에서 기본적인 학습상황에 해당하는 방법·기법은 무엇인가?

표 13 기본적인 학습상황에 해당하는 다양한 방법·기법

조사	읽기 기법, 인쇄매체(신문·잡지·전문서적) 분석 및 활용, 도서관과 문서보관실의 이용, 전자 자료은행의 분석 및 활용, 방송(라디오·텔레비전)의 분석 및 활용, 인터넷 정보검색, 박물관 정보검색, 전문가·행위자·증인을 향한 문의(직접적 면담, 전화, 우편, 이메일)
의사소통	사회자 활용방법, 자유토의 및 구조화된 토론, 찬반대립토의, 소크라테스 대화기법, 단상토론, 소집단활동
묘사·서술	보고·발표문, (조별)작업결과의 발표(가능하면 시청각 도구 활용), 입상(立像), 장면연출(형식이 단순하고 짧은 묘사곡으로서의 스케치, 무언극(판토마임), 연극, 춤·노래 등을 통한 사회·정치 풍자극 형식으로서의 카바레)
청취	메모작성, 프로토콜(조서, 회의록)작성, 청취결과에 대한 문서·구두 보도, 발표자에 대한 질문 작성, 밝혀진 입장의 비교(혹은 반대 입장 작성)
산출·제작	전시물 제작, 멀티미디어 프리젠테이션 제작, 인터넷 출판 구현, 비디오 촬영, 방송극(방송극본) 녹음(취입), 문서기록 제작 및 발간, 학보(신문) 제작 및 발행, 지방신문에 기고할 원고 작성(혹은 신문의 한 면 구성), 학습결과를 다른 사람들을 위한 학습자료(활동자료)로 변환(보기: 사전, 해설을 덧붙인 링크목록)
도해·예증	보고서 및 다른 구두 발표문의 시각화(칠판, 벽신문, OHP 용지, 컴퓨터 프리젠테이션 따위), 복합적인 관계와 구조의 시각화(마인드매핑, 텍스트의 시청각 자료 전환, 도표, 도식, 도해), 구체적인 보기를 통한 추상적인 연관성의 예시(상황, 사건, 전기(傳記))
탐구	체계적인 관찰, 여론조사(인터뷰 혹은 표준화된 설문지 활용), 현장 조사·탐구, 실습
시뮬레이션	역할놀이, 토크쇼, 시뮬레이션 게임, 컴퓨터 시뮬레이션(프로그램을 활용한 계산·통계, 상호작용적 멀티미디어 시뮬레이션 게임, 인터넷상의 시뮬레이션)
연습·반복	놀이를 통한 연습(수수께끼, 퍼즐, 퀴즈, 기억), 텍스트의 빈칸 채우기, 전문개념을 포함한 용어설명 카드, 컴퓨터를 활용한 연습, 공개적인 등장을 위한 훈련(수사(修辭), 발표)

적용	여기서는 이제까지 열거한 모든 방법이 적용의 대상이 될 수 있다. 이 학습상황에 관해서는 어떤 특징적인 고유한 방법이 존재하지 않는다. 왜냐하면 이 학습상황은 특정한 방법을 통하여 구성되는 것이 아니라, 새로운 학습대상을 다루면서, 즉 학습한 것을 이미 알려진 다른 방법을 이용하면서 적용하고 시험적으로 시도해 보고 개선하면서 비로소 구성되기 때문이다.
환류·평가	섬광(플래시, flash), 해당 내용이나 측면에 대한 점수(포인트) 부여, 간단한 혹은 복합적인 설문지, 학습상황의 비디오 촬영, 구두 혹은 문서 형태의 피드백(학습자의 학습결과에 대한 교사의 피드백; 강점과 약점, 개선의 가능성 포함)
자기 성찰	자기 자신에 대한 편지, 학습일지, 활동·시간계획 및 자기관리 기법

출처: Sander, 2007: 213－220.

21 민주시민교육에서 수업연구는 어떻게 할 것인가?

민주시민교육의 영역에서 이루어지는 체계적인 수업 관찰 및 분석으로서의 수업연구는 수업에서 나타나는 사건과 행위, 교과교육학적·방법적 의사결정에 초점을 맞춘다. 게다가 교과수업의 조건과 전제를 다루며, 학습 상황 및 과정의 효과에 대한 질문을 제기한다. 수업연구의 방법적 접근방안은 대개 사회과학에서 차용한 것이다. 여기서 중점은 질적 연구에 놓이게 되는데, 그 까닭은 수업에서 발생하는 일과 사건에 대하여 명시적으로 관련을 맺는 양적인 연구는 수업연구에서 아직은 미해결의 숙원사항으로 남아 있기 때문이다. 참여관찰과 기록(문서화), 그리고 사례에 지향을 둔 분석 및 평가 절차는 특히 사회화연구와 전기(傳記)연구에서 나온 것이며, 여기서는 수업에서 발생하는 일과 사건을 탐색하고 조사하기 위한 도구로 사용되는 것이다.

(1) 참여관찰

수업에서 발생하는 현상을 기록하고 다른 사람들이 접근할 수 있도록 하기 위하여 필요한 것이 학급에서 관찰하는 일인데, 이것을 참여관찰이라고 파악할 수 있다. 참여관찰의 기준에 속하는 사항으로는 연구자가 수업에 참여한다는 것, 수업의 다른 행위자들이 그것을 인지하고 있다는 것, 그러나 연구자는 예를 들면 의도적으로 수업에 간섭함으로써 적극적으로 개입하지는 않는다는 것을 들 수 있다. 수업관찰에서는 대개 어떤 일정한 인식관심이나 교과교육학적인 시각이 방향을 설정해 주는 지침이 된다.

수업현장에 관찰자가 들어감으로써 관찰의 상황이 발생하는데, 이때 가정해야 할 사항은 관찰자가 수업에 영향을 주기는 하지만 그렇다고 하여 근본적인 변화를 초래하지는 않는다는 것이다. 게다가 관찰자는 수업에서 발생하는 현상을 단지 선택적으로만 바라본다는 데 유의할 필요가 있다. 엄밀히 말하면, 관찰의 상황에서 작용하는 선택성과 주관성에 대하여 환류를 하고 통제를 하기 위해서는 관찰자에 대한 관찰, 즉 메타관찰(meta-observation)이 요구된다고도 할 수 있다. 참여관찰자로서 수업을 참관하는 일은 연구의 대상, 즉 피연구자에 대하여 접촉을 수립하고, 면담할 때 활용할 질문지와 관찰의 중점을 개발하기 위하여 보통 연구과제 수행의 초기단계에서 이루어진다. 수업상황에서 관찰한 사항이나 사건을 기록하는 데 있어서는 여러 가지 가능성이 존재한다.

(2) 기록(문서화)

특히 피연구자와 접촉을 시도하고 처음 관찰(탐색)을 하는 단계에서 스스로 수기로 프로토콜(조서)을 작성하는 일은 포기하기 힘들다. 수업에서 발생하는 현상의 복합성(여러 가지 서로 다른 장소에서 동시에 발생하는 상호작용, 상세한 내용을 갖고 빠르게 진행되는 상호작용)으로 인하여 프로토콜을 작성하는 일은 상당히 처리하기 힘든 과제이다. 이 정보의 홍수를 어느 정도 붙잡기 위한 첩경은, 비록 선택성은 떨어지지만, 서로 겹쳐서 발생하는 사건들을 실시간으로 기록할 수 있는 기술적인 방안이다. 문제제기에 따라 녹음과 비디오가 적절하고 의미가 있을 수 있다. 비디오로 촬영한 수업시간의 장점은 분석할 때 신체언어(몸짓과 표정)와 장비(장치), 학습환경도 역시 고려할 수 있다는 것이다. 녹음과 촬영의 특별한 성질은 실제 시간적으로 진행된 수업을 들여다보면서 언제나 다시 해당하는 장면을 불러올 수 있다는 데 놓여 있다.

기술적인 장치를 갖고 녹음하거나 촬영한 수업시간을 이제 말 그대로 따라가면서 문서로 옮길 수 있다. 이른바 전사라고 하는 것은 첫 번째 해석이라고 할 수 있는데, 그 까닭은 전사에도 역시 개인적인 해석이 흘러들어간다고 간주할 수 있기 때문이다. 예를 들면, 어떤 일정한 것을 듣고, 다른 것은 듣지 않을 경우 개인적인 해석이 반영된 것이기 때문이다. 게다가 전사 그 자체는 서로 다른 기준과 형태에 따라 내용이 풍부할 수도 있고 그렇지 않을 수도 있다. 그리고 비디오로 찍은 수업시간이 우리가 일상적으로 바라보는 습관과는 근본적으로 다를 수 있으며, 텍스트 형식에서는 너무 상세하거나 지루한 측면이 재생산될 수도 있다. 그렇지만 전사한 결과물을 방법적으로 적절하게 활용하여 실제 수업의 복합성을 파악하는 데 도움이 된다면, 기록된 수업시간과 전사를 갖고 작업을 하는 과정에서 어쨌든 연구와 교육 혹은 교사교육을 서로 생산적으로 결합시킬 수 있는 가능성을 찾을 수 있다(Schelle, 2007: 17).

(3) 해석·분석·평가

표 14 해석학적 수업분석의 단계

이해	· 수업에서 어떤 일이 일어났는가?라는 질문을 고려하면서 차시의 진행 과정을 재구성한다. · 관찰한 것을 묘사한다.
해석	· 관찰한 것을 해석한다. · 교과교육학의 이론이나 접근방안과 대비하면서 차시의 맥락과 배경을 고려한다.
적용	· 개별 수업단계(계열) 혹은 수업차시 전체를 평가하고 비평한다. · 교사의 전문성에 대한 요구사항에 비추어 보면서 논의한 결과를 요약한다.

민주시민교육에 기반을 둔 학교발전계획은 무엇인가?

이 부분에서는 학교발전계획의 틀 속에서 수행되는 자체평가의 과정 및 효과에 중점을 두고자 한다.

그림 5 상호 관련된 자체평가 구성요소의 체계

국가수준의 교육목표 및 교육과정

외부의 자료(데이터)

학교의 역량강화에 기여하는 정책

전문가의 자문 · 조언

학교발전계획의 틀 속에서 이루어지는 자체평가

책무성의 확보를 위한 조치

학교수준의 장학

전문성개발과 교사연수

평가도구(수단)

여기서 소개하는 지표는 민주시민교육에서 추구하는 바람직한 질(quality)에 해당하며, 판단을 내리기 위한 기준(criteria)이며, 당위와 사실을 비교하기(comparing) 위한 수단이 된다. 민주시민교육과 연관된 학교의 활동영역과 이에 대응하는 지표는 다음과 같이 제시할 수 있다.

표 15 활동영역과 지표

영역	질을 나타내는 지표
교수학습, 교육과정	지표 1: 학교의 교육과정계획 · 정책 · 목표에 민주시민교육을 위한 여지가 충분하다는 증거가 있는가? 지표 2: 민주시민교육에 대한 이해를 교사 · 학생이 획득하고, 학교 · 학급의 일상생활에서 민주시민교육의 원칙을 실천한다는 증거가 있는가? 지표 3: 민주시민교육과 부합하는 학내평가의 설계 · 실천이 이루어지는가?
학교분위기 · 기풍	지표 4: 학교의 기풍이 민주시민교육의 원칙을 제대로 반영하는가?
관리 · 발전	지표 5: 민주시민교육 원칙에 기초하여 효과적인 학교 리더십을 보여주는 증거가 있는가? 지표 6: 민주시민교육의 원칙을 고려한 건설적인 발전계획을 학교가 갖고 있는가?

표 16 지표와 하위주제

영역	지표	하위주제
교수학습, 교육과정	지표 1: 학교의 교육과정계획 · 정책 · 목표에 민주시민교육을 위한 여지가 충분하다는 증거가 있는가?	1.1 민주시민교육 관련 학교정책 1.2 민주시민교육 관련 학교발전계획 1.3 민주시민교육 관련 학교교육과정 1.4 민주시민교육 조정 · 협력
학교 분위기 · 기풍	지표 4: 학교의 기풍이 민주시민교육의 원칙을 제대로 반영하는가?	4.1 일상에서 민주시민교육 원칙 적용 4.2 인간관계와 권위패턴(유형) 4.3 자기표현 · 참여를 위한 가능성 4.4 갈등해소 및 차별 · 폭력 · 괴롭힘의 취급을 위한 절차

학교발전계획은 계속해서 진행되는 과정이며, 순환적인 평가는 개선을 지향해 전진할 수 있긴 하지만 결코 완전한 것은 아니다. 평가 · 개선의 순환과정은 다음과 같이 대체로 8단계로 분화시킬 수 있다.

(1) (의식제고, 민주시민교육 개선의 유용성 · 중요성, 지식 · 기능의 획득과 관련하여) 일단 학교가 평가의 문화를 갖추기 시작해야 함.

(2) 자체평가위원회(팀) 구성. 여기에는 교장 · 교사 · 학부모 · 학생 · 연구자 또는 비평적 자문위원 등이 포함될 수 있음.

(3) 적절한 질문(예: 어떤 정보를 확보할 것이며, 어디서 정보를 찾을 것인가?) 제기. 이때 평가준거로서 외부에서 제공된 지표를 활용하거나 재구성함.

(4) (제기한 질문에 적합한) 평가방법에 관하여 자체평가위원회(팀)는 결정을 내려야 함. 정보의 질을 높이려면 사실 · 가치 · 과정(過程)정보를 수집하기 위해 여러 가지 다양한 방법을 활용해야 함. 보기를 들자면, 상기한 **지표** 4(학교의 기풍) 중 하위주제(인간관계와 권위패턴)의 성취도를 평가하기 위해 다음과 같이 다양한 도구를 준비하거나 활용할 수 있음.

표 17 지표의 성취도 평가를 위한 방법·도구 예시

지표 4 학교의 기풍이 민주시민교육의 원칙을 제대로 반영하는가?	하위주제 4.2 인간관계와 권위패턴(유형)	· 문서분석 · 영상자료 평가 · 설문조사 · 초점을 맞춘 설문 · 초점집단 토의 · 관찰과 동료관찰 · 이야기하기 · 면담(인터뷰)

(5) 데이터(자료)를 분석하고, 강점 · 약점을 확인함.

(6) 성취도와 취약점, 개선이 요청되는 중요사안에 관해 결론 도출.

(7) 평가보고서 작성하고 확산 · 보급하고, 그것에 관하여 논의함.

(8) 발전전략 설계. 이때 우선순위를 수립하고, 시간계획, 연수(훈련), 지원, 재정적 필요, 업무분담을 결정하고, 진행되고 있는 상황을 점검하기 위한 방법에 관하여 합의함(Krek, 2008: 179-186).

23 학교 **민주시민교육** 운영 개선을 위한 발전방안은 무엇인가?

(1) 수업중심학교에서 생활학교로의 전환

우선 수업중심학교에서 생활학교로의 전환이 요청된다. 학교가 생활과 경험 그리고 학습을 위한 공간이 되어야 한다. 즉, 민주사회 혹은 민주국가 속의 민주적 공동체(polis in polis)가 구현될 수 있도록 여건을 마련해야 한다. 그리고 학생들이 자아정체성을 갖추고, 다른 사람들이 그들을 민주시민으로서 정당하게 받아들이는 '인정의 문화'가 착근되어야 한다. 이와 더불어 현실과 이상, 실제와 규범의 조화가 요청된다. 민주시민교육을 위한 발전방안을 추구하고 기획하기 위해서는 '글로벌 수준에서 사고하고, 지방적 수준에서 행위를 하라'는 원칙, '미래를 미리 예상하면서 현재를 구성하라'는 원칙, '사고는 폭넓게 하고, 작은 일부터 시작하라'는 원칙을 고려하면서, 가능하면 실천 가능성과 바람직한 미래상이 서로 부합할 수 있도록 해야 한다. 자율적이고 개방적인 학교문화를 착근시키는 일이 필요하다. 상기한 사항을 실현하기 위해서는 학교의 개방과 자율적인 구성을 지향해야 하는데, 그것을 행위영역별로 예시하면 다음과 같다(Kultusministerium NRW, 1995: 17-20).

표 18 자율적·개방적인 학교문화의 착근을 위한 가능성

행위영역	학교의 자율적·개방적 구성을 위한 가능성
학급생활 (수업)	· 학생의 학습조건과 생활상황에 대한 더 많은 고려 · 교외(校外)학습 및 경험기회와 교과교육과정의 결합 · 복합적인 현실에 관한 이해를 돕기 위해 통합교과적인(혹은 범교과적인) 학습기회 마련 · 협동적 교수학습형태의 구현(학생의 협동과 교사의 협동 포함)

학교생활	· 학교의 발전계획과 의사결정에 학생과 학부모 참여 · 교내생활에 관한 결정과 규칙에 학생 참여 · 학교행사의 활성화(전시회 · 발표회 · 운동회 · 축제 등) · 집단적 · 개인적 판단능력과 의사결정능력 함양에 기여 · 여가활동 혹은 방과후 교육의 다양한 기능(機能) 활성화(보기: 개인적 휴식 공간, 레크리에이션, 학습보충, 학교 참여 활동, 사회적 경험, 만남의 장소, 각종 기능(技能) 습득)
학교와 지역사회	· 새로운 학습의 기회와 대상 개발, 지역사회와의 연계를 통한 동기부여, 실제적 활동과 경험의 기회 제공 · 기관 · 기업 · 사회단체와의 접촉, 지역의 자원인사 활용, 지역사회의 조건에 관한 탐구 및 지역사회의 문제 취급 · 자매학교 결연, 다른 학교와의 접촉과 교류, 지역사회의 발전방안이나 문제에 대한 토론의 장소, 여가활동과 문화활동을 위한 만남의 장소 제공

(2) 학교발전의 맥락에서 민주시민교육의 과제와 개선방안 모색

학교발전의 맥락에서 민주시민교육의 과제와 개선방안에 관심을 가져야 한다. 수업과 학교생활에서 민주주의를 체험하고 학습하기 위한 프로그램의 개발 · 운영과 관련해서 고려해야 할 기본적인 신념은 다음과 같이 진술할 수 있다.

1) 개별학교에 수업 및 학교발전을 위한 출발점이 놓여 있다. 개별학교는 '배우는 학교' 혹은 '교육적 행위단위'로서 혁신과 발전의 핵심적인 장소와 공간으로 이해해야 한다.

2) 학교발전의 과정에서 '교육적 문제'와 '체제문제' 사이의 관계를 고려해야 한다. 물론 교육제도의 사회적 선발효과 측면에서 그 원인을 체제적 문제에서 찾을 수 있다. 그리고 이것이 여전히 아직 해결되지 않은 문제로 남아 있다. 그럼에도 불구하고 학교를 개혁하는 데 있어서는 우선 교육적 논리에 입각한 학교의 발전이 요청된다. 이때 특히 수업과 학교의 일상생활에서 변화를 추구해야 한다.

3) 교육적 논리에 입각한 학교의 발전을 모색할 때, 개별학교에 초점을 맞출 경우, 전문성의 변화를 고려해야 한다. 특히 교직원들이 좋은 수업과 좋은 학교의 구성과 기획을 위해 핵심적인 행위주체로서 역할을

수행해야 한다.

이러한 기본적인 신념에 비추어볼 때, 민주시민교육이 수업개선과 학교발전을 위해 기여할 수 있을 것으로 기대된다. 이때 민주시민교육을 학교운영원칙으로서 간주할 필요가 있으며, 이와 동시에 학교문화에 대해 주의를 기울여야 한다. 이러한 맥락에서 교육표준안의 마련과 관련된 과제는 네 가지 사항으로 구분하여 다음과 같이 제시할 수 있다.

① 민주주의 역량의 명료화: 이와 관련하여 '민주적 행위역량'을 민주시민교육의 핵심적인 목표로 설정한 대안이 있다. 이것은 다시 '정치적 역량'과 '사회적 역량'으로 구분할 수 있다. 정치적 역량에는 민주주의에 관한 이해, 정치적 효능감과 관련된 긍정적 사고, 기획능력과 의사결정능력, 사회적 영역(혹은 부분영역)에 대한 분석이 포함되며, 사회적 역량에는 책임감, 정의감, 비판능력, 긍정적 생활태도가 속한다.

② 중핵 교육과정의 중요성: 민주시민교육에서 기본적인 내용과 주제영역이 무엇인지에 관한 논의가 요청되며, 중핵 교육과정에 포함시켜야 할 내용, 즉 필수적으로 학습자가 이수해야 할 프로그램을 마련할 필요가 있다.

③ 교육에 대한 평가와 모니터링: 양질의 수업과 학교를 확보하기 위해 외부평가 및 자체평가가 요청되고 있다. 이런 요청사항에 부응하려면 민주시민교육도 수업 및 학교 개선을 모니터링하고 평가하는 과정에서 어떤 역할을 수행할 것인지 명료화할 필요가 있다.

④ 좋은 수업에 관한 기준 설정: 특히 민주시민교육과 친화성이 강한 교과(사회과, 도덕 · 윤리)에서 좋은 수업이 어떤 것인지의 질문에 대하여 지속적인 성찰과 논의가 요청된다(Henkenborg, 2003: 36-40).

민주시민교육에서 초당파성의 원칙을 준수하기 위한 지침은 무엇인가?

학습자(혹은 유권자)의 자주적인 정치적 판단력을 함양하고 신장시키는 데 주된 목표를 둔 민주시민교육(혹은 선거교육)의 관점에서 출발하여, 초당파성의 원칙을 준수하기 위한 지침(가이드라인)을 예시적 차원에서 각각 21가지 명제(제1안)와 10가지 명제(제2안: 논쟁수업 십계명)로 정리하여 제시하면 다음과 같다. 여기서 소개하는 방안은 단위학교 수준에서 혹은 지역 수준에서 실정에 맞게 전문가와 이해관계자들이 협의를 하여 적절하게 재구성하여 사용하면 될 것으로 보인다.

(1) 제1안: 학교교육에서 초당파성의 원칙을 준수하기 위한 지침

1) 민주시민교육은 헌정질서(자유민주적 기본질서)의 유지 · 발전에 기여할 수 있도록 사회구성원인 시민(국민)이 성숙성(자율과 책임의식)을 갖추도록 하는 데 주된 목적이 있다. 이러한 목적을 고려할 때, 민주시민교육의 개념은 국가와 지역사회에서 일어나고 있는 사회정치현상에 관하여 인식하고, 사회정치적 상황을 합리적으로 판단하고, 사회정치과정에 참여하거나 행위를 하는 데 필요한 지식, 기능, 가치 · 태도를 갖추도록 하는 교육시설의 조치와 활동을 가리키는 집합명칭이라고 규정할 수 있다.

2) 이와 같은 민주시민교육의 개념정의에서 출발할 때, 학교와 같은 공공기관에서 민주시민교육을 담당하는 행위주체(교사 · 강사)는 초당파성(정치적 중립성)의 원칙에 유의할 필요가 있다. 그들은 헌법에서 명시한 자유민주적 기본질서의 유지와 발전에 기여해야 한다. 초당파적인 입장에서 교육을 해야 한다는 과제에 부응하기 위해서 교육자는 일방적

으로 특정한 정치적·종교적·세계관적 진술이나 표명을 하지 않도록 해야 하며, 정치적·종교적·세계관적 측면에서 학교의 평화를 깨뜨리거나 교란시키지 않도록 해야 한다. 예를 들면, 인간의 존엄성, 자유권, 평등권, 자유민주적 기본질서에 어긋난다는 인상을 학습자에게 주지 않도록 유의해야 한다. 초당파성의 원칙과 연관해서 이렇게 기본권과 인권을 언급하는 이유는 교육자는 언제나 헌법정신에 따라 자유민주적 기본질서의 유지와 발전에 기여해야 한다는 기대가 있기 때문이다.

3) 의견의 차이와 다양성을 고려할 때 교사의 역할을 어떻게 파악하고 설정해야 할 것인가의 질문은 늘 제기되기 마련이다. 사회자의 역할에 남아 있어야 하는가 아니면 의식적으로 어떤 입장을 취하거나 그 입장을 옹호한다는 것을 분명히 밝혀야 하는가? 이 질문과 관련해서는 어떤 이상적인 해결책을 찾기 어렵다. 어떤 경우에 옳거나 적합한 것이 얼마든지 다른 경우에는 틀리거나 부적합한 것으로 나타날 수 있다. 하지만 교사가 일차적으로 자신의 사회정치적 견해가 중요하거나 정당하다는 것을 일방적으로 부각시키면서, 학습자들이 이 의견에 동조하면서 따를 것이라고 기대한다면, 여기서 문제가 되고 있는 최소합의의 정신에 어긋난다는 점에 대해서는 논란의 여지가 없는 것처럼 보인다.

4) 오히려 교사는 핵심적인 논쟁점을 수업에서 적절하게 드러내는 일에 유의하지 않으면 안 된다. 중요한 입장을 수업에서 아무도 옹호하거나 거론하지 않을 경우, 교사는 이 입장을 끌어들이고, 학습자들이 분명하게 파악하거나 이해할 수 있도록 설명해주어야 한다. 다른 정당한 시각·관점·입장이 있음에도 불구하고 이것이 전혀 드러나지 않거나 무시될 경우, 교사는 '악마의 변호인' 기능을 수행할 수도 있다. 자명한 이야기이지만, 자신의 개인적인 입장과는 관계없이 이러한 일을 수행해야 한다. 그리고 어떤 논증의 유형(패턴)이 수업에서 별로 드러나지 않을 경우, 교사가 그러한 논증유형을 보강해주어야 한다. 학습자들이 너무 성급하게 합의에 도달하려고 시도할 경우에 교사는 다른 정당한 의견이 있다는 점을 지적해주거나 아니면 이의제기가 있다는 점을 상기시

켜 주어야 한다.

5) 이러한 과정과 절차를 거치면서 교사는 주로 교육자의 역할을 수행하게 된다. 물론 이 교육자의 역할이 일차적으로 중요하고 또한 핵심적인 것이다. 하지만 교사도 역시 시민의 한 사람이다. 이러한 사항과 관련하여, 교사는 자신이 갖고 있는 시민으로서의 역할을 늘 숨길 필요는 없다. 때로는 학습자들이 교사의 개인적인 의견에 대해 상당히 강한 흥미나 관심을 보일 수 있다. 이때 자신의 견해를 완강하게 숨길 이유는 없는 것처럼 보인다. 하지만 자신의 견해를 주장하거나 옹호할 경우에는 가능하면 적절하게 절제하거나 삼가는 태도를 보이면서 하는 것이 바람직하다. 이때 특히 학습자들이 교사의 개인적인 의견에 가중치를 부여할 것이라는 기대와 결합해서는 안 된다. 학습자들은 그러한 기대에 관하여 예민한 감정을 지니거나 그러한 반응을 보일 수 있다. 교사가 학습자들의 의견 형성에 일차적인 관심을 두고 있다는 점을 느끼거나 깨닫게 되면, 학습자들은 교사가 진행하는 수업에 대하여 특별하게 긍정적인 가치를 부여하면서 인정할 것으로 기대된다.

6) 서로 다른 의견이나 비평에 대하여 가능하면 제재조치를 취하지 않아야 논쟁적 담론이나 토론이 활성화될 수 있다. 이러한 가정과 전제에서 출발할 때, 수업에서도 역시 학습자의 편에서 마침내 기다리고 있던 다른 의견이 나왔을 때, 교사가 비로소 안도의 한숨을 쉰다는 것을 학습자들이 알아차린다면, 성공적인 수업을 위해 첫걸음을 내딛는 것이라고 말할 수 있다. 교사는 한편으로 모든 불관용에 대한 불관용을 다른 한편으로 아직도 여전히 불관용적인 사람에 대한 관용과 결합시킬 수 있도록 노력해야 한다.

7) 보이텔스바흐 합의의 세 가지 원칙에 입각하여 다원주의의 요구를 고려할 때, 국가 혹은 국가를 대표하는 정치가, 그리고 교육자는 사회정치적으로 논쟁적인 어떤 문제·질문과 관련하여 학교제도를 통해 일방적인 시각과 관점을 선전해서는 안 된다. 보이텔스바흐 합의를 수업에 반영할 때 유의해야 할 가장 최고의 준칙은 관점의 다양성 혹은 다중관점

이다. 즉, 학교와 수업의 장(場)에서 학습자는 관점의 다양성을 참아내는 것을 연습하거나 습득할 수 있고 또한 그렇게 하지 않으면 안 된다. 이때 관점의 다양성을 결코 가치중립성 혹은 가치상대주의와 동일시해서는 안 될 것이다. 서로 다른 가치를 비평적으로 다루는 일은 수업에서 본질적으로 중요한 요소로 간주해야 한다. 그렇게 함으로써, 예를 들면, 세계관적·종교적 근본주의나 다른 교조주의적이고 편협한 가치설정에 대한 방어능력을 갖추어야 한다.

8) 교과교육의 수준을 넘어서서, 학교수준에서 민주적 행위능력의 함양과 신장은 여러 가지 측면에서 핵심적으로 중요하다. 민주시민교육은 참여에 기초하고 지속가능한 학교발전을 위해 중요한 요인으로 작용하며, 이와 동시에 학습자 개개인을 위해 중요한 학습목표로 간주할 수 있다. 민주시민교육의 적실성은 또한 간문화적 포용(intercultural inclusion)과 사회통합의 측면에서도 확인할 수 있다. 따라서 학교는 민주주의를 체험할 수 있는 경험공간을 마련하고, 일상적인 학교생활에서 갈등해소 문화를 보여주고, 참여에 입각하여 학습과정을 구성할 수 있도록 해야 한다.

9) 교육자의 행위는 규범적 근거를 갖고 있는 가치에 입각하여 이루어져야 한다. 이러한 전제에서 출발할 때, 기계적인 의미에서 단순히 중립적인 행위, 즉 몰가치적(沒價値的)인 행위나 가치상대주의적인 행위를 통해 교육목표에 도달하려는 시도는 모순되거나 역설적인 것으로 보인다. 교육의 과정이 성공적으로 이루어지기 위해서는, 즉 민주시민교육에서 사회적·문화적·정치적·경제적 전개과정과 동향을 성찰하고 적절하게 다루기 위해서는 규범적 근거를 갖고 있는 교육목표를 확인할 필요가 있다. 다시 말하면, 교육실천에서 초당파성의 원칙을 준수한다는 것이 도대체 무엇을 의미하는지 검토할 필요가 있다.

10) **보이텔스바흐 합의**의 세 가지 원칙과 관련된 윤리적 과제를 고려할 때, 민주시민교육 담당자로서 교사의 역할과 기능에 관한 질문을 제기할 수 있다. 청소년을 대상으로 한 정치교육에서 교사나 교육진행자

의 인성(인격)은 중요한 역할을 수행한다. 민주시민교육 분야에서 활동하는 사람은 정치적으로 흥미·관심을 갖고, 성찰적이며 참여할 자세를 갖추고 있는 시민일 것이라고 기대된다. 진로를 탐색하는 국면에 놓여 있으며, 정치적 주체로서 자신의 위치를 정하는 과정에 놓여 있는 청소년은 대화능력을 갖추고 있으면서 입장이 분명한 상대방을 필요로 한다. 특히 사회정치적 사안과 진행과정에 대한 자신의 판단능력을 갖추는 데 있어서 청소년은 중요한 준거인물과의 적절한 상호작용을 필요로 한다. 이 준거인물로서의 타자는 청소년이 자기신뢰와 용기를 갖추는 데 있어서 매우 중요한 전제조건이 된다. 교사는 자주적인 정치적 신념을 교육의 과정에서 투명하게 밝히고 논증을 통하여 해명할 수 있는 인물, 하지만 토론에서 개인적인 의견이나 입장을 교육의 과정에서 어느 정도 뒤로 물러나게 할 수 있는 인물이 되어야 한다.

11) 보이텔스바흐 합의가 민주시민교육을 따분하게 만들고 논쟁문화를 제한할 것이라는 우려가 있다. 하지만 이 최소합의는 정치적 토론과 논쟁을 제한하는 것이 아니라, 오히려 가능하게 만들고 활성화하는 데 도움을 준다. 공동의 기반 위에서 어떤 사물이나 사안에 관해 논쟁을 벌일 수 있는 기회를 제공한다. 오히려 문제점으로 지적할 수 있는 것은 중요한 질문과 관련하여 대안들이 아예 거론되거나 고려되지 않는다는 점이다. 보이텔스바흐 합의는 논쟁·대화·갈등문화의 조성을 위해 기여하려고 한다. 오히려 문제가 되는 것은 논쟁문화 대신에 상대방에 대한 모욕이나 명예훼손이 만연하고 상대방의 감정을 상하게 만드는 데 혈안이 되는 현상이다. 개인적인 비방과 중상이 어떤 사안에 관한 공정하고 비평적인 논의를 대체하는 현상을 문제시해야 한다.

12) 학교 민주시민교육의 내용적인 사업이나 활동과 관련해서, 합의와 비례배분을 혼동해서는 안 될 것으로 보인다. 어떤 주제와 관련된 특정한 프로젝트를 늘 다른 프로젝트를 통하여 상쇄시킨다는 방식으로 운영해서는 안 될 것이다. 모든 개별적인 활동이나 수업단위는 그 자체로서 정당하게 존재해야 한다. 그렇게 해야 비로소 우리는 신뢰를 확보

할 수 있으며, 이것이 보이텔스바흐 합의의 정신에 따라 행위를 하는 것이다. 결국 비례배분과 합의는 서로 아무 관련이 없는 것이다. 비례배분의 관점을 갖고 민주시민교육에 관하여 피상적인 판단을 내리는 일은 삼가야 할 것으로 보인다. 이제부터는 보이텔스바흐 합의에 관한 오해와 더불어 실천적 과제를 세 가지 원칙으로 구분하여 좀 더 자세하게 살펴보기로 한다.

13) 주입・교화의 금지는 이론적으로 결코 의심의 여지가 없는 것이다. 하지만 문제는 교사 자신과 학습자들에게 잘 보이지 않게 나타나는 미묘한 형태의 교화에 대해서 감수성을 키우는 데 있다. 이를테면, 절대적으로 자기주장이 옳다고 하는 민주시민교육은 그 발단부터 이미 교화의 위험성을 안고 있는 것이다. 그리고 교육활동의 목표가 분명히 드러나지 않는 경우에도 교화의 위험성이 존재한다고 볼 수 있다. 또한 민주시민교육이 그때그때 사회정치적인 폐해를 제거해야 한다고 하는 생각, 즉 소방대원의 기능을 떠맡아야 한다는 생각도 교육의 과정에서 교화로 나아가기 쉽다.

14) 주입・교화의 금지라는 원칙에 대해서 잘못된 해석을 내릴 가능성은 일단 별로 없는 것처럼 보인다. 세계의 여러 나라나 아니면 정치체제에서 아직도 큰 역할을 수행하고 있는 주입식 교화는 자유민주적 기본질서에 입각하고 또한 거기에 지향을 둔 사회와 국가에서는 일반적으로 지양(止揚)해야 할 것으로 간주되고 있다. 학교나 다른 교육기관이 주입식 교화를 한다는 의혹을 받게 되면 사회정치적으로 비난의 대상이 되기 쉽다. 이런 점에서 주입・교화의 금지라는 원칙에 대해서 우리는 확고한 입장을 취하지 않으면 안 될 것이다. 하지만 다른 한편에서 바라볼 때, 우리는 알아차리기 쉽지 않은 미묘한 형태의 주입・교화가 있다는 점에 유의해야 하며, 따라서 이에 대한 우리의 감수성을 제고할 필요가 있다. 예를 들어 학교에서 교사가 기후변화에 대처하기 위하여 어떤 공공적인 저항운동이나 시위를 계획하고, 학급 전체가 여기에 참여할 것이라고 암묵적으로 가정한다면, 학습자에 대한 주입・교화가 발

생할 수 있다. 또한 학습자의 동기부여를 위한 구상이나 계획은 보이텔스바흐 합의의 원칙을 어기지 않는 전제에서 출발하여 허용되어야 한다. 학습자 자신의 의견형성을 미리 각인시키려고 하는 시도는 지양해야 한다. 만약 그렇지 않을 경우 주입·교화의 금지 원칙에 어긋날 수 있다. 어쨌든 주입·교화의 금지 원칙에 대해서는 일단 문제점이 상대적으로 적어 보이지만, 미묘한 형태의 주입식 교화가 발생할 가능성에 대해 감수성을 갖추어야 한다.

15) 민주시민교육의 핵심적인 과제는 학습자가 자주적인 정치적 판단능력을 형성할 수 있는 공간과 여건을 마련하는 데 놓여 있다. 학습자에게 특정한 신념을 억지로 강요하거나 선교활동을 하는 방식으로 개종시키려는 시도를 해서는 안 된다. 학습자의 인격(인성)을 존중하고 (정치적) 성숙성의 목표를 존중한다는 교육의 취지에 비추어볼 때, 주입·교화의 형태는 적절하지 않은 것으로 보인다. 하지만 학교교육의 실제를 살펴볼 때, 교육자와 학습자 사이의 관계에서 어느 정도 비대칭성이 발생할 수 있다. 따라서 이러한 위험성을 의식하고, 이러한 관계의 구조에 대해 늘 성찰할 필요가 있다. 이것은 물론 교육자가 어떤 정치적 질문이나 문제에 관하여 자신의 입장을 표출해서는 안 된다는 것을 뜻하지 않는다. 하지만 자신의 입장을 투명하게 밝히고 그 입장에 대한 이유나 근거를 제시해야 한다. 이와 동시에 그때그때 각 주제에 관하여 다른 입장과 시각도 역시 대변할 수 있다는 점을 분명하게 밝혀야 한다. 경우에 따라서는 교육자의 개인적인 의견이나 입장을 교육의 과정에서 가능하면 뒤로 물러나게 하는 방안이 더 적절할 수도 있다.

16) 논쟁점 취급의 원칙은 갈등의 범주를 민주시민교육에서 배제해서는 안 된다는 점을 분명히 하고 있다. 정치를 단순한 가르침으로 전달하려 한다면, 정치현상의 본질을 정당하게 취급하지 못하게 될 것이다. 중요한 정치적 논쟁을 포착하고 묘사하는 일은 민주시민교육을 보다 더 생동감 있게 할 것이고, 정치적 논의과정에 참가한 사람들의 판단과 입장표명을 더 쉽게 끌어낼 것이다. 갈등과 합의의 변증법적 관계

는 이 논쟁점 취급의 원리 속에 명백하게 표현되어 있다. 단, 이 원칙을 부분적으로 상대화시킬 수 있는 제한점을 지적하자면, 민주사회체제의 자유와 개방성이 토론의 대상이 될 수는 있지만, 이것 자체를 민주시민 교육의 논쟁점으로 삼는 데는 문제가 있을 수 있다. 또한 환경문제에 관해서 말한다면, 환경보호를 해야 한다는 것 자체는 논쟁점으로 다루기 힘들 것이며, 단지 환경보호를 위한 보다 더 구체적인 방안과 절차에 대해서는 논쟁의 여지가 있을 것이다. 이와 유사한 방식으로 코로나 사태에 관해 언급하자면, 코로나 사태를 극복해야 한다는 것 자체는 논쟁점으로 취급하기 어려울 것이며, 극복을 위한 구체적인 정책이나 조치에 관해서는 논쟁의 여지가 남아 있다.

17) 수업실천을 위해 가장 큰 적실성을 갖고 있는 명제는 논쟁점 반영의 원칙이다. 이 명제 속에 대부분의 오해가 숨겨져 있는 것으로 보인다. 이 명제는 수업에서 논쟁점을 다루어야 한다는 전제에서 출발하기 때문에, 사회과나 도덕과는 '쓸데없는 말을 지껄이는 교과'나 아니면 '쉬지 않고 입을 놀리는 교과'라고 부정적으로 평가받을 수 있으며, 교과에 대한 이러한 편견이 정당하다는 인상을 줄 수 있다. 예를 들면, 어떤 학습자가 자신의 주관적인 견해를 흥미롭게 연출하고, 그것에 관해 약간 서로 언쟁을 벌인 다음, 다른 문제제기도 이와 동일한 방식으로 다룰 수 있다. 하지만 수업에서 여러 가지 서로 다른 견해가 단순히 추가되거나 난무한다면, 학습의 진전을 기대하기 어렵다. 그럴 경우 수업은 기껏해야 고양된 분위기에서 이루어지는 일종의 다과 모임이 될 것이다. 이것은 **보이텔스바흐 합의**의 정신과는 부합하지 않는다. 논쟁점을 다루면서 가능하면 사물이나 사안의 핵심을 목표로 삼아야 하고 구조적인 갈등을 찾아내도록 해야 한다. 사안의 핵심적인 요소와 구조적 갈등을 놓칠 경우, 단순히 외관상의 논쟁이나 피상적인 토론으로 흐를 수 있다는 점에 유의해야 한다. 어쨌든 논쟁적 담론·토론을 통하여 학습자는 사회정치적인 생활을 흑백논리로 간단히 이해할 수 없고, 경계가 흐릿하거나 불분명한 여러 가지 성향이나 뉘앙스가 있다는 것을 깨달을

수 있다. 다시 말하면, 그럴듯하고 멋진 이유나 근거를 대면서 자신의 의견을 확립한다는 것이 그렇게 쉽지 않다는 점을 알아야 한다. 그리고 바로 여기에 민주시민교육의 핵심적인 목표가 놓여 있다.

18) 논쟁점 반영의 원칙은 여러 가지 서로 다른 주제를 다루는 데 있어서 다중관점을 고려해야 한다는 촉구로 이해할 수 있다. 하지만 그때그때 제기되는 문제나 질문에 관한 입장의 범위를 도대체 누가 결정할 수 있는가? 민주시민교육에서 다룰 수 있는 대상(내용·주제)과 관련하여 교육자가 가능한 입장의 폭 전체를 알고 있다는 것을 현실적으로 기대할 수 있는가? 자유로운 의사표현의 한계를 넘어서는 입장이나 심지어는 형법상 문제가 될 수 있는 진술에 대해서까지 고려할 수 있는 여지를 부여할 수는 없을 것이다. 그리고 서로 다른 입장을 단순히 병렬적으로 제시하는 것으로는 충분하지 않다. 다중관점이란 입장과 평가의 다원적인 병렬만을 의미하는 것이 아니라, 논쟁과 이의제기도 포함하고 있으며, 경우에 따라서는 타협의 추구도 포함할 수 있다. 이런 것들은 역동적인 민주주의에서 개방적인 사회를 위해 필수적으로 요청되는 경험에 속한다. 이때 사회적으로 지배적인 다양성 혹은 다원성에서 배제되어 있는 집단과 관점에 귀를 기울이는 일이 중요할 수 있다. 그렇게 해야 이제까지 금기시되었던 주제나 억압되었던 현상을 비로소 다룰 수 있는 담론의 장을 마련할 수 있다.

19) 학습자의 이해관계 상태를 고려해야 한다는 원칙에 대해서도 덧붙일 말이 있다. 우선 문제는 그때그때 이해관계 상태를 정확하게 규정하기가 매우 어렵다는 데 놓여 있다. 따라서 민주시민교육의 틀 속에서는 이해관계 상태와 관련하여 분석적인 능력을 갖추도록 하는 일이 그만큼 더 중요하다고 볼 수 있다. 또 이해관계의 표출문제와 어떻게 그 이해관계를 관철시킬 수 있도록 도와줄 것인가 하는 질문은 개인적인 과제로 남아 있기 쉽다. 또한 이해관계의 상태는 개인적인 수준에서나 집단적인 수준에서 서로 매우 달라질 수 있기 때문에, 민주시민교육에 있어서는 다른 사람들의 이해관계에도 주의를 기울이도록 해야 한다.

이런 까닭으로 이해관계의 조정문제가 자동적으로 등장하게 된다. 그러니까 결국 이해관계의 범주에 있어서도 역시 갈등과 합의의 긴장관계가 포함되어 있는 것이다.

20) 하지만 수업에서 실제로 학습자가 분석적인 능력 혹은 조작적인 능력을 배우고 연습할 수 있는 시간이 충분한 것인지의 여부에 관해서는 의문의 여지가 남아 있다. 일상적인 수업에서 처리하고 다루어야 할 내용이 많을 경우, 조작적인 능력을 기를 수 있는 기회나 계기가 부족할 수 있다. 따라서 이 제3명제와 관련해서는 오해가 발생할 수 있다는 가능성보다는 오히려 여러 가지 이유로 수업에서 이 원칙을 소홀히 다룰지도 모른다는 위험성에 더 많이 유의할 필요가 있다. 성공적인 수업을 위해서는 이 세 번째 원칙에 대한 고려가 결정적으로 중요한 의미와 중요성을 지니고 있다.

21) 보이텔스바흐 합의의 세 번째 명제는 민주시민교육의 수신자와 관련되며 교육의 과정에서 전달해야 할 능력과 관련된다. 그래서 이 원칙은 때로는 이해관계지향과 주체지향, 참여자지향이나 활동지향으로 해석되기도 한다. 여기서 핵심적으로 중요한 점은 민주시민교육이 학습자에게 정치적 상황과 갈등을 분석하고, 자신의 이해관계를 정식화하고 성찰하며, 자신의 이해관계에 따라 사회정치적 상황에 영향을 미치는 전략이나 방안을 모색할 수 있는 능력을 전달해 주어야 한다는 것이다. 여기서 학습자는 정치적 주체 즉, 자신의 이해관계와 아이디어를 갖고 정치과정에 관여하거나 개입할 수 있는 자주적이고 성숙한 행위자로서 이해해야 한다. 이 맥락에서 거론되는 사항으로는 분석적·방법적·전략적 역량의 함양, 자기결정과 공동결정을 위한 역량강화, 참여의 가능성 인지, 구성적 역량의 개발, 그리고 참여하려는 자세와 태도 확립 등을 들 수 있다.

(2) 제2안: 논쟁수업 십계명

1) 교사 혹은 교육진행자는 자주적인 정치적 신념을 교육의 과정에서 투명하게 밝히고 논증을 통하여 해명할 수 있는 인물, 하지만 토론에서 개인적인 의견이나 입장을 교육의 과정에서 어느 정도 뒤로 물러나게 할 수 있는 사람이 되어야 한다.

2) 교사 자신과 학습자들에게 잘 보이지 않게 나타나는 미묘한 형태의 교화에 대해서 감수성을 키우는 일이 중요하다. 예를 들면, 절대적으로 자기주장이 옳다고 하는 민주시민교육은 그 단초부터 이미 교화의 위험성을 안고 있는 것이다. 교육활동의 목표가 분명히 드러나지 않는 경우에도 교화의 위험성이 존재한다고 볼 수 있다. 민주시민교육이 그때그때 사회정치적인 폐해를 제거해야 한다고 하는 생각, 즉 소방대원 기능을 떠맡아야 한다는 생각도 교육의 과정에서 교화로 나아가기 쉽다.

3) 민주사회체제의 자유와 개방성이 토론의 대상이 될 수는 있지만, 이것 자체를 민주시민교육의 논쟁점으로 삼는 데에는 문제가 있을 수 있다. 환경문제에 관해서 말한다면, 환경보호를 해야 한다는 것 자체는 논쟁점으로 다루기 힘들 것이며, 단지 환경보호를 위한 보다 더 구체적인 방안과 절차에 대해서는 논쟁의 여지가 있을 것이다. 이와 유사한 방식으로 코로나 사태에 관해 언급하자면, 코로나 사태를 극복해야 한다는 것 자체는 논쟁점으로 취급하기 어려울 것이며, 극복을 위한 구체적인 정책이나 조치에 관해서는 논쟁의 여지가 남아 있다.

4) 이해관계의 상태는 개인적인 수준에서나 집단적인 수준에서 서로 매우 달라질 수 있기 때문에, 민주시민교육에 있어서는 다른 사람들의 이해관계에도 주의를 기울이도록 해야 한다. 이런 까닭으로 이해관계의 조정문제가 자동적으로 등장하게 된다. 그러니까 결국 이해관계의 범주에 있어서도 역시 갈등과 합의의 긴장관계가 포함되어 있는 것이다.

5) 논쟁점 반영의 원칙을 실제로 구현하고자 하는 방안으로서 다중

관점에 지향을 둔 민주시민교육이 강조되고 있다. 자유민주적 기본질서에 입각한 현대사회에서 민주시민교육은 관점의 다양성 혹은 다중관점을 소홀히 다루어서는 안 된다.

6) 권위적인 학교문화나 정치문화가 지배적으로 작용하는 곳에서는 이미 주어진 입장이나 관점을 밀어붙이기 위한 수단이나 도구로 민주시민교육을 활용하려는 경향이 강하다. 오늘날에도 이러한 것을 여러 교육현장에서 관찰할 수 있다. 만약 민주시민교육에 대한 도구적 이해에서 벗어나지 못할 경우, 내용적 대상인 사회정치현상을 적절하게 취급하지 못할 것이며, 또한 자유민주적 기본질서의 취지와 요구사항에도 부응하기 어려울 것이다.

7) 다중관점에 기반을 둔 교육은 자유민주적 기본질서의 조건을 갖춘 곳에서 실제로 실행이 가능할 것이라고 기대할 수 있다. 이것을 역으로 표현하면, 자유민주적 기본질서는 다중관점에 입각한 민주시민교육을 요청한다. 즉, 국가의 명령에 따라 특정한 정견·심정·신조를 일방적으로 주입하려는 교육을 관철시킴으로써 학습자의 기본권을 제한하지 않으려면 다중관점에 지향을 둔 민주시민교육이 요청된다.

8) 교사의 참여자 역할은 주로 토의·토론의 균형과 조화를 보장해야 하는 과제에 집중되어 있다. 서로 다른 입장의 표출 가능성 보장이라는 개방성 차원은 논쟁점 반영의 원칙에 명시적으로 반영되어 있다. 수업을 담당하는 교사는 단지 학습자의 판단능력을 길러주어야 한다는 과제를 떠맡을 수밖에 없다. 즉, 학습자가 책임의식을 담보한 정치적·도덕적 자기결정을 할 수 있는 능력을 함양·신장할 수 있는 가능성을 열어주어야 한다.

9) 정치적·도덕적 자기결정이라는 의미에서 학습자 개인의 자율성을 키우는 데 있어서는, 지속적인 과정을 거치면서 보편주의적인 기준(인권·민주주의·법치주의)에 비추어보면서 성찰적으로 자신의 정체성과 집단정체성을 형성해 나가야 한다는 목표를 시야에서 놓쳐서는 안 될 것이다.

10) 수업주제가 학습자의 생활세계(미시세계)에서 나온 것이고 학습자 자신의 이해관계와 직접 관련이 있을 경우에도 역시 판단형성과정의 구조는 가능하면 책임윤리의 관점을 반영할 수 있도록 해야 한다. 즉, 자기의 이익과 공익 사이의 가치공생 혹은 가치종합이라는 의미에서 학습자의 판단능력을 함양 · 신장시켜야 하는 과제를 수행해야 할 것이다.

25 평생교육 차원에서 고려해야 할 민주시민교육의 원칙은 무엇인가?

민주시민교육은 다른 모든 영역별 교육과 마찬가지로 사물의 논리와 학습자의 심리적 논리를 적절하게 매개하거나 연결하는 데 목표를 두고 있다. 사물의 논리에는 주제의 구조와 연관성(맥락)에 관한 지식이 속하며, 학습자의 심리적 논리에는 학습자 또는 참여자의 학습구조와 동기부여구조에 대한 고려가 속한다. 이러한 전제에서 출발하여 이 부분에서는 전통적인 교수학습의 삼각형에 의거하여, 즉 수업계획과 실행의 세 가지 수준(참여자 · 주제 · 교육담당자)으로 구분하여, 평생교육 차원에서 바라본 민주시민교육의 원칙을 간단히 요약하여 소개하고자 한다.

(1) 참여자(학습주체)의 수준에서 살펴본 민주시민교육의 원칙

1) 참여자지향

참여자의 자율성, 성숙성, 민주적 참여에 관한 교육적 표상을 함의하고 있으며, 교수계획에서 참여자의 특성을 고려하고, 성인의 자기주도적 학습과 자기활동을 강조한다.

2) 표적집단지향

서로 이질적인 표적집단(target group)의 특성을 고려하고, 참여자가 갖고 있는 기대의 관점을 더 많이 고려한다.

3) 통합(포용)

스스로 조직한 학습 혹은 공동의 학습과정에서 서로 다른 사람들이나 집단들이 그들의 이질적인 경험을 교류한다.

4) 총체성

전문지식의 전달보다는 인성교육 혹은 전인교육의 중요성을 강조한다.

5) 젠더지향

성별에 따라 서로 다른 학습의 전제조건에 대한 감수성을 제고하고, 자의식, 역량의 인지, 기대의 표현 측면에서 여성의 역량강화를 추구한다.

6) 생활사지향

이미 이루어진 선행 학습경험에 기반을 둔다는 의미에서 학습을 자기준거적 과정으로 이해하며, 일반적인 것(정치, 역사, 사회)과 특수한 것(개인의 생활사적 내러티브)을 대비시킨다.

7) 판단능력

가능하면 합리적인 정치적 판단을 내릴 수 있는 능력을 기르는 데 주안점을 두고 있으며, 학습자가 가치다원주의 시대에 적절한 입장을 취할 수 있으려면 가치판단의 형성에도 주의를 기울여야 한다.

8) 활동지향

공동결정의 형식으로 이루어지는 현실적(실제적) 행위, 가상적인 행위를 통해 현실을 시험해 보는 모의활동, 생산적 구성(만들기 활동)으로 구분할 수 있으며, 상호작용이나 소통행위를 통한 학습, 체험지향에 대한 개방 등으로 개념규정을 확장할 수 있다.

9) 자기활동

자주성(독립성) 혹은 자기결정과 밀접한 상호관계에 놓여 있으며, 참여자의 자기주도 학습역량을 신장시키고자 한다.

10) 미래지향

생태학과 위험사회(기후변화), 정보사회와 미디어교육, 다문화사회의 기회와 위험 등과 같은 미래의 도전에 대비하기 위한 자질과 능력이 점점 더 많이 요청되고 있다.

(2) 주제(학습대상)의 수준에서 살펴본 민주시민교육의 원칙

1) 학문지향

학문이 인지적 능력의 신장을 가능하게 만든다는 가정에서 출발하며, 객관적인 사실분석의 필요성, 일상적 지식과 과학적 지식의 대조, 논쟁점과 다중관점의 고려가 중요한 요인으로 작용한다.

2) 일상지향

다원화현상의 증가, 참여자들 사이의 이질성 증가를 고려할 때, 그들의 일상생활에서 갖고 있는 이해관계 · 질문 · 문제에 보다 더 많은 관심을 기울일 필요가 있다.

3) 문제지향

문제에 대한 참여자의 시각이 교육과정의 성공여부를 결정하는 데 중요한 요인으로 작용하며, 수업형태가 대체로 문제해결사고를 지향하고 있지만, 사회정치적 상태가 이해하기 어려울 정도로 복합적이고 그 미래를 예측하기 어렵다는 점을 고려할 때, 문제해결사고보다는 오히려 문제분석 · 해석에 중점을 둔 접근방안이 더 적합하다는 점이 강조되기도 한다.

4) 논쟁점

참여자들에게 사회적 모순, 정치적 변혁, 갈등이나 위협요인을 전달해야 한다는 가정에서 출발하며, 다중관점의 측면에서 객관적인 사실과 맥락 이외에 논쟁적인 이해관계와 가치관, 서로 다른 입장이나 갈등 등

을 보여주어야 한다.

5) (내용관련) 통합

내용에 대한 통합적인 시각은 일방적인 관점이나 전문화를 통하여 발생할 수 있는 시야의 편협함이나 선입견 혹은 편견을 방지하는 데 도움을 준다. 상호보완관계, 대립관계, 그리고 어떤 주제나 문제에 대한 서로 다른 시각(다중관점)을 통합시키는 교육과정이 요청되며, 이를 통해 균형이 잡힌 접근, 대조가 풍부하고 학습에 동기를 부여하는 접근이 가능하다.

(3) 교육담당자(강사, 진행자)의 관점에서 살펴본 민주시민교육의 원칙

1) 맞춤형

개인과 사물 사이의 긴장관계, 상황과 제도적 구조 사이의 긴장관계를 염두에 두고 있으며, 객관적 학습요구와 주관적 학습전제조건을 조율하는 데 주된 과제가 놓여 있다. 맞춤형이 개별적인 학습발달과 상황전개의 예측에 주안점이 있다면, 다음에 언급하는 과정지향은 교육행사의 진행과정에 주안점을 둔다.

2) 과정지향

교육담당자는 교육과정의 내용측면과 상호작용측면을 의도한 결과, 능력과 기능, 산출물과 연결시켜 교육적 상호작용을 진행시켜야 한다. 하지만, 예를 들면, 탐구학습이나 발견학습에서는 과정의 목표보다는 오히려 학습의 과정과 단계 혹은 수업의 방법적 진행과정 그 자체가 더 중요한 위상을 차지할 수 있다.

3) 사례학습

사례학습은 복합적인 내용을 이해하기 쉽게 하고 교수학습상황에서 다루어야 할 지식의 양을 줄이는 데 요청되는 원칙이다. 구체적인 주제 선정은 가능하면 참여자의 경험과 이해관계에 지향을 두는 것이 바람직

하며, 본보기적인 사례에서 유사한 다른 주제로의 전이를 기대할 수 있어야 한다. 즉, 최소한의 학습내용을 갖고 최대한의 교육효과를 기대하는 것이다.

4) 다양성(다원성)

다양성사회에서는 서로 다른 생활방식, 이해관계상황, 경험의 다원화가 이루어지고 있으며, 논쟁적인 다원성을 확인할 수 있다. 이런 배경을 고려할 때 내용과 방법 차원에서 교육계획을 구상하는 데 있어서, 예를 들면, 연령, 직업, 출신배경, 성별, 그리고 사전지식, 해석유형, 지식·능력의 이용 상황과 같은 다양성 혹은 다원성의 측면을 보다 더 많이 고려할 필요가 있다.

5) 소통학습

자기책임을 갖춘 성숙한 시민을 민주시민교육의 궁극적인 목적으로 설정할 경우, 소통·담론능력은 본질적으로 중요한 학습목표로 간주할 수 있다. 소통학습은 교수학습과정에서 이루어지는 상호작용 혹은 상호논증을 통한 소통적 이해와 직접 관련되며, 여기서 언어와 소통에 대한 감수성이 중요한 구성요소이다.

여기서 소개한 평생교육 차원 민주시민교육의 원칙은 어디까지나 잠정적인 성격을 지니고 있다. 사회정치적으로 유의미하고 적실성이 있는 주제를 도대체 어떻게 전달하거나 소통할 것인가의 질문에 관한 논의와 논쟁은 중단되지 않고 계속해서 이루어질 것으로 보인다. 하지만 상기한 원칙은 민주시민교육이 이론과 실제 차원에서 어떻게 진행되고 어떻게 전개될 것인가에 대해 중요한 단서를 제공할 수 있다. 외관상 각 차원의 개념들 사이에 정밀한 구별성이나 판별성이 명료하지 않더라도 그것을 성급하게 부족한 것으로 간주할 필요는 없다. 교수학습원칙은 민주시민교육 분야에서 작용하는 기준 혹은 소통적 이해를 위한 길잡이라고 해석할 수 있다.

각각의 원칙은 나름대로 서로 이러저러한 방식으로 관계를 맺고 있으며, 서로 보완하거나 강화시키거나 아니면 상대화시킬 수 있다. 또한 모든 원칙은 사회변화, 교육정책의 설정, 교육이론에 따라 발생하거나 변모하거나 강조점이 달라질 수 있다는 점에서 역사적 전개과정을 함축하고 있다. 한편으로 이렇게 개념에 대한 재규정의 시도가 부분적으로 가능하다는 점을 인정하더라도, 다른 한편으로 교수학습원칙은 여전히 교육적 담론과 실천의 중요한 구성요소로 남아 있다. 다시 말하면, 교수학습의 원칙이 도대체 언제 그리고 어느 정도로 적절한 것인가에 대한 성찰은 민주시민교육과 관련된 사람들이 계속해서 다루어야 할 문제 제기로서 남아 있을 것이다(Behrens-Cobet and Richter, 1999: 168-198; 허영식 · 정창화, 2020: 47-50; 강희영, 2018).

26 민주시민교육에서 배제와 포용을 어떻게 이해해야 할까?

포용사회는 국민 전체를 다양하면서도 포용적인 공동체로 간주하는 사회를 지칭한다. 그리고 포용적 사고·행위방식 혹은 접근방안은 인정된 다양성과 인정된 평등의 두 가지 원칙을 결합시킨다. 그런데 포용적 민주시민교육 방안을 탐색하기 위해서는 포용성 측면에서 아직 만족스럽지 못한 현재의 상태에 대한 문제의식, 즉 적지 않은 사람들이 여러 사회영역에서 제도적으로 혹은 규칙적으로 배제를 당하는 상태에 대한 문제의식에서 출발해야 할 것이다. 이 맥락에서 우선 배제의 논리에 주의를 기울이면서 논의를 시작하는 데 민주시민교육의 과제가 놓여 있다. 왜냐하면 논리적·역사적 측면에서 사실상 배제에 관한 토론이 포용에 관한 토론을 선행한 것이기 때문이다. 배제에 관한 논의에서 출발해야 하는 근거나 이유는 세 가지 사항으로 분석하여 다음과 같이 제시할 수 있다.

첫째, 배제의 토론에서 주제가 되는 것은 민주시민교육의 핵심적인 질문과 직접 연관되어 있다. 그 질문은 민주주의가 처한 상태에 관한 것이며, 학습자의 판단능력을 길러주어야 한다는 과제에 관한 것이다. 사회적 배제는 민주주의가 지향을 두고 있는 인간관계와 어울리지 않는다. 적지 않은 사람들이 사회복지국가의 체제에서, 노동시장에서, 사회적 관계에서 배제되어 있다는 사실은 민주주의의 기초가 되는 물질적·사회적 기초, 즉 사회정치적 참여를 전제로 삼고 있는 제도가 어려운 상태에 놓여 있다는 것을 암시하고 있다.

둘째, 현재의 사회적 상태가 배제를 발생시키고 민주주의의 기초를 약하게 만들 수 있다는 인식에서 출발할 때, 민주시민교육은 현재 주어진 상태를 개선하는 일에 참여할 수 있는 시민의 역량강화를 추구해야 한다. 왜냐하면 포용국가 혹은 포용사회가 발생하고 유지되려면 소통과 참여의 방도가 필요하기 때문이다. 즉, 배제와 포용의 논리 혹은 정당하거나 정당하지 못한 경계설정에 관한 비평적 논의의 과정 속에서 바람직한 포용국가나 포용사회가 비로소 발생하거나 유지될 수 있다.

셋째, 포용과 유사한 용어로는 통합이나 포함을 들 수 있다. 그러나 통합을 편협하게 해석하여 단순히 특정한 집단이나 개인을 주어진 상태에 적응할 수 있도록 영향을 미치거나 돌보는 것으로 간주한다면 문제가 될 수 있다. 사회적 개방의 폭을 넓혀서 자연스럽게 사회적 약자를 포함한다는 뜻으로 통합을 이해한다면 여기서 말하는 포용의 취지와 의도에 더 가까이 다가갈 수 있을 것으로 보인다. 어쨌든 여기서 이해하는 포용이나 통합의 접근방안에 따르면, 공동의 조직이나 제도 내에서 주어진 다양성이나 차이를 인정하는 것을 궁극적인 목표로 삼아야 할 것이다.

국민 전체를 다양하면서도 포용적인 공동체로 간주한다는 뜻에서 출발하여, 국가와 사회에서 효과적이고 충분한 포용과 참여의 실현을 기본적인 원칙으로 설정할 경우, 당연히 이것은 인권의 적용과 더불어 국제법적인 구속성과 연결된다. 또한 사회적 조직과 제도가 실질적인 포용의 상태에 다가가도록 하고, 정당하지 못한 장애요인을 극복하거나 제거한다는 의미에서 개선방안을 마련하도록 촉구하게 될 것이다. 계몽주의의 전통에 부응하는 민주시민교육은, 만약 애초부터 포용국가나 포용사회의 이념을 포기하지 않는다면, 규범적으로 당연히 포용적 접근방안을 모색해야 할 것이다. 예를 들면, 실업과 빈곤, 각종 사회적 배제의 현상을 고려하면서 더 포용적인 상태를 지향하는 과정에서 민주시민교육도 기여를 해야 한다(Kronauer, 2015: 18-20; 허영식, 2020a: 162-164).

27 포용사회를 지향한 **민주시민교육**의 과제는 무엇인가?

민주시민교육은 왜 포용사회의 주제를 취급해야 하는가? 그 까닭은 민주시민교육의 핵심적인 내용적 대상인 민주주의 그 자체가 여기서 논의의 주제가 되기 때문이다. 하지만 민주주의를 제도화된 대의제의 형태(권력분립, 의회, 행정부 따위)로 국한하는 것은 바람직하지 못하다. 그리고 민주시민교육을 제도에 관한 지식과 정보의 전달로 국한해서도 안 될 것이다. 왜냐하면 민주주의를 활성화하기 위해서는 제도적 차원을 넘어서서, 공동체의 구성원인 시민이 자신의 생활 및 공동체의 현재와 미래에 관해 구성적 역량을 갖추어야 하기 때문이다. 또한 그러한 역량을 발휘하기 위해서는 물질적 · 사회적 전제조건을 필요로 한다.

이 전제조건에서 역사적으로 중요한 사항은 그동안 정치적 · 개인적 시민권을 보완하는 차원에서 사회권을 보장하게 되었다는 것이다. 이 사회적 권리의 보장과 밀접하게 연결된 제도는 물론 사회복지제도와 교육제도이다. 여전히 남아 있는 재산과 소득의 불평등에도 불구하고, 이와 같은 제도적 장치를 통하여 비로소 시민으로서 개인들이 지닌 지위의 평등이 상당히 혹은 어느 정도 강화될 수 있었다. 하지만 동시적 측면에서 바라볼 때, 이러한 지위의 평등은 지역이나 국가별로 여전히 다양성과 차이를 보여주고 있다. 통시적 측면에서 바라볼 때, 경제변동이나 국제관계의 변화에 따라 위기나 위험요인을 수반하기도 한다. 이러한 '비동시적인 것의 동시성'(Bloch)을 보여주는 다양성 사회에서 시민의 지위 측면에서 평등을 지속가능하게 유지 · 발전시키려면, 개인적 권리를 통한 포용에 국한시키지 말고, 더 나아가서 사회적 권리의 보장을 통하여 포용을 확장시키는 방안이 바람직한 것으로 보인다.

적어도 계몽주의의 전통에 부응하면서 포용사회의 사상과 이념에 지향을 둔 민주시민교육은 이러한 사안을 고려해야 한다. 민주시민교육은 이 연장선상에서 더 살기 좋은 상태를 지향한 사회변동에 기여할 수 있도록 시민의 역량강화에 중점을 둘 필요가 있다. 포용국가나 포용사회는 이미 개념규정상 결코 완전한 이상향처럼 간주해서는 안 될 것이다. 즉, 사람들이 삶에 대한 환상을 갖거나 무리한 기대를 하지 않도록 해야 한다. 왜냐하면 근본적인 수준에서 제도와 사회적 관계가 지닌 역사적 성격을 고려할 때, 언제나 현실적인 제한사항과 자원의 희소성에 유의할 필요가 있기 때문이다.

민주주의를 핵심적인 사안으로 간주하고, 포용성을 지향하는 민주시민교육은 결코 이미 충분하게 실현된 포용사회를 준거로 삼을 수 없다. 여기서는 오히려 절차와 과정을 강조하는 점근선(漸近線)의 접근방법 혹은 관점이 적절해 보인다. 지금보다는 더 민주적인 국가나 사회, 더 포용적인 국가나 사회를 실현하기 위해, 사실적 수준에서 문제가 되거나 방해가 되는 핵심영역을 찾아내고, 객관적으로 주어진 사실에 관해 비평적 논의를 수행하는 일은 여전히 정당하고 필요한 것으로 보인다.

이 맥락에서 주제로 취급할 수 있는 문제영역의 보기로서는 다음과 같은 것을 들 수 있다. 포용의 사회적 권리와 개인적 권리 사이의 필요한 조정; 포용국가 혹은 포용사회의 범위; 민주주의, 자본주의 경제, 사회권 사이의 긴장관계; 이주문제와 관련된 경계 혹은 국경의 정당성과 개방의 필요성; 특정한 집단의 보호를 위해 필요하거나 정당한 사회적 폐쇄의 구분(보기: 아동노동의 금지); 삶의 질과 삶의 기회에 피해를 주기 때문에 극복·제거해야 하는 사회적 폐쇄.

지금보다는 더 포용적인 국가나 사회가 안고 있는 전제조건과 문제에 관한 계몽활동을 수행함으로써 민주시민교육은 기여를 할 수 있다. 현재의 상태에 만족을 하지 못하는 시민의 역량강화를 통하여, 결국 배제시키는 장벽이나 경계를 없애거나 아니면 정당한 사회적 폐쇄조치를 취하는 데 있어서 민주시민교육이 기여할 수 있다. 이때 민주시민교육은 기존의 교과 경계를 넘어서서, 사회적 상태와 관계를 변화시키는 과정에 대해 열린 자세를 가져야 한다. 참여가 포용의 과정에서 중요한 것이라면, 활동이나 학습도 참여적인 형태를 통해 이루어지도록 하는 것이 바람직하다(Kronauer, 2015: 22-27; 허영식, 2020a: 164-166).

28 포용적 민주시민교육의 의미와 특징은 무엇인가?

포용적 민주시민교육에서 포용이란 사회의 모든 부분영역에서 상호 연결되어 이루어지는 변동과정을 가리키며, 사회의 모든 생활영역에서 가능하면 모든 사람이 자신의 개인적 필요에 기초해서 접근·참여·자기결정을 할 수 있도록 필요한 여건을 마련하는 데 목표를 두고 있다. 이와 같은 개념규정을 통해 첫째, 오늘날 진행되고 있는 담론과 논의를 재현하고자 하며, 둘째, 특히 포용의 개념을 민주시민교육의 논의와 담론에 포함시켜야 한다는 과제에 부응하고자 한다(Besand and Jugel, 2015a: 53; 허영식, 2020a: 166-167). 포용적 민주시민교육에 대한 개념규정에서 출발하여, 이제 이 교육적 방책의 특징을 세 가지 명제로 분석하여 다음과 같이 기술할 수 있다.

① 포용적 민주시민교육은 모든 사람들이 접근, 참여, 자기결정을 할 수 있도록 도와주어야 하며, 특정한 집단이나 사람에게 국한시키지 않도록 해야 한다.

② 포용적 민주시민교육은 규범적 상태 혹은 주어진 상태보다는 오히려 과정에 지향을 두고 있으며, 이런 의미에서 통합과 포용의 개념을 분명하고 엄격하게 구별하는 것은 그렇게 중요하지 않다.

③ 이 과정은 물론 일차적으로 민주시민교육과 교육영역에 해당하지만, 사회의 다른 부분영역과도 불가분하게 결합되어 있다.

위에서 언급한 세 가지 명제에 대하여 좀 더 자세하게 부연설명을 하면 다음과 같다.

(1) 모든 개인을 위한 포용적 민주시민교육

어떤 교육프로그램에 접근하고 참여하는 과정에서 배제되는 현상은 종종 하나의 차이노선에만 국한되어 발생하지 않는다. 오히려 서로 다른 여러 가지 배제의 메커니즘(기제)이 동시에 작용하는 경우가 종종 있다. 예를 들면, 특정한 동영상의 주제에 대해 어떤 청각장애인이 관심을 별로 보이지 않을 경우에는 수어를 통한 통역은 별로 도움이 되지 않을 것이다. 언어능력이 부족한 어떤 다른 외국인과 비교할 때, 선거와 정치에 관심이 많은 장애인(보기: 휠체어를 탄 사람)이 정치축제에의 참여와 관련하여 곤란을 덜 느낄 수 있다. 원래 학습장애 혹은 정신장애가 있는 사람들을 위해 개발된 교수학습자료(이해하기 쉬운 언어나 용어로 작성된 민주시민교육 정보자료)를 실제로는 언어능력이 부족한 이주자나 아니면 실업학교에 다니는 학생 등 원래 의도하지 않았던 표적집단이 널리 이용하고 있다.

이와 같은 사례에서 확인할 수 있는 사항이지만, 포용적 민주시민교육에서는 특정한 표적집단(이주민, 사회경제적 약자, 장애인, 교육과 거리가 먼 시민이나 학습자 등)을 위한 특별 교수학습법을 개발하는 것보다는, 민주시민교육에의 접근・참여와 관련하여 당사자가 경험하는 어려움을 취급하는 것이 더 중요하다. 또한 접근・참여를 곤란하게 만드는 장애요인을 줄이거나 제거할 수 있는 프로그램을 개발할 필요가 있다. 이러한 프로그램은 특정한 표적집단에 국한된 것이 아니라, 오히려 접근과 참여에 어려움을 느끼는 모든 사람들을 염두에 둔 것이다(Besand and Jugel, 2015a: 53-55).

(2) 주어진 상태가 아닌 과정으로서의 포용적 민주시민교육

이 특징과 관련된 논의에서는 전문가 양성, 역량, 인적자원, 그리고 변화를 위해 필요한 수단을 확보하는 일의 측면에서 아직 여전히 미흡

하거나 부족하다는 점이 종종 거론되고 있다. 따라서 환상적인 먼 미래의 모습을 제시한 다음, 실현이 안 될 경우, 나중에 실망을 하는 것보다는 실현이 가능한 작은 일부터 개시하는 방안이 더 적절해 보인다. 이때 포용을 어떤 규범적 상태 혹은 주어진 상태가 아니라 연속적 과정으로 파악할 경우, 민주시민교육을 통해 접근·참여의 측면에서 사람들에게 더 좋은 기회를 제공하는 일이 중요하다. 또한 포용과 통합을 엄격히 구별해야 한다는 비생산적인 논의에서 벗어나는 것이 바람직하다.

이런 전제에서 출발할 경우, 포용에 지향을 둔 민주시민교육의 과정 속에 우리가 이미 동참한 것이라고 간주할 수 있다. 예를 들면, 이주사회를 위한 교육, 정치와 거리가 먼 집단을 위한 교육, 기초교육, 기본개념지향, 생활세계지향, 역량지향 등에 관한 담론과 논의는 모두 민주시민교육을 더 포용적으로 기획하고 구성하려는 시도라고 해석할 수 있다. 민주시민교육의 교수학습원칙으로 알려진 '보이텔스바흐 합의'의 세 가지 명제(주입·교화의 금지, 논쟁점 반영, 학습자의 이해관계 고려)도 이러한 맥락에서 이해할 수 있다. 그러므로 이미 개발되거나 거론되고 있는 접근방안을 포용적 관점에서 더 효과적·효율적으로 활용할 수 있는 구체적인 방안을 마련하고 실천에 옮기는 일이 적절하고 중요한 것으로 보인다(Besand and Jugel, 2015a: 55).

(3) 민주시민교육과 다른 사회적 부문의 결합

학교 민주시민교육의 범위를 넘어서서 포용적 민주시민교육은 평생교육 차원에서 성인과 청소년을 대상으로 삼아 이루어지며, 사회의 다른 부분영역과 연결되어 있다. 따라서 정치적 행위자들의 자세와 소통이 사회의 여러 집단이나 부문을 배제시킨다면, 포용적 민주시민교육은 한계에 봉착할 수 있다. 또한 모든 사회집단이 사회정치적 정보를 접할 수 있도록 미디어가 소통하지 못할 경우, 포용에 지향을 둔 민주시민교육은 한계에 부딪힐 수 있다.

이와 같은 한계와 문제점 이외에 민주시민교육이 활용할 수 있는 기회의 측면에 대해서도 주의를 기울일 필요가 있다. 그동안 배제되었거나 아니면 주변화된 상태에 남아 있었던 사람들이, 포용적 민주시민교육의 도움을 받아, 사회정치적 측면에서 더 많이 참여하거나 공동결정을 할 수 있게 된다면, 이것 자체가 사회의 변동과정에 기여하는 것이라고 해석할 수 있다. 그렇게 함으로써 접근, 참여, 자기결정의 측면에서 사람들의 이해관계와 필요가 다른 사회적 부분영역에서도 더 많이 반영되거나 고려될 것이라고 기대할 수 있다. 포용적 민주시민교육은 이러한 과제에 대한 책임을 지금보다는 더 강하게 의식해야 할 것으로 보이며, 이 책임의식을 촉매로 삼아 결국 포용국가와 포용사회를 지향한 사회 전체의 과정을 촉진시키고 뒷받침할 것으로 기대한다(Besand and Jugel, 2015a: 56).

29 포용적 **민주시민교육**을 위한 교수학습지향은 무엇인가?

민주시민교육에서 교수학습지향은 목표와 내용, 그리고 방법의 수준에서 의사결정을 내릴 경우, 고려해야 할 선정 및 정당화의 기준과 연결된 핵심적인 사상을 가리키고 있다. 여기서는 포용적 민주시민교육과 밀접하게 연관된 교수학습지향을 몇 가지 선정하여 기술하고자 한다. 포용적 민주시민교육을 기획하고 실천에 옮기는 데 있어서는 다음과 같이 참여자지향, 활동지향, 생활세계지향, 다양성지향, 통합지향을 고려할 필요가 있다(허영식, 2020a: 170).

그림 6 포용적 민주시민교육과 친화성이 있는 교수학습지향

포용적 민주시민교육

↑↓

참여자지향	활동지향	생활세계지향	다양성지향	통합지향

(1) 참여자지향

학습자지향 혹은 참여자지향은 학습자 또는 참여자 개인의 자율성과 성숙성, 사회적 책임의식에 바탕을 둔 자아실현에 주된 관심을 두고 있으며, 민주적 과정과 사회적 공동결정에의 참여를 강조한다. 이 참여자지향은 전적으로 강사나 교사에 지향을 둔 학습상황, 학습자나 참여자

에게 참여와 구성의 가능성을 허락하지 않는 학습상황을 극복하고자 한다. 학습자지향은 한편으로 학습과정에서의 자기책임과 자기결정을 의미하며, 다른 한편으로 수업에서 주제를 선정하는 일과 관련된다. 학습자 중심 수업에서는 학습자의 필요·이해관계·기대, 그리고 학습자의 구체적인 인성이 핵심적으로 중요하다. 하지만 학교의 일상수업에서 참여자지향 혹은 학습자지향을 실현하는 데 있어서 어려운 점이 지적되고 있다. 예를 들면, 학습자 혹은 참여자에게 무리한 요구나 기대를 한다는 것, 실천 가능성의 측면에서 무엇인가 미흡하다는 것, 의무적으로 취급해야 할 다양한 교과내용을 고려할 때 시간이 부족하다는 것이 한계와 문제점으로 언급되고 있다(Behrens-Cobet and Richter, 1999: 169-170).

(2) 활동지향

활동지향의 개념에 대한 이해는 두 가지 측면으로 구분하여 진술할 수 있다. 한편으로 활동지향은 해방적 교육의 취지와 의도를 구현하기 위한 목표로 간주된다. 이에 따르면, 성인과 학생은 사회정치적 사태나 상황에 관한 성찰을 통해 자기의 사회정치적 행위를 강구할 수 있을 것으로 기대된다. 다른 한편으로 활동지향은 성인 혹은 학생이 자주적인 활동을 할 수 있도록 학습의 상황에서 적절하게 방법을 활용하거나 적용한다는 것을 함축하고 있다. 이때 방법적 훈련을 통해 세 가지 형태의 활동(실제적·현실적 활동, 시험적 행위로서의 모의활동, 만들기 활동 혹은 생산적 구성)을 연습할 수 있다.

활동지향을 둘러싼 논쟁에 관해 언급하자면, 한편으로 옹호론자는 활동에 지향을 둔 수업이 학습자의 수동성을 극복하고 학습자에게 즐거움을 제공하는 데 기여한다는 점을 강조한다. 이와는 대조적으로 회의론자는, 행위 또는 활동을 순진하고 단순하게 이해할 경우, 활동지향이 맹목적 행동주의로 변질되거나 아니면 맹목적 행동주의와 동일시될 수 있다는 위험성을 지적한다. 이러한 쟁점에 주의를 기울인다면, 상호보완적 의미에서 활동지향과 밀접하게 연관된 교수학습원칙으로서 문제지향을 추가로 고려할 필요가 있다(Behrens-Cobet and Richter, 1999: 178-179).

(3) 생활세계지향

생활세계지향에 대한 해석은 다양한 모습으로 나타날 수 있지만, 서로 다른 입장이나 시각에도 불구하고 대체로 생활세계지향이 공유하고 있는 점은 학습자가 생활세계에 대해 갖고 있는 의식, 그리고 학습자의 구체적 생활세계에 영향을 주는 사회문화적 구조에 대해 문제를 제기한다는 것이다. 이때 교수학습의 접근방안은 정치와 생활세계의 양립불가능성 또는 불일치에 주의를 기울이거나, 아니면 체제와 생활세계 사이의 관계에 주안점을 두고 있다. 또한 일상세계와 생활세계에서 사회정치적으로 경험할 수 있는 영역을 정치영역의 제도와 매개하거나 연결하려는 시도를 보여주고 있다.

정치와 생활세계 사이의 구조적인 간극과 더불어 학습과정에서 이 괴리(거리)를 어떻게 극복할 것인가와 관련된 질문은 소위 '연결문제'라고 지칭되고 있다. 이 연결문제란 거시세계(제도와 같은 부분체제로서의 사회 혹은 체제 전체로서의 사회)와 일상생활(미시세계) 사이의 접점을 암시하고 있다. 여기서는 사회과학적인 지식(체제수준과 관련된 지식)과 생활세계에서 발생한 경험을 서로 연결시켜, 한편으로 생활세계와 관련된 시각과 다른 한편으로 객관적 관점에서 거리를 두고 바라보려는 시각을 상호 보완시키는 일이 중요하다. 이와 같은 정치와 일상세계 사이의 긴장관계는 당사자적 관련성의 범주나 아니면 문제지향의 교수학습범주를 통해서도 고려할 수 있다(Behrens-Cobet and Richter, 1999: 185-186).

(4) 다양성지향

다원성 또는 다양성은 개인화와 같은 사회학적 개념과 더불어 성인교육 분야에서 유행어가 되었다. 사회에서 파편화와 불확정성(불확실성)

이 증가하고, 이와 더불어 서로 논쟁 관계에 놓일 수 있는 이해관계 상황, 생활유형(패턴), 경험의 다원화 혹은 다양화가 이루어지게 되었다. 물론 사회 전체적으로 살펴볼 때, 그와 같은 논쟁적 다원성과 다양성을 확인할 수 있다. 그렇지만 일정한 주제와 연관된 문제지향을 갖고 특정한 단체나 교육기관에서 구체적인 행사를 선택하는 참여자 중에서는 그와 같은 논쟁적 다원성이나 다양성의 정도가 덜할 것이라고 추측할 수 있다.

그런데 행사에서 다루는 주제 그 자체가 논쟁점과 다양성을 목표로 삼을 경우 이 참여자들 중에서도 논쟁점과 다양성이 부각될 것이라고 기대할 수 있다. 예를 들면, 인종차별에 반대하는 행사, 간문화교육이나 직업교육, 외국인 대상 사회사업 등에서 민족성, 문화정체성, 낯섦 혹은 문화의 개념과 관련하여 논쟁점과 다양성이 두드러지게 나타날 수 있다. 그리고 최근에는 문화적 다원화·다양화와 세계화의 과정을 고려할 때, 보통교육의 개념 속에 간문화교육(간문화학습)을 통합시켜야 한다는 문제의식도 거론되고 있다(Behrens-Cobet and Richter, 1999: 194).

(5) 통합지향

성인교육에서 통합지향은 가장 전통적인 개념으로 간주되고 있으며, 이 범주에 관해서는 서로 다른 논의와 이해가 존재한다. 통합지향의 개념은 일차적으로 민주시민교육·직업교육·보통교육의 연결, 각 부분교육의 위상, 사회적 약자(상대적으로 불이익을 받는 자)의 통합과 관련되어 있다. 여기서 주로 추구한 목표는 역량강화와 계몽이다. 하지만 최근에 통합은 대개 통합적 교육사업이라는 의미로도 이해되고 있다. 그 배경으로는 생산·관리형태의 변화, 대량실업, 이에 대처하기 위한 포괄적 역량강화를 들 수 있다. 여기서 통합적 교육사업의 뜻은 다음과 같이 세 가지 사항으로 풀이할 수 있다.

1) 총체성

참여자 혹은 당사자는 총체적으로 학습한다. 즉, 학습의 정서적·인지적·심동적 차원을 통합한다. 이를 통하여 일반적인 행위역량을 갖추거나 신장시킬 수 있을 것으로 기대한다.

2) 내용 관련 통합

새롭게 거론되고 있는 보통교육의 이해에 따라 내용적 네트워크(연결망)와 연관성을 학습한다.

3) 사회적 통합

서로 다른 사람들이나 집단이 공동의 학습에서 그들의 이질적인 경험을 교환한다. 이때 부분적으로 자기 주도적으로 조직한 학습의 형식을 취하기도 한다(Behrens-Cobet and Richter, 1999: 171-172).

포용적 민주시민교육을 위한 실천방안은 무엇인가?

이 부분에서는 상기한 교수학습지향을 염두에 두면서 세 가지 측면으로 구분하여 포용적 민주시민교육의 실천방안을 제시하고자 한다.

(1) 배제노선과 속성부여노선의 구분에 입각한 접근방안

결핍에 지향을 둔 속성부여노선의 재생산을 피하고, 새로운 표적집단의 마음에 들도록 하는 민주시민교육은 어떤 양상을 보여줄 것인가? 이러한 물음에 대하여 적절하게 답변을 하려면, 우선 전통적인 표적집단에 대한 고정관념에서 벗어난 포용적 관점이 요청된다. 왜냐하면 포용적 관점을 갖추어야 비로소 특정 집단과 관련된 사람들의 행위가 차별로 연결되지 않을 수 있기 때문이다. 즉, 특정 집단에 대한 고정관념이 상당히 강한 전통적 관점과 비교할 때, 포용적 관점은 다양성과 차이에 대하여 보다 더 개방적인 자세를 취하는 데 도움을 줄 수 있다.

여기서 강조하는 새로운 관점은 다양성 및 차이와 관련하여 두 가지의 서로 다른 노선을 구별하는 관점이다. 그 하나는 종종 차별과 결합된 속성부여의 노선이며, 다른 하나는 적합성 혹은 어울림의 부족으로 인해 접근·참여·자기결정(공동결정)을 불가능하게 만들거나 아니면 적어도 어렵게 만드는 배제의 노선이다. 배제의 노선에서는 특정한 사회적 배경에의 소속, 이주, 장애 그 자체가 아니라, 오히려 더 중요한 요인으로서 소통이 작용할 수 있다. 배제노선으로는 소통 이외에 공간과 시설, 문화, 권력(힘) 따위를 들 수 있다.

하지만 다양성과 차이를 바라보는 이 새로운 관점이 속성부여의 범주를 완전히 해체하는 것은 아니다. 포용적 민주시민교육은 다양성·차이와 관련하여 여러 가지 속성부여의 노선에 따라 발생할 수 있는 배제의 과정에 대한 감수성을 기르는 데 관심을 두고 있다. 이와 동시에 전통적 표적집단의 개념과 결합된 각종 배제노선을 비평적으로 취급해야 한다. 여기서 핵심적인 과제와 목표는 교육현장에서 교육자가 학습자의 이해관계나 출발점을 진단하는 데 도움이 되는 방안을 모색하는 데 있다. 이렇게 해서 당사자 개개인이 경험한 배제의 메커니즘(기제)에 주의를 기울이는 관점을 취득할 수 있으며, 이것에 기초하여 개개인의 욕구와 필요에 더 적절하게 부응할 수 있을 것으로 기대한다(Besand and Jugel, 2015b: 106-108).

(2) 교육 혹은 정치와 거리가 먼 환경을 고려한 접근방안

상당히 많은 시민에게 국가가 소외된 상태로 남아 있거나 아니면 민주정치에 대한 시민의 무관심이 지배적으로 작용한다면, 그러한 국가에서 정치적 안정을 기대하기는 힘들 것이다. 그러므로 민주주의 및 국가의 중요성과 의미를 사회의 많은 구성원이 진지하게 생각하도록 안내하기 위해서는, 교육과 거리가 먼 환경에 놓여 있는 사람들이나 정치적 관심이 별로 없는 집단에게도 주의를 기울일 필요가 있다(Detjen, 2007: 4). 교육 혹은 정치와 거리가 먼 집단이나 사람들에게 초점을 맞출 경우, 사회적 책임의식을 갖추고 자기결정과 공동결정을 할 수 있는 기회와 가능성을 그들에게도 열어주어야 한다. 또한 교육의 수요자에게 내용을 적절하게 전달할 수 있는 방도를 모색해야 한다. 학습이론적인 근거를 갖추고 있으면서 학습자의 동기부여를 촉진할 수 있는 매체와 방법을 찾아야 한다. 이때 학습은 처음에는 개개인에게 비용(시간소요, 집중, 자유시간의 포기)을 초래한다는 점을 고려해야 한다. 특히 자발적 교육의 틀 속에서 행해지는 학습의 과정을 성공적으로 그리고 지속가능하게 진행하기 위해서는 학습자가 느낄 수 있는 학습의 편익이 그때 발생하는 비용을 초과해야 한다(Loerwald, 2007: 33).

(3) 다양성 관리에 입각한 접근방안

다양성 · 차이에 민감하지 못한 평등주의에서 벗어나지 못할 경우, 지배적인 전통과 문화가 더욱 고착되거나 강화될 것이라는 문제의식에서 출발하여, '인정의 정책'에 대한 요구가 제기된 것과 비슷하게, '인정의 교육'에서는 학습자의 다양성 · 차이에 대한 감수성이 중요한 관심사이다. 인정의 접근방안 혹은 인정의 교육은 서로 다른 정체성(보기: 언어집단, 문화집단)을 고려하고, 가능하면 인정하거나 존중해 주며, 또한 긍정적으로 대우해 준다는 의미에서 다양성 · 차이가 함축되어 있는 기존의 상태와 연관을 맺는다.

시야를 확장해서 살펴볼 때, 다양성 접근의 혁신적인 측면은 다양한 행위주체와 연관된 위치 · 지위와 권력의 축(軸)에 포함된 다중성을 의식적으로 드러내고 적절하게 관리하기 위한 시도에 놓여 있다. 이 맥락에서 관점의 변경을 통하여 다양성 접근은 종종 결함(부족) 지향 소수집단정책에서 벗어나, 동등대우정책이나 차별금지정책으로 나아가려는 시도를 한다. 그러므로 이러한 정책은 다양성의 사회적 · 개인적 잠재력과 자원을 포함한다. 이와 같은 배경을 고려하여 교육의 행위영역에서는 다양성 주류화(diversity mainstreaming) 혹은 다양성 관리(diversity management)의 틀 속에서 보다 더 구체적인 조치를 모색할 필요가 있다(Mecheril, 2009: 208; 정창화, 2015: 136-141).

31 포용적 **민주시민교육**의 가능성과 한계는 무엇인가?

그동안 여러 사회와 개별 집단이 힘든 과정을 거쳐 합의에 도달한 가치인 인권, 그리고 헌법에서 보장하고 있는 기본권이 민주시민교육을 위한 준거틀로서 간주되고 있다(Waldmann, 2019: 31). 그런데 기본권과 인권에 기초한 포용적 접근방안은 구체적이고 다양한 실제 상황에서 아무런 제한을 받지 않고 적용할 수 있는 것은 아니다. 인권과 기본권이 물론 포용적 접근방안의 출발점이지만, 거꾸로 포용적 접근방안에 대해 한계를 설정하는 표준(기준)도 역시 인권과 기본권인 것이다. 즉, 포용적 민주시민교육을 실행하면서 인권과 기본권을 심각하게 혹은 상당히 침해할 경우, 포용적 접근방안도 부분적으로 한계에 봉착할 수 있다. 이러한 한계에 대한 문제의식을 예시하는 차원에서, 여기서는 민주시민교육에서 비교적 취급하기 어려운 세 가지 주제에 주의를 기울이고자 한다(허영식, 2020a: 182-184).

(1) 극우주의를 포용적으로 논의에 끌어들일 수 있는가?

인종차별주의, 근본주의, 문화적 본질주의에 입각한 극우주의 혹은 다른 형태의 극단주의를 민주시민교육에서 자연스럽게 아무런 제한 없이 포용적으로 끌어들일 수 있는가? 이러한 질문과 관련해서, 물론 민주시민교육은 민주주의와 관련된 기본적 입장을 소홀히 다루거나 의문시해서는 안 될 것이다. 하지만 다른 한편으로 교육에 참여한 사람에게 자기의 입장, 그리고 이것과 상당히 차이가 나는 타자의 낯선 입장을 비평적으로 취급할 수 있는 기회를 주어야 할 것이다. 이때 물론 극우적 표현이나 입장을 단순하게 포용적으로 받아주거나 아니면 다중관점 혹은 논쟁점 반영이라는 의미에서 허가하는 방안 그 자체가 중요한 것은 아니다. 민주주의의 기본가치는 교수학습의 행위를 안내해 주는 지침으로서 그리고 확고한 가치의 준거로서 여전히 기능을 수행한다. 그러나 기본가치의 인정과 수용을 민주시민교육의 전제조건으로 간주하는 것보다는 오히려 도달해야 할 목표로 해석하는 방안이 더 적절해 보인다(Heinrich, 2016: 36).

(2) 추모지 방문 교육에서 어떻게 주입·교화 금지의 원칙을 준수할 것인가?

추모지 방문 교육의 경우를 고려할 때, 다중적인 주체지향을 교육실천의 기준(표준)으로 설정하는 방안이 필요한 것으로 보인다. 폭력의 경험과 폭력행사의 흔적, 범죄의 역사를 보여주는 추모의 장소는 주체로서의 피해자(희생자)에 대한 기억을 일단 먼저 상기시키거나 유지하고자 한다. 그렇지만 다른 한편으로는 방문 교육의 과정에 참여한 모든 행위자에게도 적절하게 주체로서의 지위를 부여하는 방안을 고려해야 할 것이다. 다시 말하면, 비평적 논의와 취급의 대상이 되는 피해자(희생자)뿐만 아니라, 교수학습의 과정에 관여한 아동과 청소년, 교사, 추모지 관리직원도 주체로서의 지위를 갖거나 유지할 수 있도록 배려할 필요가 있다. 참여자지향 혹은 경험지향으로도 지칭되고 해석되는 주체지향이 추구하는 목표는 참여자를 단순한 교육적 객체의 역할에서 벗어날 수 있도록 도와주는 데 놓여 있다. 이러한 맥락을 고려할 때, 원래 학습자의 공감을 끌어내려는 추모지 방문 교육의 취지는 의도하지 않은 결과를 수반할 수도 있다는 점에 유의해야 한다. 제3자에 의한 주입·교화라고 학습자 자신이 느낄 경우, 원래 공감을 불러일으키려는 교육적인 시도가 역설적으로 오히려 학습에 대한 저항을 초래할 수도 있다(Heyl, 2016: 56-57).

(3) 구동독의 역사를 취급할 때 어떻게 논쟁점 반영의 원칙을 준수할 것인가?

독일의 통일(1990)이 이루어진 이후 구동독의 역사를 민주시민교육에서 어떻게 취급할 것인가의 물음과 관련해서, 개방적 담론의 공간을 마련하기 위한 차원에서, 논쟁점 반영의 원칙(또는 균형 잡힌 다중관점의 원칙)은 세 가지 측면에서 경계를 설정할 필요가 있다. 첫째, 담론과 논의에 참여한 모든 사람들의 이해관계를 명료화해야 한다. 둘째, 성공적인 담론을 위한 전제조건이면서 동시에 자주적인 판단능력을 위한 전제조건은 어디까지나 사실적 지식의 전달에 놓여 있다. 셋째, 반(反)전체주의적 합의를 준수하지 않을 경우, 그것은 결국 인간의 존엄성을 문제시하는 것으로 해석할 수 있기 때문에, 담론에서 그러한 바람직하지 못한 시도나 자세에 대해 개입하거나 관여를 해야 한다. 위에서 언급한 경계 설정의 요청사항에 기초할 때, 이 부분에서 다음과 같은 결론을 도출할 수 있다. 보이텔스바흐 합의에 포함된 세 가지 원칙 혹은 명제(주입·교화의 금지, 논쟁점 반영, 이해관계 고려)에 더하여 이제 추가로 반(反)전체주의적 합의를 네 번째 측면으로서 보완할 것을 제안할 수 있다. 인간을 도구화하려는 온갖 시도를 거부하고 거기에 대한 예방책을 마련하는 일이 민주시민교육의 토대가 되어야 한다(Kaiser, 2016: 66; 정창화, 2020: 109-110).

32 민주시민교육에서 포용의 개념과 관련용어는 무엇인가?

포용의 개념은 국제연합의 장애인권리협약을 계기로 하여 최근 일반적인 사회적 담론에서 많이 거론되고 있다. 하지만 사회과학적인 개념으로서 포용의 개념은 이미 오래전부터 배제(즉, 사회적 공동체에 관여하지 못하게 함)에 대한 대조개념으로서 존재하였다. 포용은 누구나 구성원으로서 참여하거나 관여하는 사회를 지향하고 있으며, 따라서 사회적 공존의 이상적인 모습을 나타내는 말이다. 국제연합의 장애자권리협약은 이 포용의 개념을 이야기의 실마리로 삼았으며, 이것을 법적인 개념으로서 발전시켰다.

장애인권리협약의 기본적인 원칙으로는 충분하고 효과적인 참여와 포용을 들 수 있다. 이 원칙에 따르면, 장애자는 처음부터 인간생활의 모든 영역에서 관여할 수 있도록 해야 한다. 그리고 이것이 가능하도록 하려면 사람이 바뀌어야 하는 것이 아니라 오히려 사회가 바뀌어야 한다. 따라서 포용은 단순히 바람직한 상태를 나타내는 것이 아니라 모든 생활영역에서 포용적인 사회를 실현하기 위한 전제조건이며, 국가는 이러한 포용사회를 만들어가야 할 의무와 책임이 있다(허영식, 2020b: 4).

포용에 관한 이러한 이해는 장애의 차원을 넘어서서 오늘날 모든 차별의 차원과 관련된다. 여기서 기초가 되는 사상은 모든 생활영역에서 관여하거나 접근할 수 있는 가능성을 보장하지 않으면 참여도 역시 가능하지 않다는 것이다. 이와 동시에 포용에 관한 이러한 이해는 인권의 기본사상인 자기결정과 밀접하게 연결되어 있다. 어떤 생활영역에서 능동적으로 관여하고 접근하는 사람만이 그의 자유를 향유하고 자신의 개성을 발휘할 수 있다. 즉, 교육을 받고, 일을 하며, 창의적인 생각을 하고, 정치적으로 다른 사람들과 함께 의사결정을 할 수 있는 것이다. 따라서 이 맥락에서 국가가 한편으로는 포용을 가능하게 만들어야 하지만, 다른 한편으로는 포용을 강요해서는 안 된다는 점도 역시 중요하다. 왜냐하면 인권으로서의 자유에는 공동체에서의 생활에 반대하는 것도 속하기 때문이다. 물론 그렇다고 해서 이것이 사람들을 그들의 의지에 반하여 특별한 세계에 붙잡아두기 위한 구실이 되어서는 안 된다. 어쨌든 여기서 중요한 점은 자율에 기초한 사회적 포용인 것이다. 모든 사람은 이에 대한 요구를 할 권리를 갖고 있다(허영식, 2020b: 4-5).

포용의 개념과 밀접하게 결합되어 있는 개념으로서 다양성에 주의를 기울일 필요가 있다. 사람들은 서로 어느 정도 아니면 상당히 다르기 때문에, 그리고 바로 이러한 이유 때문에, 모든 생활영역을 구성할 때 가능하면 모든 사람들이 그들이 처한 특수한 상황이나 특징과는 별 관계없이 접근하거나 관여할 수 있도록 해야 한다. 글로벌 수준에서 이러한 점을 인정한 첫 번째 인권문서가 바로 유엔장애인권리협약이다. 이 문서의 제3조에 열거된 원칙을 살펴보면, 차이에 대한 존중과 더불어 인간적 다양성과 인류성의 구성요소로서 장애에 대한 인정이 강조되고 있다. 장애에 대한 이와 같은 태도의 변화는 장애를 갖고 있는 개개인과 동시에 사회 전체에 도움을 줄 것으로 기대된다.

장애인들에게 나름대로 기여할 수 있는 여지를 마련하고 그들에 대하여 주의를 기울이는 사회는 인류성과 문화적 다양성의 증가를 경험할 것으로 기대된다. 이와 같은 맥락에서 장애인권리협약의 전문(前文)에서는 장애인이 공동체의 긍정적인 발전과 내적인 다양성을 위해 수행하는 가치 있는 기여(기존의 기여와 잠재적인 기여 포함)가 지닌 의미와 중요성을 강조하고 있다. 다양성의 존중은 다른 사람을 동등한 자로 인정한다는 것을 표현한다. 따라서 이것은 모든 인간과 더불어 다양성의 모든 차원에 해당하는 이야기이다(허영식, 2020b: 5).

인권으로서의 참여는 차별금지와 밀접하게 결합되어 있으며, 또한 차별금지는 인권원칙으로서의 포용, 그리고 역시 인권의 관점에서 요청되는 다양성의 인정과 밀접하게 상호작용하는 관계에 놓여 있다. 인간생활의 모든 영역에서 관여하거나 접근할 수 있는 가능성과 더불어 다른 사람들과 함께 구성할 수 있는 가능성이 여기서 중요한 문제가 된다. 차별에 관한 분화된 이해를 통해 참여에서 배제되는 현상을 확인할 수 있으며 대처방안을 모색할 수 있다. 이를 위해서 인권조약 및 여기에 기초한 감독기관이나 감사위원회는 그동안 차별과 배제를 당하는 사람들의 참여를 어렵게 만드는 여러 가지 장애요인을 명료화하였다.

인권으로서의 참여는 물론 한편으로는 개인적인 요구나 주장을 의미하지만, 그러나 다른 한편으로는 개개인이 모든 생활영역에 참여해야 한다는 의무를 함축하고 있는 것은 아니다. 하지만 예를 들면 현재 살고 있는 나라에서 이 나라의 국적을 소유하고 있지 못한 사람들이 참정권(정치참여의 권리)을 누릴 수 있는 가능성은 다른 사회생활영역에의 참여와 관련된 권리를 누릴 수 있는 가능성에 비해 상대적으로 더 낮다는 것을 세계 여러 곳에서 확인할 수 있다.

인권의 관점에서 바라본 참여에 대한 요구나 주장은 국가의 포괄적인 의무에 대한 근거가 된다. 존중의 의무에 따라 국가는 참여와 관련된 자유와 권리를 스스로 제한하거나 방해해서는 안 된다. 보호의 의무에 따라 국가는 참여를 방해하는 사인(私人)의 행위로부터 보호를 해주어야 한다. 보장의 의무에 따라 국가는 참여가 사실상 가능할 수 있도록 기본적인 조건을 마련해주어야 한다. 이 보장의 의무를 이행하기 위하여 국가는 교육목표로서 참여를 착근시키고, 학교에서 성공적인 참여를 위한 여건을 마련해줄 수 있다. 이때 예를 들면 학교구조의 적응이나 교사의 계속교육을 통해 그러한 여건을 마련할 수 있다. 또한 보조인력이나 보조수단을 통해 장애인의 자기결정을 가능하게 함으로써, 당사자가 참여에 대한 인권을 효과적으로 누릴 수 있도록 하고, 다른 사람들이 그의 참여 여부에 대해 결정하지 않도록 할 수 있다. 결국 참여를 제한하는 요인을 확인하고 인권을 효과적으로 향유할 수 있는 전제조건을 확보하는 일은 국가가 지속적으로 떠맡아야 할 과제인 것이다 (Rudolf, 2017: 36-38; 허영식, 2020b: 6).

33 간문화 관련 **민주시민교육**의 행위영역과 실천은 어떻게 나타나는가?

(1) 참여를 위한 전제조건으로서 지방수준의 포용개념

지속가능한 포용정책은 가치에 지향을 두어야 한다. 이 가치는 서로 다른 학습공간, 부분적으로 서로 경쟁하는 학습공간에서 전달된다. 어린이집, 유치원, 학교, 협회, 거리와 같은 공개적인 공간, 또래집단, 대중매체, 그리고 핵심적인 역할을 수행하는 가정이 그러한 학습공간에 속한다. 지방수준의 포용정책은 이 모든 공간을 포괄적인 포용전략에 포함시킬 수 있도록 시도해야 한다. 이때 담당기관이나 부서는 성공적인 포용이 지방의 구조를 위해 현재와 미래의 중요한 과제라는 점을 의식하고 있어야 한다(Taam, 2017: 217-218; 허영식, 2020b: 7-8).

(2) 포용의 촉진을 위한 존중의 원칙

지방수준의 포용개념에서 중요한 구성요소가 되는 것은 존중과 인정이다. 문화적 다양성을 서로를 풍부하게 만들어주는 요인으로 이해해야 한다. 하지만 여기서 모든 참여자에게 해당하는 규칙에 유의해야 한다. 이 규칙은 일차적으로 헌법정신에 기초하고 있어야 하며, 여기에 해당하는 요소로는 기본권과 인권, 다원주의, 양성평등, 가정과 교육에서의 비폭력, 민주주의와 법치국가를 들 수 있다. 이와 같은 헌법정신의 요소를 구체적으로 실현하기 위해서는 긴 안목을 갖고 장애물을 극복하는 데 중점을 두어야 한다. 바로 그렇기 때문에 포용정책을 기획하는 데 있어서는 아동과 청소년에 초점을 맞출 필요가 있다. 이것은 동시에 사회통합 혹은 포용의 기초가 되는 출발점으로서 가정을 인정한다는 것을 뜻한다. 가정을 소홀히 다루지 말고 오히려 가정과 함께 문제영역을 인식하고 처리할 수 있다(Taam, 2017: 218-219; 허영식, 2020b: 9).

(3) 포괄적 과제로서의 포용과 민주적 문화

민주적 법치국가는 민주적 문화의 조성에 대한 의무를 지고 있다. 행정은 법치국가적 상태를 관철시키기 위한 국가적 수단이다. 이 수단을 통하여 법과 정의가 구체적으로 나타난다. 그리고 법과 정의는 사회적 맥락에 달려있으며, 사회적 관점에 따라 그 외연(外延) 혹은 정도가 서로 다르게 나타날 수 있다. 여기서 도출할 수 있는 점은 기본적인 사회적 합의는 지속적인 사회적 협상을 필요로 한다는 것이다. 하지만 사회적 합의의 중심사상은 헌법에 반영된 기본권에 이미 확정되어 있다.

민주적 문화에 기초한 다양성을 통해 사회적 안정을 산출할 수 있다. 그러나 이때 국가는 구속력이 있는 법과 질서를 유지하고 이 법과 질서를 유지하기 위한 수단을 마련하는 데 국한해서는 안 된다. 국가는 이와 더불어 시민의 통합과 포용을 위한 과제에도 주의를 기울여야 한다. 왜냐하면 국가 그 자체가 성공적인 통합과 포용의 결과이기 때문이다. 이러한 과제에 부응하기 위해서는 한편으로 문화적 다양성을 강조하지만, 다른 한편으로 공동의 가치기반을 실천에 옮기는 간문화성(interculturality)을 포기할 수 없다. 이 맥락에서 문화적 다양성을 단순히 관리하는 데 그치는 것이 아니라, 이주배경을 가진 사람의 사회적 포용을 정당한 권리로 인정하고, 이와 동시에 이것을 사회통합을 위한 간문화적 개방의 신호로 받아들여야 한다(Taam, 2017: 223-224; 허영식, 2020b: 9-11).

(4) 문화적 다양성과 공동의 가치기반

지속가능한 포용정책은 가치에 지향을 두고 있다. 이주를 통해 사회는 더 이질적인 특징을 지니게 된다. 서로 다른 세계관이 만나게 된다. 다원주의적인 사회에서 이것은 처음에 별 문제가 안 된다. 하지만 어떤 하나의 세계관이 독점적인 타당성을 주장하고 게다가 공세적으로 등장하게 되면, 이것은 사회적 평화를 위해 현실적으로 위협적인 요인으로 작용할 가능성이 크다. 정치적 이데올로기의 수준을 넘어서서 이주의 효과와 영향은, 특히 사회적 통합 혹은 포용이 성공적으로 이루어지지 못한 곳에서, 사회적 평화를 위해 문제가 될 수 있다. 다시 말하면, 한편으로 법과 질서를 유지해야 한다는 도전과 과제, 그리고 다른 한편으로 소수민족집단에 대한 차별을 피해야 한다는 요청사항 사이에서 다루기 어려운 문제가 발생할 수 있다(Taam, 2017: 224-225; 허영식, 2020b: 11-12).

34 장애 관련 민주시민교육의 행위영역과 실천은 어떻게 나타나는가?

(1) 포용적 민주시민교육의 쟁점

포용의 개념을 폭넓게 이해할 경우, 우리는 젠더, 민족적·사회적 출신배경, 종교적 소속, 장애와 같은 다양성 혹은 이질성의 차원을 고려할 수 있다. 민주시민교육은 이질적인 학습집단을 위하여 원칙적으로 분화된 교육프로그램을 구상하고 실행에 옮길 수 있다. 하지만 이질성 혹은 다양성을 적절하게 고려하여 민주시민교육을 계획하고 실천에 옮기는 일은 그렇게 쉽지 않다는 점에 유의할 필요가 있다. 포용적인 민주시민교육을 모색하는 데 있어서는 적어도 다음과 같은 쟁점을 염두에 둘 필요가 있다. 한편에서는 정치와 거리가 먼 사회적 환경에 처한 사람들을 위해서는 정치학습보다는 사회생활학습에 중점을 두는 것이 바람직하다는 명제를 내세운다. 하지만 다른 한편에서는 사회생활학습에 중점을 둔 민주시민교육은 불이익을 받는 사회집단을 규율하는 데 치중하고, 이해관계를 대변할 수 있는 학습자의 역량강화를 소홀히 다룰 수 있다는 위험성이 지적되고 있다. 포용사회를 지향한 노력의 측면에서 바라볼 때, 학습자의 참여능력을 도외시할 경우, 사회생활학습의 접근방안은 비생산적인 것이 될 수 있다는 점에 유의할 필요가 있다(Zurstrassen, 2015: 111-113; 허영식, 2020b: 12).

(2) 지적 장애와 포용적 민주시민교육의 가능성

민주시민교육이 일차적으로 민주주의와 정치의 주제에 관한 이해력에 초점을 맞추고 주로 인지적인 학습과정에 중점을 둘 경우, 인지장애를 갖고 있는 학습자집단은 민주시민교육과 관련된 교과에서 배제된다는 인상을 심어줄 수 있다. 하지만 생활형식으로서의 민주주의는 일상적인 행위와 연관되며, 이를 통하여 정치역량과 민주주의역량을 개시한다는 의미에서 인지장애를 갖고 있는 학습자집단에게 특별한 의미와 중요성을 지닐 수 있다. 정치역량과 민주주의역량의 전달은 상당 부분 체험에 지향을 둔 학습과 밀접하게 연관되어 있다. 따라서 정치적 사태와 문제는 가능하면 학습자의 생활세계 및 이해관계와 연결시킬 필요가 있다. 이러한 연결은 학습을 위한 동기부여를 강화할 것이며, 일상세계를 위한 의미와 중요성을 더 분명하게 보여줄 수 있다(Schiefer et al., 2015: 211-213; 허영식, 2020b: 13-14).

(3) 지적 장애와 포용적 민주시민교육의 한계

포용적 교육 혹은 수업에서 지적 장애를 가진 학습자에 초점을 맞출 경우, 학습공동체의 다수가 지닌 인지적 잠재성을 적절하게 고려하지 못한다면, 형평성 측면에서 의문을 제기할 수 있다. 민주시민교육을 생활형식으로서의 민주주의에 국한시킨다면, 즉 협동, 동반자관계, 관용을 지향한 안내와 계몽에 국한시킨다면, 학습공동체의 다수가 지닌 인지적 잠재성을 발현시키는 데 제한적인 요인으로 작용할 수 있다. 생활형식으로서의 민주주의에 기초하여 점차 인지적 내용의 요구수준이 높아지는 사회형식으로서의 민주주의와 통치형식으로서의 민주주의를 향해 민주주의역량이 발달할 것이라는 기대는 비록 선의에서 나온 것이지만 그러나 비현실적인 소망이나 희망에 불과한 것으로 남아 있을 수 있다(Detjen, 2015b: 224; 허영식, 2020b: 14-15).

35 통일문제 관련 민주시민교육의 행위영역과 실천은 어떻게 나타나는가?

독일통일 이후 구동독의 역사와 관련된 주제를 다루는 데 있어서 논쟁점 반영의 원칙을 도대체 어떤 방식으로 적용할 것인가의 질문이 제기되고 있다. 하지만 다른 한편으로는 논쟁점 반영의 원칙에 관한 비평적 질문과 관련하여 민주시민교육이 현실적으로 안고 있는 어려움도 고려해야 한다. 개방사회의 논쟁・대화・갈등문화와는 달리 구동독지역에서는 조화로운 공동체에 대한 동경이 상대적으로 강하다는 점을 염두에 두어야 한다. 공동사회와 이익사회 사이의 대립관계는 구동독을 넘어서서 독일이 안고 있는 문제로 여전히 남아 있다. 여기에 더하여 구동독시대의 유산으로서 국가의 역할을 과대평가하려는 문제가 남아 있다. 논쟁점 반영의 원칙에 관한 비평적 질문과 관련하여 민주시민교육이 안고 있는 또 하나의 어려움은 학교교육에서 민주시민교육을 담당하는 교사집단에서 찾을 수 있다. 통일 이후 상당히 많은 교사들이 그들 자신이 몸담았던 구동독시대를 전달하는 데 있어서 가치갈등이나 정체성혼란이라는 의미에서 어려움을 겪고 있다. 이러한 사정은 학교에서 구동독에 관하여 비평적 논의와 취급을 하는 데 장애요인으로 작용하고 있다(Kaiser, 2016: 62-63; 허영식, 2020b: 21-22).

36 행위영역별 포용적 민주시민교육의 가능성과 한계는 무엇인가?

상기한 바와 같이, 이제까지 세 가지(간문화, 장애, 통일문제) 행위영역을 보기로 하여, 포용의 개념을 반영한 민주시민교육의 가능성과 한계를 예시적으로 살펴보았다. 이 맥락에서 행위영역별 포용적 민주시민교육의 가능성과 한계는 다음과 같이 요약하여 도식화할 수 있다(허영식, 2020b: 23).

표 19 행위영역별 포용적 민주시민교육의 가능성과 한계

행위영역	포용적 민주시민교육의 가능성	포용적 민주시민교육의 한계
간문화	– 포용적 우리의식의 수립과 더불어 다양성사회에서 요청되는 간문화역량의 함양·신장에 기여할 수 있음 – 모든 시민과의 대화를 통해 자유민주헌정의 장점을 분명하게 보여줄 수 있음	– 문화적 다양성과 공동의 가치기반 사이에서 긴장관계가 발생할 수 있음 – 법과 질서의 유지와 다른 한편으로 소수민족집단에 대한 차별을 피해야 한다는 요청사항 사이에서 다루기 어려운 문제(평행사회, 평행구조)가 발생할 수 있음
장애	– 이질적인 학습집단을 위해 원칙적으로 분화된 교육프로그램을 구상하고 실행에 옮길 수 있음 – 정치학습보다는 사회생활학습에 중점을 두는 것이 바람직하다는 명제를 내세울 수 있음 – 정치적 사태와 문제를 학습자의 생활세계 및 이해관계와 연결시킬 수 있음	– 사회생활학습에 중점을 둔 민주시민교육은 불이익을 받는 사회집단을 규율하는 데 치중할 수 있음 – 이해관계를 대변할 수 있는 학습자의 역량강화를 소홀히 다룰 수 있는 위험성이 남아 있음 – 근본적인 수준에서 포용과 연관된 역량강화의 어려움이 발생할 수 있음
통일문제	– **보이텔스바흐 합의**에 기초할 때, 교수학습과 관련된 일과 더불어 민주시민교육의 자유를 확보할 수 있음	– 독일통일 이후 구동독역사와 관련된 주제를 다룰 경우, 논쟁점 반영의 원칙에 관하여 비평적 질문을 제기해야 함

	– 교육프로그램의 자유와 개방적인 담론을 전제로 하고, 열린사회의 적들에 대하여 방어능력을 갖출 수 있음	– 한편으로 논쟁점 반영의 원칙을 유지하면서, 다른 한편으로 이 원칙의 한계를 명료화할 필요가 있음 – 전체주의에 반대한다는 의미에서 반(反)전체주의적 합의가 필요한 것으로 보임

37 간문화 관련 민주시민교육의 실천을 위한 보이텔스바흐 합의의 함의는 무엇인가?

다문화사회의 특징을 나타내는 용어로 종종 '비동시적인 것의 동시성'(혹은 비동시성 아니면 동시적인 비동시성)이 사용되고 있다. 다문화사회에서는 서로 다른 여러 민족적 집단이 매우 다른 근대(현대)의 형태를 재현하고 있다. 그리고 근대성(현대성)에 대하여 서로 다른 방식으로 대처함으로써 사회문화적 복합성이 증가하는 경향이 있다. 세계 여러 곳의 도시에서는 비동시적인 측면이나 요소가 서로 조우하거나 아니면 다양성과 모순성이 반영된 소우주의 모습을 보여주고 있다. 이런 곳에서는 기존의 불평등을 경험하거나 아니면 우세한 다수집단과 열세한 소수집단 사이에서 발생하는 갈등을 구체적으로 경험할 수 있다.

다문화사회로서의 현대사회는 갈등의 역설이라는 특징을 보여주고 있다. 한편으로 현대사회는 처리하기 어려운 여러 가지 갈등을 안고 있다. 하지만 다른 한편으로 적절하게 갈등을 해결할 수 있는 수단이 부족하거나, 아니면 체제논리 안에서 갈등이 악화되지 않도록 할 수 있는 수단이 점점 더 사라지는 것처럼 보인다. 여기서 특히 유의해야 할 문제점은 기존에 논쟁적이지 않았던 부문이나 영역에서 대립과 논쟁이 새롭게 발생할 수 있다는 것이다. 예를 들면, 불법적 사적(私的) 제재(응징), 명예살인, 강제결혼과 같은 현상은 자유민주적 기본질서(헌정)에 기반을 둔 국가에서 논쟁적이지 않았던 영역에 속한 것이 사회의 다른 부문이나 영역에서 논쟁적 요인으로 변모한다는 것을 함축하고 있는 징표이다. 그러한 현상은 논쟁과 합의 사이에서 조화와 균형을 추구하는 일이 더 어렵다는 것을 보여주는 지표이다.

그런데 **보이텔스바흐 합의**의 제2명제가 함축하고 있는 의미는 자유민주적 기본질서에 입각한 사회는 언제나 대안이 가능하도록 열려 있다는 점에 놓여 있다. 여기서 갈등해소문화의 개념은 논쟁의 당사자가 서로를 인정하고, 자신만이 진리를 갖고 있다는 착각에서 벗어날 수 있다는 점, 그리고 논쟁의 일반적 규칙이 존재한다는 점에 지향을 두고 있다. 다시 말하면, 자신의 시각・관점・입장이 언제든지 틀리거나 잘못될 수 있다는 통찰과 인식이 갈등해소문화의 핵심적인 사항이다(Arenhoevel, 2009: 22-25).

다양성과 통일성, 다양성과 시민성 사이의 긴장관계 속에서 시민성이나 통일성이 지나치게 일방적으로 적용될 경우, 자유롭고 개방적인 사회의 기본원칙에 어긋날 수 있다는 위험성을 지적할 수 있다. 자유롭고 개방적인 사회에서는 다양한 견해와 이해관계를 보호하고 진흥시켜야 한다는 점이 강조되고 있다. 따라서 국가의 지시에 따라 사회에서 대변되는 하나의 입장만을 구속력 있는 것으로 선언하거나 간주하는 것은 바람직하지 못하다. 왜냐하면, 만약 그렇게 될 경우, 다른 입장은 제대로 대변되지 못하거나 아니면 부당하게 불이익을 받을 가능성이 크기 때문이다. 이 맥락에서 동조주의 혹은 동화주의로 흐를 수 있는 경향이나 아니면 주입・교화의 금지라는 원칙(제1명제)에 어긋날 수 있는 위험성에 유의할 필요가 있다. 이런 점에서 보이텔스바흐 합의(특히 제1명제와 제2명제)가 포용적 민주시민교육을 위해 주는 시사점은 특히 '모호성에 대한 관용능력', 그리고 이것을 포함한 더 큰 개념인 간문화역량을 갖춘 시민을 길러야 한다는 데 놓여 있다(허영식, 2020b: 24-25).

38 장애 관련 민주시민교육의 실천을 위한 보이텔스바흐 합의의 함의는 무엇인가?

상기한 행위영역별 포용적 민주시민교육의 가능성과 한계에서 이미 언급한 바와 같이, 가능성 측면에서는 이질적인 학습집단을 위해 원칙적으로 분화된 교육프로그램을 구상하고 실행에 옮길 수 있다는 점, 정치학습보다는 사회생활학습에 중점을 두는 것이 바람직하다는 명제를 내세울 수 있다는 점, 그리고 정치적 사태와 문제를 학습자의 생활세계 및 이해관계와 연결시킬 수 있다는 점을 지적하였다. 이와는 대조적으로 한계 측면에서는 사회생활학습에 중점을 둔 민주시민교육은 불이익을 받는 사회집단을 규율하는 데 치중할 수 있다는 점, 이해관계를 대변할 수 있는 학습자의 역량강화를 소홀히 다룰 수 있는 위험성이 남아 있다는 점, 그리고 더 근본적인 수준에서 포용과 연관된 역량강화의 어려움이 발생할 수 있다는 점을 지적하였다.

보이텔스바흐 합의에 비추어볼 때, 사회생활학습에 중점을 둔 민주시민교육은 불이익을 받는 사회집단을 규율하는 데 치중할 경우, 제1명제인 주입・교화의 금지 원칙에 어긋날 수 있는 가능성이 있다. 또한 이해관계를 대변할 수 있는 학습자의 역량강화를 소홀히 다룰 수 있는 위험성이 남아 있다는 점과 관련해서는, 학습자지향 혹은 주체지향의 관점에서 학습자의 역량강화에 지향을 둔 제3명제(학습자의 이해관계 고려)에 적절하게 부응하지 못할 수도 있다는 우려가 남아 있다.

그리고 제3명제에 대한 비평적 질문을 제기하는 차원에서, 타자의 이해관계나 관심사를 전혀 고려하지 않고 자신의 이해관계를 관철시킬 수 있다는 잘못된 결론으로 나아가서는 안 된다는 점에 유의할 필요가 있다. 보이텔스바흐 합의가 외관상 안고 있는 위험성, 즉 자기계발의 가치를 지나치게 강조함으로써 불균형을 초래할 수 있다는 점에 유의해야 한다. 다시 말하면, 공익과 자기이익 사이의 가치종합 혹은 가치공생이라는 의미에서 사회 전체에 대한 공동책임도 적절하게 고려할 필요가 있다. 다시 말하면, 이미 토크빌(Tocqueville)이 강조한 바가 있으며, 오늘날 공동체주의에서 강조하고 있는 바와 같이, '잘 이해된 이해관계'(다른 사람들의 이해관계나 일반이익 혹은 공익에 기여할 수 있다면 자신에게도 유익한 이해관계) 혹은 '계몽된 자기이익'(Hoeffe)이라는 의미에서 이익개념을 분화시켜 고려할 필요가 있다.

논쟁점 반영의 원칙과 비교할 때, 제3명제와 관련해서는 문제점이나 오해가 발생할 가능성이 상대적으로 더 적은 것으로 보인다. 물론 제3명제를 보완할 필요성이 있다는 문제제기가 그동안 부분적으로 있긴 했지만, 이 명제의 핵심, 즉 학습자가 자신의 이해관계상황을 인식하고 그것을 대변하거나 옹호할 수 있는 조작적 능력(operational abilities)을 길러야 한다는 점에 대해서는 반론을 제기하기가 그렇게 쉽지 않다. 그리고 타인의 이해관계나 공익(일반이익)을 고려하면서 자기 자신의 이해관계를 대변하거나 옹호해야 한다는 측면에서 제3명제를 보완해야 한다는 제안에 대해서도 일단 이의를 제기하기 어렵다.

하지만 수업에서 실제로 학습자가 조작적인 능력을 배우고 연습할 수 있는 시간이 충분한 것인지의 여부에 관해서는 의문의 여지가 남아있다. 일상적인 수업에서 처리하고 다루어야 할 내용이 많을 경우, 조작적인 능력을 기를 수 있는 기회나 계기가 부족할 수 있다. 따라서 이 제3명제와 관련해서는 오해가 발생할 수 있다는 가능성보다는 오히려 여러 가지 이유로 수업에서 이 원칙을 소홀히 다룰지도 모른다는 위험성에 더 많이 유의할 필요가 있다. 성공적인 수업을 위해서는 이 세 번째 원칙에 대한 고려가 결정적으로 중요한 의미와 중요성을 지니고 있다(Schiele, 2016: 10-19; 허영식, 2020b: 25-27).

통일문제 관련 민주시민교육의 실천을 위한 보이텔스바흐 합의의 함의는 무엇인가?

상기한 바와 같이, 독일통일 이후 구동독역사와 관련된 주제를 다룰 경우, 보이텔스바흐 합의의 제2명제(논쟁점 반영의 원칙)에 관하여 비평적 질문을 제기한 사례에 주의를 기울였다. 이 맥락에서 한편으로 논쟁점 반영의 원칙을 유지하면서, 다른 한편으로 이 원칙의 한계를 명료화할 필요가 있다는 점을 확인할 수 있었다. 특히 전체주의에 반대한다는 의미에서 반(反)전체주의적 합의가 필요하다는 점을 확인하였다. 이러한 사례에서 출발하여, 이제는 더 일반적인 수준에서 제2명제에 관한 오해, 즉 잘못된 해석과 적용에 관해 살펴볼 필요가 있다.

수업실천을 위해 가장 큰 적실성을 갖고 있는 명제는 논쟁점 반영의 원칙이다. 이 명제 속에 대부분의 오해가 숨겨져 있는 것으로 보인다. 이 명제는 수업에서 논쟁점을 다루어야 한다는 전제에서 출발하기 때문에, 사회과나 도덕과는 '쓸데없는 말을 지껄이는 교과'나 아니면 '쉬지 않고 입을 놀리는 교과'라고 부정적으로 평가받을 수 있으며, 교과에 대한 이러한 편견이 정당하다는 인상을 줄 수 있다. 예를 들면, 어떤 학습자가 자신의 주관적인 견해를 흥미롭게 연출하고, 그것에 관해 약간 서로 언쟁을 벌인 다음, 다른 문제제기도 이와 동일한 방식으로 다룰 수 있다. 하지만 수업에서 여러 가지 서로 다른 견해가 단순히 추가되거나 난무한다면, 학습의 진전을 기대하기 어렵다. 그럴 경우 수업은 기껏해야 고양된 분위기에서 이루어지는 일종의 다과 모임이 될 것이다. 이것은 보이텔스바흐 합의의 정신과는 부합하지 않는다.

논쟁점 반영의 원칙은 일차적으로 교조적인 수업으로 흐르지 말 것을 경고하고 있다. 즉, 강단에서(ex cathedra) 권위적으로 일방적인 교의나 학설을 분명하게 알리고, 의견의 다양성이나 논쟁점에 관해서는 흥미·관심을 갖고 있지 않은 수업에 대해 반론을 제기하는 것이다. 또한 그러한 교조적인 수업과는 대조적으로 학급 구성원 모두가 지식과 관계없이 단순히 말을 지껄이거나 입을 놀릴 수 있다고 생각한다면, 이것도 바람직하지 못하다. 합의원칙에 따른 논쟁점에 있어서는 임의적인 의견이나 견해가 아니라, 핵심적이고 서로 모순되는 문제제기가 중요한 것이다. 즉, 어떤 문제를 분명하고 적절하게 밝히고, 해당하는 사물이나 사안에 관하여 비평적인 논의와 취급을 가능하게 만드는 질문을 제기하는 일이 중요한 것이다.

하지만 여기서 자꾸 생겨나는 의문은 어떤 주제에 관해서 얼마나 많은 논쟁적인 입장을 수업에서 고려해야 할 것인가이다. 일단 실제적으로 주어진 시간문제로 인하여, 임의로 많은 관점을 수업에서 다루기는 어렵거나 아니면 심지어 불가능하다. 이러한 질문과 관련해서는 실용적인 접근방안이 필요한 것으로 보인다. 시간적인 이유에서뿐만 아니라 내용적인 이유에서 바라볼 때, 각각의 입장을 하나씩 나열하고 논의하는 것은 적절하지 않다. 여기서는 오히려 단순화나 간소화를 통한 교수학적 감소의 원칙 혹은 복합성 감소의 원칙을 적용해야 할 것이다. 실용적인 관점에서 바라볼 때, 특정한 주제를 다루면서 핵심적으로 중요한 입장을 대변하거나 옹호하는 것으로 충분하다. 논쟁점을 다루면서 가능하면 사물이나 사안의 핵심을 목표로 삼아야 하고 구조적인 갈등을 찾아내도록 해야 한다. 사안의 핵심적인 요소와 구조적 갈등을 놓칠 경우, 단순히 외관상의 논쟁이나 피상적인 토론으로 흐를 수 있다는 점에 유의해야 한다. 어쨌든 논쟁적 담론·토론을 통하여 학습자는 사회정치적인 생활을 흑백논리로 간단히 이해할 수 없고, 경계가 흐릿하거나 불분명한 여러 가지 성향이나 뉘앙스가 있다는 것을 깨달을 수 있다. 다시 말하면, 그럴듯하고 멋진 이유나 근거를 대면서 자신의 의견을 확립한다는 것이 그렇게 쉽지 않다는 점을 알아야 한다. 그리고 바로 여기에 민주시민교육의 핵심적인 목표가 놓여 있다(Schiele, 2016: 15-17; 허영식, 2020b: 27-29; 정창화, 2020: 109-110).

이상의 논의를 바탕으로 하여, 이제 포용적 민주시민교육과 **보이텔스바흐 합의** 사이의 관계 혹은 연관성에 초점을 맞추어, 포용적 민주시민교육의 실천을 위한 **보이텔스바흐 합의**의 함의를 세 가지 행위영역별로 구분하여 도식화하여 제시하면 다음과 같다(허영식, 2020b: 31). 여기서 우리가 전제로 삼고 있는 가정은, 소위 정치적·이념적 진영논리에 따른 양극화 혹은 갈등을 위한 맥락과 배경에서 등장했던 **보이텔스바흐 합의**(1976) 및 여기에 포함된 세 가지 명제도, 크게 바라보면, 실용적 차원에서 포용적 접근방안을 추구하기 위한 시도라고 간주할 수 있다는 것이다. 여기서 도식화하여 제시한 내용을 이해하는 데 있어서 이러한 점을 다시 상기할 필요가 있다.

표 20 포용적 민주시민교육과 보이텔스바흐 합의

행위영역	포용적 민주시민교육의 실천을 위한 보이텔스바흐 합의의 함의
간문화	– 다양성과 통일성, 다양성과 시민성 사이의 긴장관계 속에서 시민성이나 통일성이 지나치게 일방적으로 적용될 경우, 자유롭고 개방적인 사회의 기본 원칙에 어긋날 수 있다는 위험성을 지적할 수 있음 – 국가의 지시에 따라 사회에서 대변되는 하나의 입장만을 구속력 있는 것으로 선언하거나 간주하는 것은 바람직하지 못함 – 이 맥락에서 동조주의 혹은 동화주의로 흐를 수 있는 경향이나 아니면 주입·교화의 금지라는 원칙(제1명제)에 어긋날 수 있는 위험성에 유의할 필요가 있음 – **보이텔스바흐 합의**(특히 제1명제와 제2명제)가 포용적 민주시민교육을 위해 주는 시사점은 모호성에 대한 관용능력 혹은 간문화역량을 갖춘 시민을 길러야 한다는 데 놓여 있음
장애	– **보이텔스바흐 합의**에 비추어볼 때, 사회생활학습에 중점을 둔 민주시민교육은 불이익을 받는 사회집단을 규율하는 데 치중할 경우, 제1명제인 주입·교화의 금지 원칙에 어긋날 수 있음 – 이해관계를 대변할 수 있는 학습자의 역량강화를 소홀히 다룰 수 있는 위험성이 남아 있다는 점과 관련해서는, 학습자지향 혹은 주체지향의 관점에서 학습자의 역량강화에 지향을 둔 제3명제(학습자의 이해관계 고려)에 적절하게 부응하지 못할 수도 있음 – 제3명제에 대한 비평적 질문을 제기하는 차원에서, 타자의 이해관계나 관심사를 전혀 고려하지 않고 자신의 이해관계를 관철시킬 수 있다는 잘못

	된 결론으로 나아가서는 안 된다는 점에 유의할 필요가 있음 – 제3명제와 관련해서는 오해가 발생할 수 있다는 가능성보다는 오히려 여러 가지 이유로 수업에서 이 원칙을 소홀히 다룰지도 모른다는 위험성에 더 많이 유의할 필요가 있음
통일 문제	– 독일통일 이후 구동독역사와 관련된 주제를 다룰 경우, 보이텔스바흐 합의의 제2명제(논쟁점 반영의 원칙)에 관하여 비평적 질문을 제기한 사례가 있음 – 이 맥락에서 한편으로 논쟁점 반영의 원칙을 유지하면서, 다른 한편으로 이 원칙의 한계를 명료화할 필요가 있다는 점을 확인할 수 있음 – 특히 전체주의에 반대한다는 의미에서 반(反)전체주의적 합의가 필요하다는 점을 확인할 수 있음 – 수업실천을 위해 가장 큰 적실성을 갖고 있는 명제는 논쟁점 반영의 원칙이며, 이 명제 속에 대부분의 오해가 숨겨져 있는 것으로 보임 – 논쟁적 담론·토론을 통하여 학습자는 사회정치적인 생활을 흑백논리로 간단히 이해할 수 없고, 경계가 흐릿하거나 불분명한 여러 가지 성향이나 뉘앙스가 있다는 것을 깨달을 수 있음 – 학습자는 그럴듯하고 멋진 이유나 근거를 대면서 자신의 의견을 확립한다는 것이 그렇게 쉽지 않다는 점을 알아야 하고, 바로 여기에 민주시민교육의 핵심적인 목표가 놓여 있음

40 민주시민교육의 최소합의에 비추어볼 때, 교사의 역할에 관한 오해와 유의사항은 무엇인가?

의견의 차이와 다양성을 고려할 때 교사의 역할을 어떻게 파악하고 설정해야 할 것인가의 질문은 늘 제기되기 마련이다. 사회자의 역할에 남아 있어야 하는가 아니면 의식적으로 어떤 입장을 취하거나 그 입장을 옹호한다는 것을 분명히 밝혀야 하는가? 이 질문과 관련해서는 어떤 이상적인 해결책을 찾기 어렵다. 어떤 경우에 옳거나 적합한 것이 얼마든지 다른 경우에는 틀리거나 부적합한 것으로 나타날 수 있다. 하지만 교사가 일차적으로 자신의 사회정치적 견해가 중요하거나 정당하다는 것을 일방적으로 부각시키면서, 학습자들이 이 의견에 동조하면서 따를 것이라고 기대한다면, 여기서 문제가 되고 있는 최소합의의 정신에 어긋난다는 점에 대해서는 논란의 여지가 없는 것처럼 보인다.

오히려 교사는 핵심적인 논쟁점을 수업에서 적절하게 드러내는 일에 유의하지 않으면 안 된다. 중요한 입장을 수업에서 아무도 옹호하거나 거론하지 않을 경우, 교사는 이 입장을 끌어들이고, 학습자들이 분명하게 파악하거나 이해할 수 있도록 설명해주어야 한다. 자명한 이야기이지만, 자신의 개인적인 입장과는 관계없이 이러한 일을 수행해야 한다. 그리고 어떤 논증의 유형(패턴)이 수업에서 별로 드러나지 않을 경우, 교사가 그러한 논증유형을 보강해주어야 한다. 학습자들이 너무 성급하게 합의에 도달하려고 시도할 경우에 교사는 다른 정당한 의견이 있다는 점을 지적해주거나 아니면 이의제기가 있다는 점을 상기시켜 주어야 한다(허영식, 2020b: 29).

이러한 과정과 절차를 거치면서 교사는 주로 교육자의 역할을 수행하게 된다. 물론 이 교육자의 역할이 일차적으로 중요하고 또한 핵심적인 것이다. 하지만 교사도 역시 시민의 한 사람이다. 이러한 사항과 관련하여, 교사는 자신이 갖고 있는 시민으로서의 역할을 늘 숨길 필요는 없다. 때로는 학습자들이 교사의 개인적인 의견에 대해 상당히 강한 흥미나 관심을 보일 수 있다. 이때 자신의 견해를 완강하게 숨길 이유는 없는 것처럼 보인다. 하지만 자신의 견해를 주장하거나 옹호할 경우에는 가능하면 적절하게 절제하거나 삼가는 태도를 보이면서 하는 것이 바람직하다. 이때 특히 학습자들이 교사의 개인적인 의견에 가중치를 부여할 것이라는 기대와 결합해서는 안 된다. 학습자들은 그러한 기대에 관하여 예민한 감정을 지니거나 그러한 반응을 보일 수 있다. 교사가 학습자들의 의견 형성에 일차적인 관심을 두고 있다는 점을 느끼거나 깨닫게 되면, 학습자들은 교사가 진행하는 수업에 대하여 특별하게 긍정적인 가치를 부여하면서 인정할 것으로 기대된다(허영식, 2020b: 29-30).

서로 다른 의견이나 비평에 대하여 가능하면 제재조치를 취하지 않아야 논쟁적 담론이나 토론이 활성화될 수 있다. 이러한 가정과 전제에서 출발할 때, 수업에서도 역시 학습자의 편에서 마침내 기다리고 있던 다른 의견이 나왔을 때, 교사가 비로소 안도의 한숨을 쉰다는 것을 학습자들이 알아차린다면, 성공적인 수업을 위해 첫걸음을 내딛는 것이라고 말할 수 있다. 교사는 한편으로 모든 불관용에 대한 불관용을, 다른 한편으로 아직도 여전히 불관용적인 사람에 대한 관용과 결합시킬 수 있도록 노력해야 한다(Schiele, 2016: 18; Hilligen, 1987: 22-23; 허영식, 2020b: 30).

41 민주시민교육은 포퓰리즘을 어떻게 다루어야 할까?

최근 유럽에서는 대중인기영합주의(포퓰리즘)에 입각한 정당이 부상하거나, 사회와 국가 그리고 시민사회가 분열하는 모습을 보여주면서, 사회통합의 관점에서 이에 대한 불안과 우려가 적지 않게 거론되고 있다. 포퓰리스트들은 특히 이슬람 · 이주 · 망명 · 난민과 관련된 주제영역에 초점을 맞추면서, 분노하거나 걱정이 많은 시민의 관심사를 대변하거나 공개적으로 드러내려고 시도한다. 이러한 맥락에서 그들은 기존의 대중매체와 정당, 유럽연합과 민주정치체제에 대한 불만이나 불신을 노골적으로 표출하고 있다. 정치가들에 대한 반감이나 적대감을 겉으로 드러내면서, 그들이 표방하는 대의를 위해 국민과 시민을 동원하려고 시도한다. 그러나 이와 같은 운동은 모두 민주정치체제의 존속과 더불어 사회통합을 위해 바람직하지 못하다는 진단과 우려가 여러 곳에서 나오고 있다.

이와 같은 문제의식과 배경을 고려할 때, 민주시민교육의 과제와 목표는 다양성사회의 통합에 기여하거나 도움을 줄 수 있는 방안을 탐색하는 데 놓여 있다. 이때 민주시민교육은 특정 집단(보기: 분노하거나 걱정이 많은 시민, 무슬림이나 난민)을 위한 특별프로그램을 기획하여, 그들이 자유민주적 기본질서에 기반을 둔 정치체제와 더 친숙해지도록 해야 한다. 그렇지만 각 표적집단(target group)을 위한 특정한 프로그램 이외에, 다른 한편으로 다양성과 이주의 맥락을 위해 더 포용적이거나 포괄적인 프로그램이 요청된다. 즉, 참여자들이 쟁점을 고려하면서 사회와 정치에 관하여 소통적 이해를 할 수 있는 조건과 기회를 마련할 필요가 있다(허영식, 2019a: 47 – 48).

42 민주시민교육은 사회의 양극화를 어떻게 다루어야 할까?

대부분의 사람들은 모든 개인이 동등한 가치를 갖고 있다는 점을 민주주의의 기반으로서 인정하고 있으며, 자유와 다양성, 세계를 향한 개방성에 동의하고 있다. 하지만 다른 한편에서는 특정집단에 대한 적대감・반감과 같은 태도를 갖고 때로는 그러한 태도를 노골적인 행동으로 표출하는 사람들이 있다. 이 맥락에서 사회의 양극화를 암시하는 지표로는 특정집단에 대한 적대감・반감, 우익극단주의, 우익포퓰리즘을 들 수 있다. 이 세 가지 경향이 여러 가지 양상과 형태로 사회의 저변에 착근되는 정도에 따라, 그만큼 더 민주정치체제를 약하게 만들거나 아니면 국론분열을 강하게 만들 것으로 예상된다. 특히 우려가 되는 점은 특정집단에 대한 차별・배척으로 인하여 폭력행사가 늘어나고 있다는 것, 민주적 정치체제에 대한 불만이나 불신이 지속되고 있다는 것이다. 이에 따라 정치체제의 정당성이 상실되거나 아니면 정치제도에 대한 믿음이 줄어드는 경향이 있다. 또한 그러한 사회적 환경(milieu)의 조건에서는 폭력행사를 당연한 일로 간주하거나 아니면 폭력행사로 연결될 수 있는 태도가 늘어날 수 있다.

편견에 사로잡힌 사람들 혹은 권위주의적인 사람들이 많은 환경에서는 상대적 박탈감이 강하게 나타날 수 있다. 즉, 우리와는 다른 사람들을 위해 정치가들이 더 많이 배려한다는 감정이 상대적으로 자신이 불이익을 받고 있다는 느낌을 수반할 수 있다. 이러한 상대적 박탈감이 사회적 갈등이나 양극화를 늘어나게 하는 요인이 될 수 있다. 우익포퓰리즘의 사고방식도 이와 비슷한 방식으로 작용한다. 그러한 사고방식은 수직적 분화와 수평적 구분으로 분석할 수 있다. 수직적 분화란 보통국민(밑에 놓여 있는 우리)과 정치가 · 엘리트 · 언론(저기 높은 곳에 있는 자들)의 차이에서 나타난다. 수평적 구분은 우리와 (특정집단 관련 적대감 · 반감의 대상이 되는) 타자의 차이를 부각시키려는 시도에서 나타난다. 그리고 타자로 해석되는 집단은 그 자체가 대체로 동질적인 것으로 간주된다. 그런데 이 동질성과 관련된 고정관념이나 편견이 사회의 양극화를 강화시킬 수 있다.

상기한 사회적 양극화의 문제를 다루기 위해서 우선 정치적 지식과 정보가 요청된다. 이를 통해 우익포퓰리즘이 주장하는 해결책을 해체시킬 수 있다. 복합적 문제에 대해 지나치게 단순한 해결방안을 제시한다는 점을 지적할 수 있다. 또한 다원주의에 저항하고 반대하는 입장이 시의적절하지 않다거나 지나치게 집단정체성을 부각시킨다는 점을 지적할 수 있다. 문제에 대한 진단과 해결책의 측면에서 우익포퓰리즘은 국민의 의사 · 의지를 자신들이 제대로 대변한다는 점을 특별히 강조한다. 그런데 국민의 본래적인 의사 · 의지와 관련하여 정서와 감정에 호소하는 경향이 강하다.

불안 · 걱정 · 우려 · 염려와 같은 정서적 요인은 최근 우익포퓰리즘이 정치적 세력으로 부상하는 데 있어서 중요한 역할을 수행하였다. 이주에 대한 우려 · 염려에서뿐만 아니라, 경제적인 문제를 둘러싼 걱정 · 불안에서도 이러한 현상을 관찰할 수 있다. 그래서 사람들의 걱정과 염려를 고려해야 한다는 요청이 제기되고 있다. 하지만 오랫동안 민주시민교육은 정서와 감정을 소홀히 다루었으며, 그 대신 교육목표와 인간에 대한 심상의 측면에서 이성과 합리성에 기대를 걸었다. 그런데 이제 민주시민교육도 우려와 불안을 어떻게 취급할 것인가의 물음에 대하여 적합한 대안을 찾아야 한다는 도전에 봉착해 있다. 이 맥락에서 불안을 세 가지 유형으로 분석하여 민주시민교육에 대한 함의를 다음과 같이 제시할 수 있다.

표 21 불안의 유형과 민주시민교육에 대한 함의

(1) 비합리적인 불안	페기다(Pegida: 서구의 이슬람화에 반대하는 애국적 유럽인) 운동에서 주장하는 '서구의 이슬람화' 또는 '자라친(Sarrazin)효과'와 관련된 논란에서 거론된 '독일의 몰락'이라는 음모론 수준의 신화는 비합리적인 불안에 해당한다. 그런데 이와 같은 비합리적인 불안에 관한 비평적 관점에서는 우선적으로 사실적인 수준에서 실제로 발생한 사건이나 일에 근거를 두어야 하고, 또한 현실적인 감각을 갖고 인식과 판단을 해야 할 것이다.
(2) 사회변동과 글로벌 수준의 변화에 대한 불안	세계화・디지털화와 같은 글로벌 수준의 사회변화에 대한 불안을 다루는 데 있어서 민주시민교육은 일단 학습자들이 이러한 변동과정을 이해하도록 도움을 주어야 한다. 하지만 이와 더불어 성숙성(자율과 책임)을 갖춘 시민의 행위능력을 갖추도록 도와주어야 한다. 예를 들면, 글로벌 환경표준이나 사회복지표준을 도입할 것을 정치가들에게 요구함으로써 변동과정을 공동으로 구성할 수 있도록 해야 한다. 국가와 민족의 이해관계를 최우선적인 가치와 목표로 표방하는 국민주의나 민족주의의 추세를 고려할 때, 적어도 민주시민교육을 세계시민교육의 의미로 이해한다면, 국민국가의 틀을 넘어선 지평의 확대가 더욱 요청된다. 거시적 관점에서 바라볼 때, 세계화・디지털화와 같은 사회변동과정은 거스르기 힘든 대세임에도 불구하고, 일부 권위주의적인 정치세력은 그러한 과정을 중단하거나 아니면 심지어 거꾸로 되돌릴 수 있다고 암시하고 있다.
(3) 일상생활 수준에서의 현실적・실제적 불안	실업, 사회적 하강, 무주택과 관련된 일상생활 수준에서의 현실적・실제적 불안에 대처하기 위해서도 역시 행위능력과 참여능력의 함양과 신장이 요청되며, 이때 특히 사회복지사업이나 생활보조조치의 도움을 빌어 부분적으로 대처할 수 있을 것이다. 그런데 예를 들면 난민이나 이주자에게 책임이나 잘못이 있다는 방식으로 성급하게 일반화하려는 경향을 여러 곳에서 관찰할 수 있다. 하지만 비합리적인 책임전가를 통하여 혹은 성급한 일반화를 통하여 그러한 현실적・실제적 불안을 간단하게 해소할 수 없다는 점을 민주시민교육은 명료화해야 한다.

하지만 상기한 불안・걱정・염려뿐만 아니라, 흥미와 관심, 즐거움과 기쁨, 반가운 일과 놀라움도 민주시민교육에서 핵심적인 준거로 작용할

수 있다는 점에 유의해야 한다. 왜냐하면 정서와 감정은 동기를 부여하는 기능을 갖고 있으며, 어떤 일정한 상태를 보여주는 경고신호나 지표가 될 수 있고, 타자와 접촉하고 교류하는 데 있어서 소통수단으로서의 기능을 수행할 수 있기 때문이다. 정서와 감정은 학습자 혹은 참여자를 염두에 두고 있다는 의미에서, 민주시민교육에 일단 그들이 접근하도록 해주며, 사회·정치현상에 관하여 그들이 비평적인 취급과 논의를 할 수 있는 가능성을 제공하거나 연결고리로 작용할 수 있다(허영식, 2019a: 49-52).

43 민주시민교육은 편견·차별의 문제를 어떻게 다루어야 할까?

유럽에서는 특히 난민과 무슬림(이슬람신도) 집단 관련 반감·혐오·증오가 흔히 사회적·문화적 문제점으로 거론되고 있다. 하지만 차이·다양성을 특징으로 하는 사회에서 그러한 태도는, 특정한 집단에 대한 반감·혐오·증오를 수반하고, 동질적인 사회적 심상에 들어맞지 않는다고 간주되는 모든 타자를 배제할 경우, 바람직하지 못하거나 위험한 것으로 보인다. 특히 피난·이주·이슬람의 맥락에서 이주에 관한 토론과 이슬람에 관한 토론이 분화되지 않은 상태에서 서로 겹치는 경향이 상당히 강하며, 이주배경을 가진 사람과 이슬람교를 믿는 사람을 동일시하는 경향이 있다.

이러한 경향을 보여주는 사회적 환경(milieu)에서는 사회·정치적 문제가, 주로 문화적 관점에서 논의되고 고려된다는 의미에서, 문화화되기 쉽다. 또한 높은 범죄율을 보여주고 있으며, 교육과는 거리가 멀며, 사회적으로 고립된 상태에서 살고 있으며, 심지어는 민주주의와 거리가 상당히 멀며, 과격한 행동을 보여주려는 경향이 강하다는 식으로 특정 집단에게 책임전가를 하려는 시도를 관찰할 수 있다. 이런 상황에서 난민·이주민·무슬림에 속하는 당사자들(아동·청소년·성인)은 민주시민교육에 참여하는 데 어려움을 느낄 것이며, 더 일반적으로 말해서 사회적·정치적 참여를 하는 데 있어서 그만큼 더 어려움을 겪을 것이다.

타자에 대한 부정적인 태도의 증가는 정신적으로 사회를 분열시킬 뿐만 아니라, 점점 더 노골적인 인종차별주의적 폭력행사, 난민숙소에 대한 공격, 디지털공간에서의 증오표현으로 나아가는 경향이 있다. 그리고 우익포퓰리즘이 강하게 작용하는 곳이나 사회적 환경에서는 그러한 태도의 증가가 점점 더 많이 정당한 것으로 간주되고 있다. 이러한 경향이 지속된다면 편견이 단순한 이데올로기에서 이제는 점점 더 사회규범으로 변모하고, 어느 집단의 공유된 현실로 변모할 우려가 있다. 간단히 말해서, 편견의 규범화 현상이 발생할 위험성이 있다.

특정한 집단을 증오하는 사람은 자세한 설명이나 해명을 아예 들으려 하지 않거나 다른 시각·관점·입장에 대해 마음을 열지 않으려는 경향이 있다. 마음을 닫은 상태에서 그는 다른 것의 타당성과 정당성을 인정하지 않으려고 하며, 자신의 증오를 발산하는 데서 만족을 찾으려고 한다. 이와는 대조적으로 난민, 무슬림, 그리고 다른 집단과 접촉·교류를 하는 사람은 부정적인 비교를 하지 않는 경우가 훨씬 더 많으며, 편견·차별을 조장하는 이데올로기에 덜 취약한 것으로 보인다. 이를 역으로 표현하면, 사람들이 이주로 인한 차이·다양성을 체험하지 않는 곳에서 편견이 발생할 가능성이 더 많은 것으로 보인다.

다양성은 사회적 양극화나 분열을 야기하는 것이 아니라 오히려 사회적 단합과 결속을 위해 긍정적인 효과를 보여줄 수도 있다. 이주배경을 갖고 있는 사람들이 많이 사는 곳에서 다양성의 인정과 사회적 결속에 대한 기대가 더 클 수도 있다. 물론 가치관이나 이해관계의 갈등이 발생할 경우에는 협상과 타협을 통해 해소하지 않으면 안 된다. 한편으로 차이·다양성을 특징으로 하는 집단에서 발생한 구체적인 갈등을 찾아내고, 다른 한편으로 이 갈등에 관하여 충분히 토의하고 협상과 타협을 하는 데 있어서 민주시민교육은 필요한 기회와 장소를 제공할 수 있다. 차이·다양성으로 인한 갈등을 고려할 때 특별히 논쟁문화가 요청된다. 이때 갈등노선이 가능하면 종교·문화·성별·이주와 같은 차이의 범주에 따라 진행되거나 악화되지 않도록 유의해야 한다. 그 대신 오히려 가치와 관련된 사회적 환경들(milieus)이 민족·국가적 사회를 가로질러 말하자면 초국가적 수준에서 혹은 글로벌 수준에서 퍼져 있거나 전개되고 있다는 점을 명료화할 필요가 있다.

특히 민주시민교육과 종교의 관계에 초점을 맞출 경우 가치, 종교,

사회, 참여, 정체성, 차별, 이주, 난민, 국제적 갈등·분쟁 등이 민주시민교육에서 다루어야 할 주제가 된다. 이러한 주제를 둘러싼 답변과 해석에 대하여 많은 젊은이들이 강한 필요와 욕구를 갖고 있다. 이때 음악, 스포츠, 예술, 문화, 소셜 미디어를 통하여 생활세계와의 연결고리를 찾을 수 있다. 예를 들면, 난민을 대상으로 한 민주시민교육에서 언어장벽이 있을 경우 이러한 도구와 수단을 더 많이 활용할 필요가 있다. 어쨌든 여기서 중심에 놓여 있는 질문은 공동생활을 어떻게 하고 사회를 어떻게 구성할 것인가이다(허영식, 2019a: 52-55).

민주시민교육은 문화적 본질주의의 문제를 어떻게 다루어야 할까?

동질적인 사회를 향한 동경은 글로벌 수준에서 벌어지고 있는 두 가지 문화적 지향의 충돌·모순 속에 내재하고 있는 일부분이라고 해석할 수 있다. 그 충돌과 모순은 상기한 사회적 양극화와 유사한 방식으로 진행되고 있다. 두 가지 문화적 지향 중 하나는 개인화, 자기계발(자기발전), 세계시민주의화에 기반을 두고 있으며, 생활형식, 성별에 따른 사회적 역할과 규범의 개방화와 분화를 수반하고 있다.

다른 하나의 지향은 사회와 생활형식의 문화적 폐쇄 혹은 동질적인 집단정체성에 입각한 폐쇄를 특징으로 하고 있다. 여러 문화의 위계질서를 확립하려는 시도와 결합된 민족주의와 우익포퓰리즘, 그리고 종교적 근본주의를 이러한 문화적 본질주의의 경향에 포함시킬 수 있다. 이 점을 고려할 때, 최근 우익포퓰리즘이 내세우는 정책과 조치가 인기를 얻고 있는 현상을 설명하는 데 있어서 그러한 정책과 조치가 특히 경제발전의 과정에서 패배한 자들의 마음을 사고 있다는 것으로는 충분하지 못하다. 다문화주의와 세계시민주의에 저항하거나 반대하면서, 문화적 동질성에 입각한 사회적 구상이나 세계관을 내세우는 입장도 역시 경제적 요인과 마찬가지로 인기를 얻고 있다는 점에 유의할 필요가 있다.

다원적 민주사회에서는 기본적 인권 그 자체가 가치합의를 보장하는 것이 아니다. 그것은 결코 선험적으로 어떤 올바른 해결책을 마련해 주고 있지 않으며, 민주적인 협상과정, 그리고 종종 갈등을 수반한 협상과정을 통하여 비로소 경험적으로 구체화된다. 따라서 민주시민교육 프로그램은 그러한 민주적 협상과정에 참여하기 위한 역량을 함양할 수 있도록 필요한 기회와 장소를 제공해 주어야 한다. 그렇게 함으로써 시민이 여러 가지 갈등, 가치관의 다원성, 생활형식의 다양성을 적절하게 다룰 수 있도록 해야 한다.

이것은 예를 들면 사회통합강좌의 경우에도 적용되는 이야기이다. 제도연구 그 자체만으로는 민주주의를 경험하도록 하는 데 있어서 상당히 부족한 것으로 보인다. 따라서 시민이 스스로 정치적 판단을 내리고 참여할 수 있는 가능성과 한계에 더 많은 주의를 기울일 필요가 있다. 많은 사람들에게는 피난과 이주가 결국 기본권과 인권을 누리고자 하는 간절한 바람의 표출이라는 점을 상기할 필요가 있다. 이를 뒤집어 표현하자면, 난민에 대해 일부 사람들이 갖고 있는 편견, 즉 민주주의와는 거리가 멀다거나 아니면 민주적 기본가치를 거부한다고 하는 편견은 경험적으로 입증하기 어렵다는 것이다(허영식, 2019a: 55-56).

45 민주시민교육과 논쟁점 반영의 원칙은 어떤 관계에 놓여 있을까?

다문화사회를 포함해서 다원적인 현대사회는 문화적·종교적·세계관적 관점의 차이와 다양성이 증가하는 모습을 보여주고 있다. 현대사회가 봉착하고 있는 가장 큰 도전 중의 하나는 이와 같은 차이와 다양성 또는 다원성을 어떻게 적절하게 다룰 것인가의 질문과 관련되어 있다. 이러한 문제의식에서 출발하여, 이 부분의 주된 목적은 차이·다양성·다원성의 증가에 대처하기 위한 민주시민교육의 과제를 살펴보는 데 놓여 있다. 그중에서도 특히 보이텔스바흐 합의 중 두 번째 원칙인 논쟁점 반영의 원칙에 대한 비평적 논의에 중점을 두고자 하며, 이때 민주주의를 위해 갈등이 지닌 적실성을 강조하는 이론적 접근방안을 배경으로 삼고자 한다.

다원주의적 사회가 안고 있는 정치적 도전 중 본질적인 부분은 다양성·다원성이 단순히 잡다(雜多)하다는 것, 즉 서로 다른 관점·시각이 조화롭게 병존하는 것을 의미하지 않고, 이의(異議)와 논쟁을 의미하는 데에서 연유한다. 여러 가지 서로 다른 생활방식과 세계관은 단순히 병렬적으로 존재하지 않으며, 대개 서로 갈등관계에 놓이게 된다. 이러한 갈등관계는 의회·국회와 같은 공식적인 정치적 무대에서뿐만 아니라 사회의 여러 곳에서 등장할 수 있다. 시민이 서로 다른 가치를 갖고 있거나 아니면 가치를 서로 다르게 해석하기 때문에, 논쟁의 대상이 되는 주제는 상당히 다양하게 나타날 수 있다. 예를 들면, 종교의 자유가 어디까지 영향을 미칠 수 있으며, 국가가 중립적이어야 한다는 것은 무엇을 뜻하는가? 공공장소에서의 종교적 상징, 부르카와 히잡의 착용, 법원과 학급에서의 십자가 걸기를 둘러싼 토론을 바라보면, 자유민주주의에서 기본적인 합의사항으로 간주되고 있는 원칙도 역시 얼마나 논쟁의 대상이 될 수 있는지를 극명하게 보여준다. 최근 국론분열과 사회의 양극화를 수반한 난민정책과 이주정책에서도 이러한 현상이 나타나고 있다.

보이텔스바흐 합의 중 두 번째 원칙인 논쟁점 반영의 원칙(학문과 정치에서 논쟁적인 사항을 수업에서도 논쟁적으로 다루어야 함)은 물론 민주시민교육이 상기한 도전을 이미 오래전부터 적절하게 고려한다는 것을 보여주고 있다. 이 두 번째 원칙의 기본적인 지향(志向)이 올바른 방향을 가리키고 있다는 데에는 일단 의심의 여지가 없는 것처럼 보인다. 즉, 민주시민교육은 사회적 생활현실의 다원성·다양성을 반영해야 하며, 학습자가 서로 다른 관점에 접근하거나 서로 다른 관점을 경험할 수 있도록 도와주어야 한다. 하지만 논쟁성의 원칙을 더 구체화할 필요가 있다. 한편으로는 단지 기존의 다원성·다양성을 반영하는 데 국한하는 것이 아니라, 정치적 가시성과 효과성 측면에서 다원성·다양성의 한계를 문제시하는 일이 요청된다. 이때 필요한 것이 비판역량이며, 이 비판적 역량은 도대체 어떤 집단과 관점이 사회적으로 인정된 다원성·다양성에서 배제되어 있는가에 대해 질문을 제기한다. 다른 한편으로 민주시민교육은 서로 다른 관점에 대한 접근을 가능하게 만들 뿐만 아니라, 다원주의적인 갈등역량을 갖출 수 있도록 안내해 주어야 한다. 즉, 갈등을 다룰 수 있는 능력을 갖추도록 연습을 해야 한다. 여기서는 합의의 산출을 통해 의견의 차이·다양성을 제한하는 데 주된 관심을 두기보다는 오히려 갈등이 수반할 수 있는 적대감을 논쟁·토론으로 변화 혹은 승화시키거나 아니면 타협의 가능성을 모색하는 일이 더 중요하다(허영식, 2019a: 56-58).

46 민주시민교육에서 비판역량을 통한 논쟁점 반영의 원칙 재현은 어떻게 가능한가?

민주시민교육이 만약 이의(異議)·이론(異論) 혹은 논쟁점을 무시하거나 아니면 소홀히 다루고, 사실적인 또는 가상적인 이성적 합의에만 의존할 경우, 주도권이나 패권의 확보를 위한 도구에 불과하다는 비판을 받을 수 있다. 보이텔스바흐 합의는 논쟁점 반영의 원칙을 통하여 이의와 논쟁점을 반영해야 한다는 것을 촉구한다는 점에서 민주시민교육이 나아가야 할 기본적인 지향점을 제시하고 있다. 하지만 이 원칙은 상당히 추상적인 수준에서 정식화되었기 때문에, 쟁점이나 사안에 따라 도대체 어느 정도의 논쟁점과 이의가 여기서 중요한 것인지의 질문과 관련하여 보다 더 구체적인 해석과 설명이 필요한 것으로 보인다.

합의를 전달한다는 것은 어떤 하나의 입장이 옳다거나 이성적이라는 것만을 뜻하지 않으며, 일정한 한계 내에서 일련의 입장들을 이성적이라고 간주한다는 것을 의미한다. 즉, 어떤 합의의 한계 내에서 논쟁점을 반영해야 한다는 것을 함축하고 있다. 오늘날 민주시민교육에서 설정하고 있는 중요한 가정은 기본합의가 존재한다는 것, 즉 사회적인 기본가치에 대해 일반적으로 받아들여진 합의가 존재한다는 것이다. 그리고 이러한 합의에 기초하여 비로소 정당한 논쟁점을 다룰 수 있다는 것이다. 물론 기본합의에 관한 아이디어 그 자체에 대해서는 비난할 만한 것이 없다. 자유민주사회에서 자유·평등과 같은 정치적 기본가치는 사실상 근본적으로 중요한 것이며, 이러한 가치를 중요하지 않다고 간주하는 다원주의적 민주주의는 생각하기 어려운 일이다.

하지만 이러한 기본가치를 일정한 방식으로 해석하고 정치적·사회적 규칙을 과대평가할 경우, 정치질서가 시도하는 배제의 논리에 대해서는 비판적 시각이 필요한 것으로 보인다. 자유·평등과 같은 기본가치를 해석하는 데 있어서 언제나 다른 가능성이 있기 때문에, 어떠한 해석도 완전히 중립적이거나 보편적 수준에서 포용적이라고 단정하기 어렵다. 따라서 민주시민교육은 기존의 수립된 합의 내에 놓여 있는 논쟁점을 단순히 전달하는 데 그치지 않고, 사실적·가상적 한계의 밖에 놓여 있는 논쟁점에 대해서도 주의를 기울여야 한다.

여기서 제기되는 질문은 이러한 요청사항을 어떻게 실천에 옮길 수 있는가 하는 것이다. 배제된 논쟁점 혹은 공론장·정당·대중매체에서 아직 가시적인 대변인이나 옹호자를 찾지 못한 논쟁점을 어떻게 전달할 것인가? 이 문제를 다루기 위한 단서 혹은 열쇠는 간접적인 접근방식에서 찾아야 할 것이다. 즉, 민주시민교육을 담당하는 사람은 기존 정치질서의 갈등적인 측면 혹은 논쟁적인 측면에 관한 의식을 전달하거나 이에 대한 감수성을 제고할 수 있다. 현상(現狀)에서 배제되어 있지만 그러나 아마도 고려해야 할 구체적인 입장과 시각을 직접적으로 확인하는 대신에, 오히려 간접적인 방식을 통하여 학습자가 배제의 논리 그 자체를 인식하고 이를 비평적으로 관찰할 수 있는 능력을 갖추도록 할 수 있다. 이때 민주시민교육의 목표는 학습자가 주어진 대안 중에서 스스로 정치적 의사를 형성할 수 있도록 논쟁점을 단순히 전달하는 데 국한되지 않고, 더 근본적인 수준에서 정치적 비판역량을 습득하도록 도와주는 데 놓여 있다(허영식, 2019a: 59-60). 이러한 목표를 염두에 두면서 민주시민교육이 제기할 수 있는 핵심적인 질문으로는 다음과 같은 것을 들 수 있다(허영식, 2019a: 61-62).

표 22 비판역량의 측면에서 민주시민교육이 제기할 수 있는 핵심질문

(1) 누가 영향을 받는 당사자이지만 토론에서 배제되어 있는가?	정치적 문제에 의해 영향을 받는 당사자이지만 토론에서 효과적인 목소리를 내지 못하는 사람이 도대체 누구인가에 관해 논의하면서, 학습자는 사회적·정치적 배제에 대한 이해를 습득할 수 있다. 예를 들면, 유럽연합 수준에서 금융위기의 결과에 관하여 이루어진 토론에서 그리스인의 의견이 어떤 비중을 지니고 있는가? 가족재결합에 관한 토론에서 난민의 의견이나 입장이 청취되고 있는가? 연금제도의 장래에 관한 토론의 장에 청년세대가 포함되어 있는가? 이미 수립되어 있는 기존의 논쟁이 지닌 한계를 이해하는 데에서 출발하여, 비록 정치문제에 의해 영향을 받은 당사자이지만 그러나 주변화된 집단이 어떤 관점을 끌어들일 것인지에 대하여 토의나 논의를 할 수 있다.
(2) 어떤 다원성·다양성을 반영해야 하는가?	현대사회에서 관찰이 가능한 어떤 다원성·다양성 아니면 학습자가 주관적으로 바람직하다고 여기는 어떤 다원성·다양성에 관하여 더 많은 정치적 고려를 해야 하는가? 학습자가 주관적으로 중요하다고 간주하는 입장과 관점, 그러나 정치적 토론에서 경우에 따라 반영되지 못하는 입장과 관점을 확인하면서, 학습자는 가시적인 기존의 논쟁 바깥에 놓여 있는 논쟁점에 해당하는 보기를 찾을 수 있고, 기존의 수립된 배제에 대한 비판을 할 수 있다.
(3) 토론에서 어떤 주제가 누락되어 있는가?	논쟁점의 한계는 사회집단의 의견·입장뿐만 아니라 일정한 주제와 문제도 역시 배제시킬 수 있다. 아직 정치적 관심과 주의를 끌지 못한 중요한 정치적 문제가 있는가? 아니면 비교적 중요한 정치적 문제가 그것에 부응하는 관심과 주의를 아직 제대로 받지 못하고 있는가? 사회적 토론의제에서 중요한 정치적 질문과 문제가 배제되거나 누락된 경우나 사례를 탐색하는 과정에서 현대사회가 안고 있는 기본적으로 중요한 핵심문제, 즉 민주시민교육에서 다루어야 할 기본적인 문제 및 과제와 연결시킬 수 있다. 여기에는 예를 들면 평화·환경·불평등·미디어 등이 포함된다. 비록 이러한 문제영역에 관해서 관점의 다원성·다양성이 존재하지만, 사회와 국가가 이러한 문제를 다루는 방식이 현재와 미래에서 그러한 문제가 어떻게 기능을 수행할 것인가를 상당 부분 결정하게 된다. 따라서 그러한 핵심적인 문제를 활용하는 접근방안이 적절한 것으로 보인다. 그렇게 함으로써 비판역량을 연습한다는 의미에서 상기한 질문이나 문제를 예시적으로 다룰 수 있다. 예를 들면, 새로운 미디어와 빅데이터(big data)가 수반하는 사회적 귀결이 지배적인 정치적 행위자가 수행하는 토론에서 주제로서 충분하게 등장하거나 취급되고 있는가와 같은 질문을 제기할 수 있다.

47 민주시민교육에서 갈등역량을 통한 논쟁점 반영의 원칙 재현은 어떻게 가능한가?

민주시민교육은 비판역량의 전달에 국한해서는 안 된다. 한편으로 논쟁점을 인지하고 논쟁점에 대한 의식에 비추어보면서 정치 혹은 정책을 관찰하는 것을 배우는 일은 물론 민주시민교육에서 중요한 일부분을 차지한다. 그러나 다른 한편으로 그 논쟁점을 어떻게 다룰 것인가를 배우는 일도 역시 소홀히 할 수 없는 중요한 일부분을 차지한다. 사회적 다양화·다원화가 갈등과 얼마나 밀접하게 결합되어 있는지를 진지하게 받아들인다면, 갈등을 처리하고 해결하는 일이 현대사회에서 포기할 수 없는 도전이며 동시에 과제라는 점을 부인할 수 없다. 다양한 역할과 관계 속에서 살아가야 하는 학습자도 역시 점점 더 다원화되는 사회적 맥락에 놓여 있는 행위자이며, 점점 더 빈번하게 갈등을 처리하고 해결해야 하는 실천적 도전을 수반하는 사회적 맥락에 놓여 있는 행위자이다. 따라서 민주시민교육은 갈등에 대한 적절한 취급을 핵심적인 주제로 삼아야 한다. 갈등역량의 전달을 통하여 민주시민교육은 개개인이 다양성과 다원성을 적절하게 취급할 수 있는 능력을 체험하도록 하는 데 있어서 나름대로 중요한 기여를 할 수 있다.

이때 갈등 속에 놓여 있는 당사자나 집단이 갖고 있는 서로 다른 의견·입장을 일치·합치시킨다는 의미에서 언제나 합의에 도달하려는 시도에 국한시킬 필요는 없다. 오히려 갈등의 폭발력을 완화시킨다는 의미에서 갈등관리 혹은 갈등 길들이기를 정치의 핵심적인 과제로 간주할 필요가 있다. 이러한 측면에서 바라볼 때, 민주정치와 민주시민교육의 주요목표는 냉혹하거나 노골적이거나 아니면 격렬한 적대관계를 투쟁과 경쟁 혹은 논쟁과 토론의 장으로 옮기는 데 놓여 있다. 간단히 말해서,

투쟁과 경쟁 혹은 논쟁과 토론은 노골적인 적대관계를 누그러뜨린 형태 혹은 방식이다.

한편으로는 비록 관련된 행위자들이 서로를 적수 혹은 상대방으로 인지하는 갈등관계 속에 놓여 있지만, 그들은 상대방·적수가 그들 자신의 입장을 옹호하거나 대변할 수 있는 권리·권한을 부인하지 않는다. 적대관계를 논쟁·토론의 장으로 변화시키는 데 있어서는 각 갈등 당사자가 자신의 입장을 포기하지 않으면서 다른 입장에 대한 이해를 습득할 수 있는 과정이 필요하다. 폭력·완력에서 벗어난 정치적 권력 투쟁이 이루어지기 위해서는 그러한 과정이 필요하다. 갈등당사자는 한편으로 상대방 혹은 적수가 정치적 목표를 추구하거나 정치적 프로젝트를 위해 투쟁하는 것을 막지 않지만, 다른 한편으로 자기 자신의 프로젝트를 관철시키려고 시도한다.

갈등을 처리하고 해결하는 또 다른 가능성으로는 타협을 들 수 있다. 타협의 방식은 의견의 차이를 보다 더 안정된 상태로 받아들이려는 시도를 나타낸다. 타협 형성은 한편으로 도달하기 힘들거나 아니면 기대하기 힘든 합의의 목표를 추구하지 않으면서, 다른 한편으로 갈등을 보다 더 협력적인 차원에서 처리하고 해결하려는 가능성을 제공한다. 타협은 갈등당사자가 상호 양보를 하면서 이루어지는 의견의 일치 혹은 조정·화해이다. 물론 타협은 정치적 프로젝트 사이의 차이를 흐릿하게 만들고 입장·관점의 다양성을 제한할 수 있다는 점에서 비판의 대상이 될 수 있다. 하지만 상황에 따라 갈등당사자가 타협을 통해 서로 협력을 추구하는 방안이 정치적으로 더 현명한 경우가 적지 않다. 예를 들면, 정치적 의사결정이 사회적으로 폭넓은 인정을 받고, 갈등당사자가 다른 입장·관점의 일방적인 관철을 받아들일 자세를 취하지 않을 경우, 타협은 정치적 통합과 평화를 달성하는 데 있어서 효과적으로 기여할 수 있다.

민주시민교육은 갈등역량의 전달에 있어서 상기한 갈등처리·해소방식의 다양성을 생산적으로 활용할 필요가 있다. 학습자는 갈등을 처리하고 해소하는 데 있어서 서로 다른 방안이 있다는 것을 경험해야 한다. 여기에는 물론 어떻게 주장을 하고 타자를 설득시킬 것인가를 배우는 일도 포함된다. 그러나 다른 편을 설득시키려고 시도하지 않으면서도 관용과 협력을 가능하게 만드는 행위의 가능성을 전달하는 일도 이와 유사한 비중을 차지해야 한다. 예를 들면, 기후변화와 같은 일정한 사회정치적 문제를 다루면서, 이 문제에 대한 올바른 혹은 정의로운 해답의 측면에서 사회집단 사이에 존재하는 갈등적인 관계 · 상태 · 상황을 조사 · 확인할 수 있다.

이러한 과정을 거치면서, 합의를 수립하는 데 있어서 극복해야 할 장애물이 무엇인지 구체적으로 토의 · 논의할 수 있다. 또한 갈등을 민주적인 권력투쟁을 통해서 아니면 타협을 통해서 해결하는 방안이 실제로 어떻게 구현되는지를 구체적으로 토의 · 논의할 수 있다. 그리고 이러한 갈등처리 · 해소과정은 도대체 누가 정치적 공론장에 참여하고 있는지 아니면 누가 당연히 참여해야 하는지의 질문과 불가분의 관계에 놓여 있다. 따라서 민주시민교육은 비판역량과 갈등역량이 매우 밀접하게 연결되어 있다는 점에도 주의를 기울여야 할 것이다(허영식, 2019a: 62-65).

다양성사회의 통합을 위한 **민주시민교육** 사례가 있는가?

상기한 다양성사회의 갈등과 민주시민교육, 그리고 민주시민교육과 논쟁점 반영의 원칙에서 다룬 내용을 고려하면서, 이 부분에서는 갈등 해소를 위한 민주시민교육의 한 가지 사례를 소개하고자 한다. 여기서는 독일 드레스덴(Dresden)시 소재 작센(Sachsen)주정치교육원(SLpB: Saechsische Landeszentrale fuer politische Bildung)에서 기획하고 실시한 지역수준 대화공동체 사업에 초점을 맞추어 기술하고자 한다. 드레스덴시는 최근 소위 페기다 운동으로 인하여 그동안 미디어에서 적지 않게 거론된 바 있다. 이슬람을 둘러싼 사회정치적 갈등을 2014년 가을부터 표출시킨 페기다 운동과 더불어 그 이전의 갈등사례(1945년 2월 13일 발생했던 연합군의 드레스덴 폭격에 대한 기념을 둘러싼 드레스덴 주민의 정치화와 양극화)를 배경으로 하여, 대화를 통해 지역사회의 갈등 문제를 해결하기 위하여 작센주정치교육원은 이른바 '대화공동체 사업(KID: Kommune im Dialog)'을 추진하기에 이르렀다. 이 대화공동체 사업의 개요를 간단히 소개하면 다음과 같다.

표 23 대화공동체 사업의 개요

(1) 대화공동체 사업은 무엇인가?	– 지방 · 지역 수준의 논쟁 · 참여문화의 진흥 · 촉진 – 행위자들 간의 경험교환
(2) 대화공동체 사업은 무엇을 제공하는가?	– 서로 다른 집단을 아우르는 사회 · 진행 – 상담, 전략개발, 소통, 참여 가능성 – 동반자, 프로그램, 역량강화조치의 중개 · 전달
(3) 대화공동체 사업은 어떻게 일하는가?	– 자유의지에 기반 – 개방적 소통에 기반 – 다중관점 고려 – 신뢰관계에 기초 – 초당파적 – 현장에서

작센주의회는 정치적 의사형성과 의사결정의 과정을 뒷받침하기 위한 이 사업구상을 승인하였으며, 주정치교육원은 2013～2014년과 2015～2016년에 걸쳐 추가적인 지원을 받을 수 있게 되었다. 이에 따라 프로젝트팀이 구성되었으며, 이들의 활동은 주정치교육원의 다른 교육프로그램을 유의미하게 보완하고 상당한 상승효과를 이끌어내는 데 기여한 것으로 보인다. 대화공동체 사업의 각종행사는 모두 수요에 입각하여 이루어졌다. 시장 · 주의회 · 협회 · 시민단체 등이 주정치교육원에 관심사를 표명하였다. 이때 특히 망명신청자를 위한 숙소의 설치 · 운영과 관련된 주민의 저항이 표명된 관심사의 대부분을 차지하였다. 프로젝트팀의 구성원들은 지방의 책임자들과 협의하여 주민회의, 위원회회의, 강연회와 같은 행사를 조직하였다. 2015년 한 해 동안 팀의 구성원들이 약 50개의 작센주 지방기초자치단체를 방문하여 회의 · 집회를 진행하였다. 회의 · 집회에는 대략 9,000명에 달하는 주민이 참여했으며, 진행자들은 거의 대부분의 경우 건설적인 대화상황을 마련할 수 있었다. 팀의 활동은 사회를 보거나 행사를 진행하는 데 국한되지 않았으며, 덧붙여서 중요한 정보, 바람직한 토론문화, 민주시민교육의 내용을 전달할 수 있었다(허영식, 2019a: 65-67).

대화공동체 사업은 실천을 통한 정치학습의 장을 마련했다고 간주할 수 있다. 하지만 드레스덴시에서의 활동은 상당히 어려운 것으로 보인다. 왜냐하면 여기서는 객관적이고 현실적인 문제를 이데올로기로 변모시키거나 권력정치의 맥락에서 파악하려는 성향이 지배적이기 때문이다. 또한 작센주 수도이면서 바로크식 문화유적이 많은 드레스덴시는 많은 사람들에게 상징적인 현장(現場)으로 간주되고 있으며, 각종 시위참가자들이 큰 무대로 활용할 수 있는 배경을 제공하고 있다. 상기한 대화공동체 사업과 관련하여 작센주정치교육원장이 진단하고 분석한 결과는 다음과 같이 다섯 가지 사항으로 제시할 수 있다.

표 24 대화공동체 사업에 대한 진단·분석결과

(1)	자유민주적 기본질서, 헌법(기본법), 국가기관과 제도의 구조와 기능, 대의민주주의에 대한 기본적인 이해가 일부 주민에게서 아직 부족하거나 아니면 충분하지 않은 것으로 보인다.
(2)	페기다 운동과 같은 현상은 사회적 분열 혹은 갈등이 겉으로 표출된 것이며, 또한 사회적 환경(milieu)의 분화가 수반한 결과라고 해석할 수 있다.
(3)	개방적이고 공개적이며 공정한 논의, 상호이해의 탐색, 그리고 타협을 추구하는 정치적 논쟁문화·대화문화·갈등(해소)문화가 아직 부족한 것으로 보인다. 반대파는 종종 공격의 대상으로 인지되거나 간주되는 경향이 상당히 강하다.
(4)	일부 주민에게서 관찰할 수 있는 사항이지만, 이슬람혐오증과 외국인혐오증이 상당히 강한 것으로 나타나고 있다. 이러한 혐오감이나 반감이 점점 더 노골적이고 과격한 행동으로 표출될 경우 우려할 만한 일이 될 것으로 보인다.
(5)	이미 벌어진 문제나 사안에 대하여 개방적인 대화를 하는 일보다 더 나은 다른 합리적인 대안은 없는 것으로 보인다. 또한 그러한 대화는 가능하면 여러 수준이나 차원에서 진행하는 것이 바람직하다.

문제제기를 위해 페기다 시위에 참여하는 것 이외에는 다른 방도를 찾을 수 없는 주민들을 고려할 때, 대화를 통하여 저항과 시위운동에서 극단화·과격화를 막을 수 있을지의 여부에 관해서는 물론 확실하게 대답하기는 어렵다. 하지만 자유민주사회의 장점은 갈등사례에서 더 두드러지게 나타난다는 점을 상기할 필요가 있다. 갈등사례를 일단 인식하고 받아들인 다음, 이성적이고 합리적인 논쟁을 통해 문제를 다루는 일이 더 중요한 것이다. 소통적 이해와 상호존중에 입각할 때 사람들은 대화의 장에 더 많이 남아 있을 수 있다. 하지만 다른 한편으로는 기존의 갈등을 더 증폭시키거나 악화시키려고 시도하는 정치적 행위자들이 엄연히 존재한다는 사실도 염두에 두어야 한다.

특히 페기다 시위를 통해 드러난 사회적 갈등에 관한 토론은 공론장에서 이루어지는 담론이다. 한편으로 모든 국민은 언론·출판의 자유와 집회·결사의 자유를 가진다는 원칙에 입각할 때, 시위에 참여하는 사람들을 총체적으로 공론장에서 배제시켜서는 안 된다. 하지만 다른 한편으로 인권·민주주의·법치주의에 대한 책무를 지고 있는 정치가들과

언론인들은 비민주적인 발언을 하거나 행동을 하는 사람들에게 토론의 장을 내맡겨서도 안 된다. 특히 인종차별주의, 인간멸시, 국민선동, 폭력행사로 이끄는 언행에 대해서는 도덕적으로 비난을 하고 정치적·법적 수단을 통해 제재조치를 강구해야 한다. 물론 위에서 언급한 것들을 모든 개별적인 경우에서 명확하게 식별할 수는 없다. 그럼에도 불구하고 갈등해소를 위해 대화와 소통이 포기할 수 없는 수단이고 중요한 요인이라는 점을 부인할 수는 없으며, 바로 그렇기 때문에 이 대목에서 특히 소통적 이해를 위해 모호성에 대한 관용능력의 함양이 요청된다. 자유민주사회에서 갈등현상은 극히 정상적인 일이다. 갈등을 극복하고 갈등의 건설적인 힘을 이용할 수 있다면, 사회통합에 더 많은 기여를 할 수 있을 것으로 기대된다(허영식, 2019a: 67-69).

상기한 다양성사회의 갈등과 민주시민교육의 관계, 민주시민교육과 논쟁점 반영의 원칙의 맥락에서 소개한 대화공동체 사업의 사례를 살펴보면, 대체로 정반합에 입각한 변증법적 사고과정에 따라 분석하고 해석할 수 있다. 즉, 우선 다양성사회의 갈등은 사회적 양극화, 편견·차별, 문화적 본질주의의 측면에서 특징을 파악할 수 있다. 이어서 다양성에서 연유한 갈등에 대처하기 위한 민주시민교육의 도전과 과제를 설정할 수 있으며, 이때 논쟁점 반영의 원칙에 초점을 맞추어볼 때, 비판역량과 갈등역량의 측면에서 이 원칙을 구체화할 수 있다. 그 다음 실증적인 사례인 대화공동체 사업을 통해서, 다양성사회의 갈등과 민주시민교육의 긴장관계가 어떻게 지양(止揚)되면서 작용하는지 확인할 수 있으며, 또한 갈등과 관련하여 대화공동체 사업 혹은 민주시민교육의 방책이 지닌 가능성과 한계를 명료화할 수 있다(허영식, 2019a: 69). 이러한 분석과 해석의 결과를 도식화하여 제시하면 다음과 같다(허영식, 2019a: 70).

그림 7 다양성사회의 갈등과 민주시민교육의 변증법적 관계

다양성사회의 갈등(정)		민주시민교육의 도전과 과제(반)
- 사회적 양극화 : 특정집단과 관련된 반감·적대감, 우익포퓰리즘, 우익극단주의를 양극화를 보여주는 지표로 간주할 수 있음 - 편견과 차별 : 편견이 단순한 이데올로기에서 이제는 점점 더 사회규범으로 변모하고, 어느 집단의 공유된 현실로 변모할 우려가 있다는 점에서 편견의 규범화 현상이 발생할 위험성이 있음 - 문화적 본질주의 : 여러 문화의 위계질서를 확립하려는 시도와 결합된 민족주의와 우익포퓰리즘, 그리고 종교적 근본주의를 문화적 본질주의에 포함시킬 수 있음	⇦ ⇨	- 다양성사회의 갈등이 수반하는 우려와 불안을 다루기 위한 대안을 마련해야 함 - 차이·다양성을 특징으로 하는 집단에서 발생한 갈등을 찾아내고, 갈등에 관하여 토의·협상·타협할 수 있는 장소와 기회를 제공해야 함 - 차이·다양성으로 인한 갈등을 고려할 때 대화문화·논쟁문화·갈등문화를 조성해야 함 - 민주시민교육의 합의사항으로 간주되고 있는 논쟁점 반영의 원칙을 프로젝트나 프로그램에 가능하면 적절하게 반영해야 함 - 논쟁점 반영의 원칙을 구체적으로 재현하기 위하여 비판역량과 갈등역량의 함양·신장에 주의를 기울여야 함

⇩

다양성사회의 통합을 위한 민주시민교육 사례(합)
- 작센주정치교육원이 개발하고 실행한 대화공동체 사업의 사례 - 자유민주적 기본질서에 대한 이해가 일부 주민에게서 부족한 것으로 보임 - 페기다 운동과 같은 현상은 사회적 분열 혹은 갈등이 표출된 것이며, 사회적 환경의 분화가 수반한 결과라고 해석할 수 있음 - 정치적 논쟁문화·대화문화·갈등(해소)문화가 아직 부족한 것으로 보임 - 일부 주민에게서 이슬람혐오증과 외국인혐오증이 상당히 강한 것으로 나타나고 있음 - 문제나 사안에 대하여 개방적인 대화를 하는 일보다 더 나은 다른 합리적인 대안은 없는 것으로 보임 - 이 대화공동체 사업을 통해서, 다양성사회의 갈등과 민주시민교육의 긴장관계가 어떻게 지양되면서 작용하고 있는지 더 구체적으로 확인할 수 있음 - 또한 갈등을 둘러싼 요인과 상태를 고려할 때 대화공동체 사업 혹은 더 일반적으로 말해서 민주시민교육의 방책이 지닌 가능성과 한계를 명료화할 수 있음

49 사회통합에 기여할 수 있는 (세계)시민교육의 목표와 과제는 무엇인가?

사회통합을 위한 전제조건으로서 우리는 결코 신뢰를 포기할 수 없다. 신뢰는 서로 다른 가치와 이해관계 또는 다양한 사고방식과 생활방식을 갖고 있는 사람들이 모여 사는 사회에서 평화로운 공동생활을 위해 매우 중요한 가치이지만, 결코 자연발생적으로 혹은 저절로 생겨나거나 유지되는 것이 아니라, 우리가 언제나 계속해서 돌보면서 가꾸어야 할 성질의 것이다. 이와 같은 믿음에 기반을 둔 사회, 즉 신뢰받는 사회를 만들어가는 데 있어서 학습자와 시민을 위한 교육적 방안은 무엇인가? 이러한 문제제기에서 출발하여, 이 부분에서는 우선 신뢰받는 사회의 모습을 간단히 개관하고, 이어서 그러한 사회의 유지와 발전에 기여할 수 있는 방책인 민주시민교육의 목표와 과제에 대해 살펴보고자 한다.

신뢰받는 사회의 모습과 관련하여, 민주시민교육의 관점에서 바라볼 때, 미래지향적인 비전은 기본적인 신뢰에 기초한 사회와 인간관계를 구체적으로 실현할 수 있는 방안을 탐색하는 데 놓여 있다. 이 맥락에서 신뢰받는 사회의 모습을 생각해 본다면, 인간으로서의 존엄성을 가능하면 많은 사람들이 느낄 수 있는 사회, 즉 인간다운 생활을 보장하는 자유민주사회, 정의로운 사회, 복지사회, 그리고 지속가능한 사회를 지향해야 할 것이다.

특히 다문화・세계화시대에 적응하고 대비할 수 있는 민주시민교육의 과제를 생각해 볼 때, 희망의 원리와 책임의 원리에서 출발해야 할 것이다. 공간적 측면에서는 개인－지방－지역－국가－세계의 상호 밀접한 관계를 고려하여, 글로벌 수준에서 사고를 하고 지방적 수준에서 행위를 할 수 있어야 한다. 시간적 측면에서는 과거－현재－미래의 상호 연관성을 고려하여, 미래의 관점에서 되돌아보며 현재를 구성해야 할 것이다. 그리고 생각은 넓고 크게 하면서, 실천 가능한 것부터 혹은 작은 것부터 시작하려는 자세를 갖추어야 한다.

그리고 집합적 수준에서 제시한 신뢰받는 사회의 모습에 부응하기 위해서 이제 자유민주국가의 구성원인 개인의 수준에서 비전을 생각한다면, 시민과 학습자는 기본소양이라는 의미에서 다음과 같은 능력과 자질을 갖추어야 할 것이다. ① 민주주의와 인권에 대하여 확고한 의식을 확립하기 위한 역사적 역량이 필요하다. ② 글로벌 수준의 미래지향적 과제에 대비하기 위한 의식과 실천, 즉 글로벌 역량을 갖추어야 한다. ③ 정보사회에 적절하게 대응하고, 창의적 발상에 기여할 수 있는 디지털 역량이 요청된다. ④ 사회 전체, 집단, 개인의 이해관계를 서로 적절하게 조절할 수 있는 공동체의식을 전제로 한 참여역량(협동·소통·연대능력, 갈등·논쟁·대화문화 요소 포함)이 요청된다. ⑤ 평화로운 공동생활을 지향하면서 문화적 차이와 다양성을 적절하게 다룰 수 있는 간(間)문화역량(intercultural competence)이 요청된다(허영식, 2017a: 187-189).

인구통계학적 변동(이주운동의 증가 포함)과 세계화로 인하여 차이와 다양성이 늘어나고 있으며, 이것은 다시 시민과 교육기관으로 하여금 적절히 대응할 것을 요청하고 있다. 이와 관련하여 사실적 측면에서 객관적으로 주어진 현상인 다문화·다원화사회에 적합하게 대비하기 위한 대안으로서, 규범적 측면에서 간문화적 접근방안 혹은 소통이 요청되고 있으며, 이에 부응하는 실행전략 혹은 매개변수로서 민주시민교육이 의제로서 논의되고 있다.

세계화·다원화시대에 부응할 수 있는 민주시민교육을 생각해 볼 때, 그것은 세계시민교육으로 시야를 넓혀야 하고, 특히 간문화역량의 함양·신장을 목표로 한 민주시민교육에 주의를 기울여야 한다. 세계시민교육은 그동안 영역별로 이루어진 평화교육·인권교육·개발교육·환경교육·경제교육·미디어교육·간문화교육(다문화교육)의 차원을 포괄하는 교육적 방책이며, 여러 차원을 가능하면 통합적·복합적으로 결합시키는 다중관점에 지향을 두고 있다(김진희, 2019). 이런 전제와 가정에서 출발할 때, 다양성·다원화시대에 부응하는 세계시민교육의 과제와 목표는 다음과 같이 진술할 수 있다.

① 차별·주변화·권력관계(예: 남성·여성, 소수집단·다수집단)를 분석한다. ② 고정관념과 편견에 대한 문제의식을 갖춘다. ③ 타자에 대한 생각과 다른 것에 대한 지각을 검토한다. ④ 다양성과 평등의 연결 가능성을 탐구한다. ⑤ 다양성·차이의 측면에서 교육의 내용을 재고하고, 필요한 경우 교육과정을 조절·개정할 수 있는 방안을 모색한다. ⑥ 학교제도의 내외(內外)에서 발생하는 배제의 현상을 분석하고 적절하게 대처할 수 있는 방안을 강구한다. ⑦ 보편주의적인 관점에서 교육의 가능성과 한계를 고려한다. ⑧ 지방·지역·국가·국제사회의 수준에서 차이와 다양성을 인정·존중할 수 있는 조건 혹은 여건을 마련하는 데 기여한다. ⑨ 다양성과 포용성의 관점에서 국민 전체에 대한 공동체 의식을 갖춘다(허영식, 2017a: 189-190).

상기한 세계시민교육의 과제와 목표를 염두에 두면서, 일상생활의 수준에서 실천에 옮길 수 있는 방안을 모색하는 데 있어서는 다음과 같은 규범적 요구사항을 고려할 필요가 있다.

첫째, 위해(危害)금지의 원칙(principle of nil nocere)에 따라 다른 사람에게 피해를 주지 않도록 해야 하며, 자신의 이익을 추구하기 위하여 다른 사람을 단순한 수단이나 도구로 이용하지 않도록 해야 한다. 또한 황금률에 따라 '타자가 여러분에게 행하지 않기를 바라는 것을 그 타자에게 행하지 말라'는 원칙을 지키는 것이 바람직하다. 이것을 긍정적으로 바꾸어 진술하면, '타자가 여러분에게 행하기를 바라는 것을 그 타자에게 행하라'는 원칙을 준수해야 한다. 이것은 제도와 대인관계, 공동체와 가정, 민족과 인종, 종교와 신앙 등 거의 모든 인간관계에서 통용되어야 할 덕목이며 규범이다.

둘째, 위에서 언급한 황금률을 넘어서서 사전에 미리 알아서 더 많이 배려한다는 의미에서 다양성 관리(diversity management)의 준칙에 주의를 기울일 필요가 있다. 즉, '여러분 자신이 대우를 받고자 원하는 방식으로 타자를 대우하는 데 그치지 않고, 한 걸음 더 나아가서 가능하면 그 타자가 좋아하거나 원하는 것에 부응하도록 행동하라.' 이것은 사전 배려의 원칙을 더 강하게 함축하고 있다는 점에서 황금률보다 더 능동적이고 적극적인 행동규범이라고 해석할 수 있다.

셋째, 민주적 대화문화(논쟁문화, 갈등문화)를 조성하는 데 기여해야 한다. 민주주의 또는 자유민주사회는 언제나 다른 더 좋은 혹은 바람직한 대안의 가능성을 열어두고 있다. 따라서 바람직한 대안을 탐색하는 과정에서 말과 대화를 통한 평화로운 논쟁이 요청된다. 이때 갈등(해소)문화는 논쟁을 위한 어떤 일반적 규칙이 존재한다는 점, 논쟁의 당사자 혹은 참여자가 상호 인정을 한다는 점, 그리고 자기만이 유일하게 진리에 도달했다는 착각을 하지 않는다는 점을 지향하고 있다. 즉, 자신의 입장과 시각이 언제든지 잘못될 수 있다는 통찰과 인식이 갈등(해소)문화의 기반이 되는 것이다.

넷째, 상기한 사항과 연결하여 타자의 관점을 취득하고 필요한 경우 자신의 관점을 변경할 수 있는 능력이 요청된다. 관점취득은 공감능력을 핵심요소로 포함하고 있다. 공감(감정이입)은 타자의 마음속으로 들어가, 타자의 감정을 공동체험하거나 추체험(追體驗)하고, 타자의 행위에 대한 이해나 명료화에 도달할 수 있는 능력을 말한다. 여기서는 타자의 역할이나 관점을 취득하고, 타자의 위치·입장으로 들어가서 그 타자의 시각에서 세계와 인간관계를 바라보려는 시도를 강조한다(허영식, 2017a: 190-191).

50 독일통일에 비추어본 **민주시민교육**의 과제는 어떻게 설정할 수 있을까?

(1) 독일통일에 비추어본 사회통합의 과제

베를린장벽이 1989년 11월 9일 무너지고 그 이듬해인 1990년 10월 3일 공식적으로 독일통일이 이루어진 이후 약 30년이 지났다. 독일통일을 기념하는 연설에서 독일의 정치적 지도자들은 서로 다른 생활방식과 다양성을 인정 및 존중할 것을 새삼스럽게 강조하곤 한다. 이러한 점에서 출발할 때, 우리가 살고 있는 사회와 국가, 그리고 한반도의 장래를 다시 생각해 보게 된다. 다시 말하면, 개방사회와 다문화사회에서 사회통합을 위해 요청되는 태도와 생활방식이 무엇인가에 대해 다시 생각해 보게 된다.

독일통일의 시대적 배경을 회상해 볼 때, 당시 독일과 유럽에서는 큰 변혁의 시대가 다가오고 있음을 체험할 수 있었다. 동구권이 이른바 '내폭(implosion)'을 겪으면서 스스로 무너지기 시작했으며, 이 와중에서 독일은 거의 어리둥절한 상태에서 예기치 않게 통일이라는 역사적 선물을 받았다. 물론 여기서 비유적으로 표현한 '역사적 선물'이라고 해서 통일을 위해 그동안 많은 사람들이 기울였던 의도적인 관심과 노력을 무시하려는 것은 아니다.

그 당시 동독과 서독이 통일되는 과정을 바라보면서 어느 독일학자가 '동화'와 '통합'의 개념을 엄격하게 구분할 필요가 있다고 역설한 것이 아직도 기억에 남아 있다. 그런데 이러한 구분은 분단된 상황을 아직 극복하지 못하고 있는 한반도와 여기서 살고 있는 우리 자신들에게도 여전히 중요한 의미를 지니고 있다고 본다. 이것은 또한 분단·통일 문제와 더불어 다문화사회에 대비한 사회통합의 복합적인 과제를 안고 있는 우리들에게 중요한 단서를 제공해 준다고 볼 수 있다.

그동안 우리 생활과 세계의 전개과정에 관한 담론과 토론에서 특히 문명충돌과 세계화의 두 가지 키워드가 유행어로 회자되고 있다. 또한 사회적 고립화(게토(ghetto)화)와 사회통합, 종교생활과 세속화, 선과 악의 대립・대결이 이 두 가지 유행어와 밀접한 연관성을 맺고 있다. 하지만 겉으로 보기에 상호 대립하는 이 양극은 동시에 상호 포함하고 있다는 점에서 문제의 아이러니와 복합성을 확인할 수 있다(허영식, 2017a: 185-186).

이와 같은 시대진단을 배경으로 삼고 적어도 다문화사회(multicultural society)와 간문화성(interculturality)의 관점에서 바라볼 때, 정책과 교육에 주어진 과제는 통일성과 다양성의 미묘한 긴장관계를 염두에 두면서 평화로운 공동생활을 확보하기 위해 공동체적 연대의식을 수립하는 데 놓여 있다. 이 맥락에서 우리는 '비동시적인 것들의 동시성'이라는 현상을 고려할 필요가 있다. 이 용어는 서로 다른 문화와 민족을 포함한 다문화사회에서 위치 혹은 위상이 서로 다른 여러 사회구성체의 조화와 융합 혹은 갈등과 모순을 함축하고 있다. 이 여러 사회구성체는 경제적・사회적・문화적・심리적 문제의 지평에서 또는 그들이 안고 있는 현실적인 문제의 수준에서 비록 동시에 생활을 영위하고는 있으나 다른 한편으로는 동일한 시대적・사회적 상황이나 상태에 놓여 있지 않은 것이다.

여기서 '동화'와 '통합'의 개념을 구분할 필요가 있다. 동화란 다른 집단이 그들에게 고유한 정체성을 완전히 포기하거나 억누르고 우리 집단에 적응하고 편입되어야 한다는 요구를 함축하고 있다. 이와는 대조적으로 통합은 통일을 형성하면서도 서로 다른 것을 보존하는 관계, 서로 다른 체제 사이의 관계를 가리킨다. 이러한 구분과 관련하여 또한 겉으로는 통합을 거론하지만, 실제로는 동화를 뜻하는 편협한 통합의 개념과는 거리를 두어야 한다. 진정한 의미에서 통합은 서로 다른 상태에서 동등한 인정과 동등한 권리를 가능하게 만드는 상호관계를 뜻한다. 어쨌든 다문화사회에서 작용하는 사회문화적 비동시성은 공통된 집단정체성의 확립을 위한 과정, 즉 내적인 통일의 과정에서 진행되는 중간단계라고 해석할 수 있다.

여기서 말하는 통합의 실현에 기여하기 위해서 개인적 수준에서는 사회구성원으로서의 개개인은 특히 공감, 역할거리, 모호성에 대한 관용, 소통능력을 함양하고 신장시킬 필요가 있다. 그리고 사회적 수준에서는 특히 시민사회에서 제도화된 도덕·윤리와 담론형태에 지향을 둘 필요가 있다. 일반성과 보편성을 위해 노력하는 소위 초문화(transculture)의 상태에서만 비로소 우리는 서로 다른 여러 문화·민족·인종에 속하는 사람들이 서로를 자유롭고 평등한 주체로 인정할 수 있을 것이라고 기대할 수 있다(허영식, 2017a: 186-187).

(2) 독일통일 이후 민주시민교육의 과제

1) 구동독 정치교육의 청산과 민주적 갈등문화의 정착

통일 이후 민주시민교육의 과제는 대체로 잘못된 유산으로 간주되고 있는 구동독의 정치교육을 청산하고 민주적인 갈등문화를 착근시키는 데 놓여 있다. 이데올로기 교육의 특징이 강했던 구동독에서의 정치교육은 청소년이나 시민의 자주성 혹은 자율성을 기르려고 하는 민주시민교육의 방향과는 거리가 상당히 멀었다. 이러한 점을 고려할 때, 자율성이라는 의미에서 자유와 책임을 동시에 생각하고 이를 실천적 행위로 옮길 수 있도록 하는 교육이 요청되며, 획일적인 집단주의적 사고방식과 행동방식에서 벗어나도록 장려하는 일이 중요한 과제로 부상하게 된다.

또한 이해관계와 가치관의 차이로 인하여 발생할 수 있는 갈등을 완력이나 폭력에 호소하지 않고 가능하면 말과 대화를 통하여 갈등을 평화적으로 해소하거나 문제를 해결할 수 있는 역량(능력)이 요청되고 있으며, 이를 함축하고 있는 민주적 논쟁·대화·갈등문화(controversy/dialogue/conflict culture)를 조성하고 정착시키는 일이 요청된다. 여기서는 특히 자신의 선입견이나 편견을 되돌아볼 수 있는 자기성찰(self-reflection), 타자의 감정과 사고 속으로 들어갈 수 있는 공감(empathy), 타자의 관점을 취득하고 필요한 경우 자신의 관점을 변경할 수 있는 관점취득·변경(perspective-taking/-changing), 그리고 애매모호한 상황이나 당황하게 만드는 상황 혹은 짜증나게 하는 상황을 유연하게 참고 견딜 수 있는 능력(모호성에 대한 관용, toleration of ambiguity)을 강조할 필요가 있다(허영식, 2019a: 259-260).

2) 민족적 연대의 강화와 헌정애국주의의 정착

통일이 이루어진 이후 사회통합의 문제와 관련하여, 연대의식을 기반으로 한 공동체라는 의미에서 동서독 국민 사이에서 존재하는 오해나 불만을 감소시키거나 해소할 수 있는 민족적 연대의식의 강화가 요청되고 있으며, 다른 한편으로는 통일된 독일에서 정치적 정체성을 위한 기반으로서 그리고 최소합의로서 헌정애국주의를 착근시키는 일이 요청된다.

통일 이후 예를 들면 '구동독에 대한 향수'와 같은 현상이 부분적으로 거론되고 있는데, 이는 부분적으로 동서독 국민 사이에 존재하는 불편한 감정이나 사고방식을 역설적으로 표현하는 반증이라고 해석할 수 있다. 적어도 사회통합의 관점에서 바라볼 때, 동서독 국민 사이에서 작용하는 편견과 차별, 불만이나 불편함, 우월감이나 열등감을 줄이도록 하는 데 지속적인 관심을 기울여야 한다. 그렇게 함으로써 정치적·경제적 측면의 통일과 더불어 정신적인 통합과 내면적인 통일의 착근을 위해 기여해야 할 것이다. 특히 비동시적인 요소가 동시에 작용하는 상태(비동시성, 동시적인 비동시성, 비동시적인 것의 동시성)에서 일방통로로서의 동화가 아니라, 간문화적 소통적 이해(intercultural communicative understanding) 혹은 상호이해라는 의미에서 상대방이나 타자를 가능하면 이해·인정·존중해줄 수 있는 관용능력을 기르도록 하는 일이 민주시민교육의 주요과제가 될 것이다.

민족적 연대의 강화라는 과제와 더불어 통일된 독일의 정체성을 위한 기반이나 준거로서 헌정애국주의의 착근에도 주의를 기울여야 한다. 자유민주적 기본질서라는 헌법적 가치준거에 충실한 접근방안으로서, 헌법에 지향을 준 애국심으로서 헌법애국주의 혹은 헌정애국주의가 정치적 동일시 모형으로서 흔히 거론되고 있다. 여기에 더하여 헌정애국주의를 착근시켜야 한다는 시민교육의 과제를 생각해 볼 때, 소위 '보이텔스바흐 합의'로 많이 인용되고 있는 세 가지 교수학습원칙 혹은 교수주체(교사 · 강사)가 지켜야 할 윤리적 과제, 즉 ① 특정한 내용이나 이데올로기의 일방적인 주입과 교화의 금지, ② 정치와 학문에서 작용하는 논쟁점의 반영, 그리고 ③ 학습자의 흥미 · 관심과 이해관계 고려를 최소합의로 간주하고 이를 중요한 지침으로 삼을 수 있다(허영식, 2019a: 260-261).

3) 이주통합과 난민문제에 대한 적절한 취급

통일된 독일에서 지속적인 담론과 논쟁의 대상으로서 최근에 많이 거론되고 있는 이주통합문제와 난민문제를 고려할 때, 특별히 '페기다' 운동과 '독일을 위한 대안' 정당의 부상에 주의를 기울일 필요가 있다. 이와 같은 저항운동이나 우익보수정당에 관한 담론과 논쟁에 비추어 볼 때, 한편으로 다문화사회에 내재한 다양성과 차이의 측면과, 다른 한편으로 민족 · 국민 · 국가 정체성의 확립 혹은 재정립의 문제와 더불어 사회통합의 과제를 어떻게 연결시키고, 두 가지 준거 혹은 차원 사이의 긴장관계를 어떻게 다룰 것인가 하는 근본적인 질문에 대하여, 우리 사회에서도 담론의 활성화가 요청된다.

페기다 현상의 배경적 요인으로 간주되고 있는 난민정책과 이주통합정책, 이에 대한 일부 국민의 불편한 감정, 그리고 이슬람 평행사회에 대한 불안과 우려를 고려할 때, 다문화사회(혹은 다문화주의)와 공화주의적 주도문화 사이에서 발생하는 긴장관계 혹은 모순 · 갈등을 적절하게 해소할 필요가 있다. 이와 같은 과제를 염두에 둘 때, 위에서 언급한 바 있는 헌정애국주의에 지향을 둔 공화주의적 주도문화의 가치와 이념을 분명하게 밝히고, 다문화사회를 지속가능하게 구성한다는 의미에서 특히 평행사회와 같은 현상에 대한 불안과 염려에 주의를 기울여야 한다.

여기에 더하여 주도문화의 개념 자체와 그 함의를 둘러싸고 벌어지고 있는 논쟁에도 주의를 기울일 필요가 있다. 이 논쟁에서는 한편으로 주도문화 대신에 헌정애국주의(즉, 자유민주적 기본질서에 대한 합의와 충성, 그리고 이에 상응하는 정치문화·시민문화)를 강조하는 입장과 다른 한편으로 추가로 (유럽이나 독일의 수준에서) 공통의 역사적·문화적 요소를 강조하는 입장이 첨예하게 대립하고 있다.

페기다 저항운동에 대한 연방정부의 입장표명과 관련하여, 독일의 사회와 정치가 불관용(intolerance)에 대해서 얼마나 관용적일 수 있는가 하는 근본적인 질문이 제기되었다. 불관용의 태도와 행동을 보여주는 사례로는 한편에서 이슬람주의와 다른 한편에서 신나치와 같은 극우파를 들 수 있다. 위에서 언급한 이슬람 평행사회에 초점을 맞출 경우, 적지 않은 독일국민들이, 예를 들면, 명예살인, 강제결혼, 평행법원, 샤리아(Scharia)법원, 샤리아경찰 등에 대하여 불안을 느끼거나 위협적인 것으로 간주하고 있다. 그러한 불안이나 우려는 자유민주적 기본질서에 기반을 둔 법치국가에서 그동안 최소합의사항으로 통했던 기존의 가치·규범에 대한 도전이 발생하고 있다는 반증이다. 다시 말하면, 이제까지 논쟁영역에 속하지 않았던 것에 대한 도전이 발생하고 있다는 반증이다.

자유민주헌정의 토대를 갖고 있던 사회와 국가에서 그동안 비(非)논쟁적인 부문에 해당하던 것이 사회와 국가의 다른 일부분, 즉 평행사회의 등장과 더불어 이제는 논쟁적인 요인으로 작용한다는 것을 실증적으로 보여주는 정황증거인 것이다. 기존에 논쟁적이지 않았던 부문이 이제 한계를 드러내는 사례가 빈번하게 발생할수록, 다문화사회에서는 논쟁과 합의 사이에서 적절하게 평형을 유지하고 균형을 잡는 일이 그만큼 더 어려워질 것으로 예상된다. 이와 관련하여 새롭게 한계합의(marginal consensus)를 설정하거나 최소합의(minimum consensus)를 조정해야 하는 도전과 과제가 더 많이 그리고 더 빈번하게 제기될 가능성이 있다는 일반화를 여기서 끌어낼 수 있다(허영식, 2019a: 261-263).

제3부

제도와 조직

민주시민교육의 제도와 조직

51. 한국에서 민주시민교육의 제도화(Institutionalization) 추진을 위한 과정은 어떻게 진행되었는가?

52. 민주시민교육의 제도화 전제로서 사회적 합의는 어떻게 달성할 수 있는가?

53. 민주시민교육의 제도화에 대하여 어떠한 이론으로 접근할 수 있는가?

54. 민주시민교육의 제도화 추진을 위한 보충성의 원칙과 정부의 역할은 어떻게 설정할 수 있는가?

55. 한국에서 민주시민교육의 법제화 또는 입법화는 어떻게 진행되고 있는가?

56. 민주시민교육을 위한 법률에는 무슨 내용을 담아야 하는가?

57. 한국에서 현재 어떤 기관과 단체가 민주시민교육을 실시하는가?

58. 민주시민교육을 위한 조직은 어떻게 설계될 수 있는가?

59. 지방자치단체의 민주시민교육 운영 및 추진체계는 어떻게 구축해야 하는가?

60. 지방자치단체(광역)의 민주시민교육 제도화를 위한 로드맵은 어떻게 설계될 수 있는가?

51 한국에서 **민주시민교육**의 제도화(Institutionalization) 추진을 위한 과정은 어떻게 진행되었는가?

한국에서 민주시민교육의 제도화를 위한 추진과정은 다음과 같이 5단계의 시기로 구분할 수 있다. 첫 번째 단계는 민주시민교육이 한국 내에 태동하는 시기(1945년~1960년대 초)이다. 이 단계에서는 민주주의에 대한 열망이 표출되었다. 또한 미국식의 민주주의가 한국의 특수한 민족주의적인 교육이념에 연계되었다. 민주시민교육은 바로 이러한 연계 및 접목의 시도로부터 출발하였다. 특히, 제1단계의 민주시민교육은 국가에 대한 충성심 함양을 목적으로 하였다. 이를 통하여 국민 개개인을 민주시민으로 육성하기보다는 당시의 체제유지 및 강화가 목적이었다(심익섭, 2004: 23).

두 번째 단계는 1960년대 초에서 1980년대 후반까지의 시기였으며, 민주시민교육에 대한 갈등이 야기되었던 시기였다. 특히, 1960년대 4・19혁명을 통하여 독재정권이 타도되고 5・16 군사쿠데타가 발생하였다. 또한 1972년 10월 유신과 1979년 유신정권이 붕괴되었던 시기였다. 이후 신군부의 등장과 권위주의 정권의 재등장이 반복되면서 다시 획일적이고 국가주의적인 '정치교육'이 강화되었던 단계였다. 그러나 이러한 민주시민교육의 갈등기에도 민족학교, 재야 지식인 그리고 다양한 재야의 시민단체를 중심으로 새로운 형태의 민주시민교육에 대한 열망이 노출되었다. 결국 제2단계의 시기는 정부주도의 "국민교육"과 시민주도의 "시민교육"이 공존하고 갈등했었던 시기로 표현될 수 있다.

세 번째 단계(1990년~2002년)는 민주시민교육의 제도화를 모색하던 시기였다. 1990년대는 학문적인 시민사회의 논쟁과 더불어 많은 시민단체가 추진한 각종 민주시민교육(환경교육, 소비자교육, 민주주의교육, 경제교육 등)이 본격화되는 시기였다(심익섭, 2004: 24). 또한 민주시민교육을 학술적으로 연구하는 학회(한국민주시민교육학회)가 설립되었다. 동시에 민주시민교육에 대한 학문적 열정을 가진 학자와 각종 시민단체가 민주시민교육의 입법안을 추진하는 시기였다. 그러나 이후 학회와 시민단체 간의 단일법안 제출 및 제도화 방안을 위한 합의(合意)의 도출은 이루지 못했다.

네 번째 단계(2003년~2018년)는 민주시민교육의 제도적 추진기에 해당된다. 이 시기에 주목할 만한 사항은 다음의 두 가지이다. 먼저 ① 민주시민교육을 위한 제도적인 역할을 중앙선거관리위원회 선거연수원이 담당하고자 하였다. 따라서 민주시민교육의 제도화를 위한 각종 교육 및 학술행사, 선거연수원의 조직개편 및 관련 법률안 준비 등이 추진되었다. 여기에 내부적으로 민주시민교육에 대한 장기발전계획을 수립하여 추진하였으며, 독일연방정치교육원과 교류협력을 위한 협정서 체결과 민주시민교육관련 각종 심포지움을 개최하는 등의 공식적인 활동을 강화하였다(신두철, 2004: 122). 다른 한편으로 ② 한국민주시민교육학회가 중심이 되어 정치권 – 시민단체 – 행정권 등을 포함하여 민주시민교육의 이해관계자 영역을 초월하는 포괄적인 합의도출을 시도하였다. 이것은 민주시민교육의 목적이 다원화된 민주사회에 표출되는 갈등과 논쟁에 대한 해결방식을 공동의 가치에 두기 때문이다. 여기에 최소합의(minimal consensus)가 또한 민주시민교육의 제도화에 전제되기 때문이다.

마지막 다섯 번째 단계(2018~현재)는 민주시민교육에 대한 제도적인 착근이 추진되는 단계이다. 이 시기에 주목할 만한 특징은 다음의 두 가지로 요약된다. 먼저 ① 교육부는 2017년 12월 직제를 개편하여, 인성교육과 시민교육을 전담하는 민주시민교육과를 신설하였다. 이를 통하여 학교 민주시민교육의 제도적 착근을 시도하고 있다.

그림 8 한국에서 민주시민교육의 제도화 과정

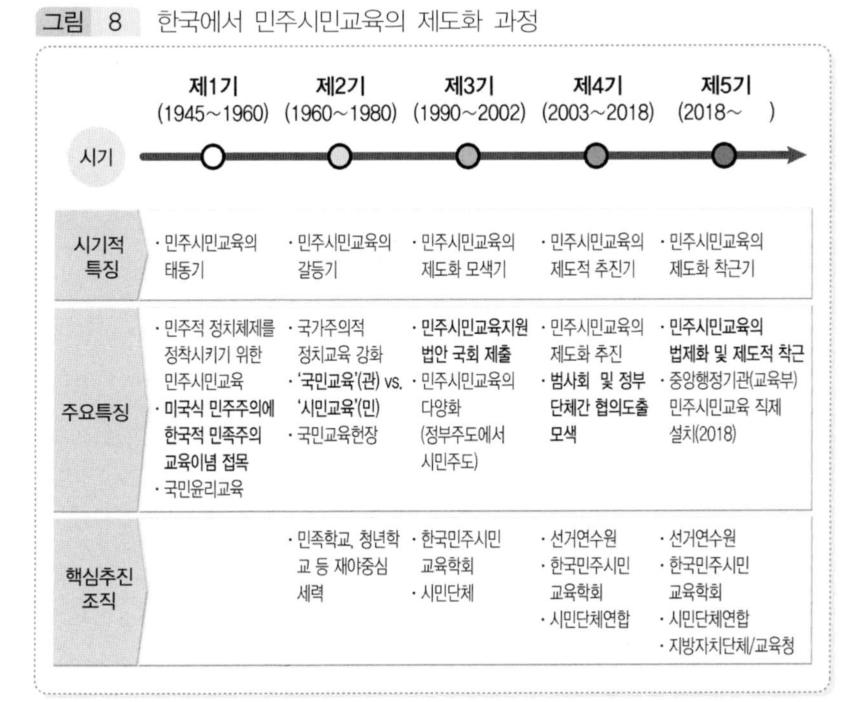

시기	제1기 (1945~1960)	제2기 (1960~1980)	제3기 (1990~2002)	제4기 (2003~2018)	제5기 (2018~)
시기적 특징	· 민주시민교육의 태동기	· 민주시민교육의 갈등기	· 민주시민교육의 제도화 모색기	· 민주시민교육의 제도적 추진기	· 민주시민교육의 제도화 착근기
주요특징	· 민주적 정치체제를 정착시키기 위한 민주시민교육 · **미국식 민주주의에 한국적 민족주의 교육이념 접목** · 국민윤리교육	· 국가주의적 정치교육 강화 · **'국민교육'(관) vs. '시민교육'(민)** · 국민교육헌장	· **민주시민교육지원 법안 국회 제출** · 민주시민교육의 다양화 (정부주도에서 시민주도)	· 민주시민교육의 제도화 추진 · **범사회 및 정부 단체간 협의도출 모색**	· **민주시민교육의 법제화 및 제도적 착근** · 중앙행정기관(교육부) 민주시민교육 직제 설치(2018)
핵심추진 조직		· 민족학교, 청년학교 등 재야중심 세력	· 한국민주시민교육학회 · 시민단체	· 선거연수원 · 한국민주시민교육학회 · 시민단체연합	· 선거연수원 · 한국민주시민교육학회 · 시민단체연합 · 지방자치단체/교육청

출처: 정창화(2019), 민주시민교육의 제도화를 위한 조직설계, 한국민주시민교육학회/선거연수원 학술대회 발표자료(2019.5.14).

② 민주시민교육 관련 법제화가 지방자치단체 및 시도교육청에서 적극적으로 추진되었다. 특히, 지난 2014년 서울시에서 「민주시민교육 조례」가 제정된 이후, 2020년 7월 현재 전국 지방지치단체 및 교육청에서 민주시민교육 관련 55개 조례가 제정되었다. 이러한 현상은 적어도 조례기반의 민주시민교육의 확산 및 제도적 착근을 의미한다.

52 민주시민교육의 제도화 전제로서 사회적 합의는 어떻게 달성할 수 있는가?

일반적인 의미에서 제도화(Institutionalization)는 조직, 사회 체계 또는 사회 전체에 신념, 규범, 사회적 역할, 특정 가치 또는 행동방식 등을 연계시키는 과정을 의미한다. 또한 제도화는 개인 또는 단체에 의해 유발된 학습을 체계(System), 구조, 절차 그리고 전략을 포함하여 조직의 기관에 포함시키는 것을 의미한다(Wiseman, 2007: 1114).

지난 1997년 이후 민주시민교육의 제도화를 위하여 국회에 법안이 8회 이상 제출되었지만, 법률제정을 통한 제도화의 성공은 달성하지 못했다. 이러한 상황 하에서 국회의 제정법만이 민주시민교육의 제도화를 위한 전제조건이 되는지에 대한 의문이 제기될 수 있다.

독일의 경우, 민주시민교육의 제도화 토대를 **보이텔스바흐 합의**(Beutelsbacher Konsens)에서 찾고 있다. 이러한 **보이텔스바흐 합의**는 민주사회에서 이념적 갈등과 대립적 상황에서 정치교육의 필요성 및 전문성을 제기하였으며, 정치교육의 학습에 있어서 자주적인 사고와 판단 그리고 행위를 할 수 있도록 하였다. **보이텔스바흐 합의**는 이를 위한 최소한의 합의(minimaler Konsens)를 도출한 것이다. 이것은 이후 독일의 민주시민교육 제도화의 기초가 되었다.

따라서 독일 사례를 고려하면, 민주시민교육의 제도화를 위하여 사회적 합의가 필요할 수 있으며, 이러한 합의는 단계적으로 접근해야 할 것이다.

그림 9 민주시민교육 제도적인 착근 단계

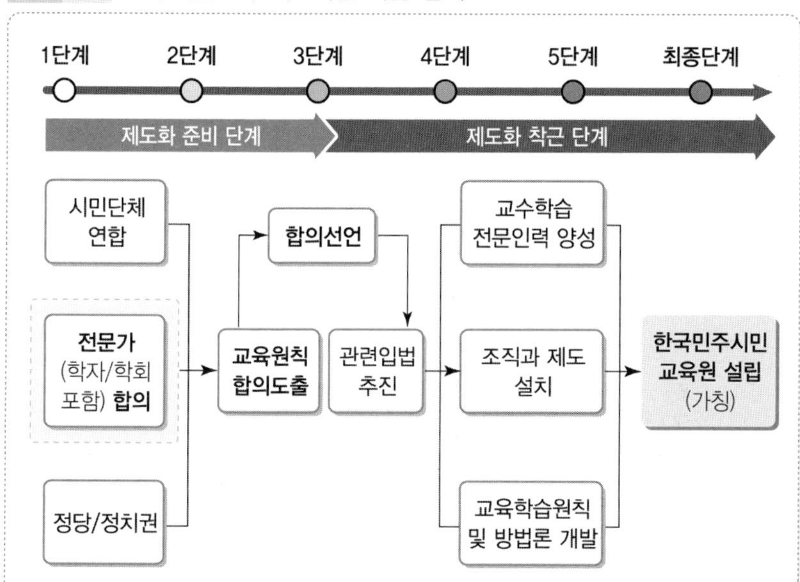

출처: 정창화(2019), 민주시민교육의 제도화를 위한 조직설계, 한국민주시민교육학회/선거연수원 학술대회 발표자료(2019.5.14).

제도화를 위한 사회적 합의의 제1단계는 시민단체연합, 정당과 정치권 등에서 공동합의가 도출되어야 한다. 그러나 중요한 것은 민주시민교육을 실제로 연구하고 방법론을 개발한 전문 학자 그룹의 합의가 매우 중요하다. 독일의 경우, 제도화의 기초가 된 **보이텔스바흐 합의**는 전문가 학자 그룹에서 단초가 되었다. 이러한 합의는 초당파적인 시민교육을 위한 최소한의 합의 가능성에 있었다. 제도화의 제2단계 그리고 3단계는 제1단계에서 합의된 교육원칙을 공개적으로 선언하고, 법제화를 위하여 관련 입법을 추진하는 것이다. 제4단계 및 제5단계에서는 합의된 민주시민교육법안에는 민주시민교육을 위한 교수학습 전문가 양성, 민주시민교육의 조직과 제도 설치방안 그리고 교수학습원칙 및 방법론 등이 포함된 법률의 제정이 포함된다. 최종단계에서는 민주시민교육의 실행을 위한 조직이 설치될 것이다.

53 민주시민교육의 제도화에 대하여 어떠한 이론으로 접근할 수 있는가?

민주시민교육의 조직과 제도를 설계하고 구축하기 위해서는 적실한 이론과 원칙이 정립되고 적용되어야 한다. 그동안 민주시민교육의 제도 구축은 법안 제출과 조례 제정만으로 추진되었다. 그러나 민주시민교육의 제도화 및 체계화는 제도의 균형(Equilibrium) 또는 안정(Stability)을 유지할 수 있는 이론과 원칙을 기초로 추진되어야 한다. 따라서 이하에서는 체계이론, 다층 거버넌스 이론 그리고 보충성의 원칙을 민주시민교육의 제도 구축 및 추진체계 구축을 위한 이론으로 제시할 수 있다.

첫째, 체계이론(System Theory)적 접근이다. 하나의 제도(Institution)로서 민주시민교육의 선행조건은 체계적인 분석이 요청된다. 민주시민교육의 체계를 이론적으로 접근하여 제도구축의 기본원칙, 추진체계 및 프로그램 등이 구조(Structure)와 과정(Process)적 측면에서 분석되어야 한다.

사회과학분야에서 체계이론(System Theory)은 원시적 무질서로부터 조직화된 복잡성이 발생한다는 기본가정에서 출발한다. 체계는 상호관계(Interrelations)를 가진 일련의 요소(components or elements)로서 다른 체계로부터 유입되는 투입과 다른 체제로 흘러가는 산출을 여과시키는 속성을 지닌다(김태룡, 2014: 308-309).

체계이론의 모형은 다음과 같은 논리로 설계된다. 고전적인 체계이론에 따르면, 체계이론은 체계의 투입·산출의 과정을 설명해주는 이론이다. 이때 투입에 의해서 산출이 결정되고, 투입은 산출에 의하여 영향을 받는다고 정의될 수 있다. 즉, 고전적인 체계이론은 투입-전환-산출의 관계를 갖는 타자생산(allopoiesis) 체계를 의미한다.

그림 10 광역자치단체 민주시민교육의 전달체계 모형

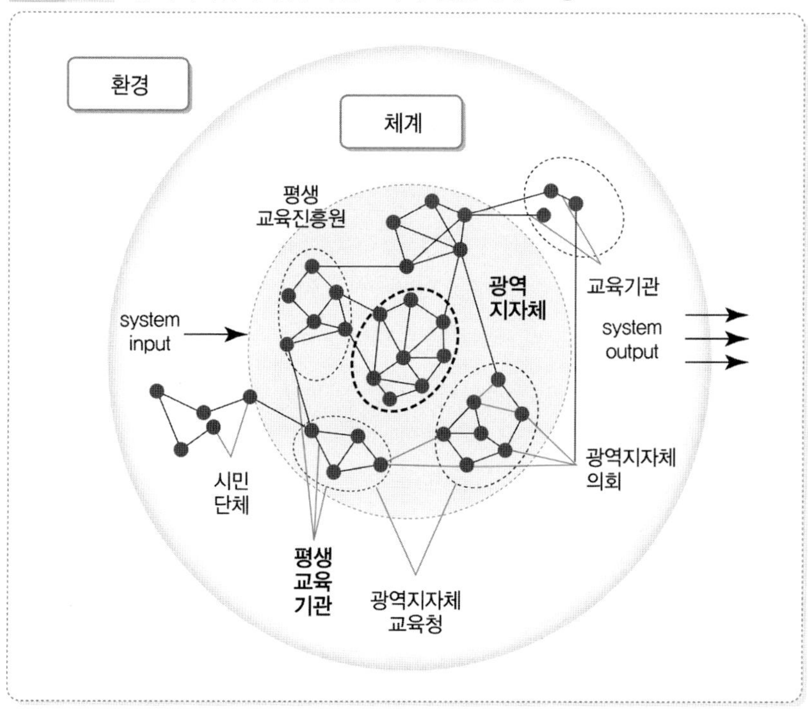

출처: 장준호 · 정창화 · 정하윤(2019), p. 60.

반면에 자기생산(autopoiesis) 체계는 환경의 영향을 받아 결정되지 않으며, 어떠한 투입이나 산출도 갖지 않는다는 특징이 있다. 이미 체계(system)의 구조와 상태가 결정된 채로 작동하므로, 체계가 자신으로부터 스스로 규정된다. 예를 들면, 민주시민교육 제도화의 1단계는 체계의 투입 · 산출모형인 타자생산(allopoiesis) 체계로 구축된다면, 이후 체계가 일정한 안정기에 도달하면, 제2단계인 자기생산체계로의 전환이 필요하다.

둘째, 다층 거버넌스(Multi-Level Governance, MLG) 이론적 접근이다. 최근 거버넌스(Governance)라는 용어가 상이한 학문단위 내에서 많은 학자들 사이에서 혼탁되어 사용되는 경향이 있다(Rhodes, 1997). 거버넌스의 일반적인 정의에 따르면, 거버넌스는 정부의 제도를 포함할 뿐만 아니라, 비정부적 또는 비공식적인 메커니즘을 포괄하는 개념으로 이해된다. 즉, 국정운영에 참여하는 통치방식의 변화 또는 정부의 공적인 업무 수행방식의 변경으로 개념화할 수 있다.

그러나 거버넌스의 방식은 정부에 의해 수용되고 작동되는 일종의 규칙체계이다. 이런 측면에서 '거버넌스'의 정의는 지난 2001년 유럽연합 집행위원회(Commission)의 백서에서 그 개념을 원용할 수 있다. 즉, 거버넌스는 '권력행사방식에 영향을 미치는 일련의 규칙과 과정 및 행위를 의미'("Governance" means rules, processes and behaviour that affect the way in which powers are exercised..., particularly as regards openness, participation, accountability, effectiveness and coherence)한다(Commission of the European Communities, 2001). 특별히, 이러한 거버넌스의 민주적인 성격을 강화하기 위해서는 참여성(participation), 개방성(openness), 책임성(accountability), 통일성(coherence), 효과성(effectiveness) 등의 원칙이 준수되어야 한다.

다층 거버넌스(MLG)는 이해관계자의 선호와 중앙정부간 기능적으로 분화된 국정운영 또는 정책조정시스템이다. 특히, 국가 및 국가 내부의 하위정부(Sub-National Authorities)간 능동적인 권위배분을 통해 정책적 문제를 해결한다는 것이다. 특히, 다층 거버넌스는 중앙 집중화된 독점적인 권위에 대한 일정한 제약을 가하며, 다중심적인 정책결정 구조를 제시한다. 행위자(actor) 측면에서도 중앙-지방정부 내의 상이한 수준의 행위자뿐만 아니라, 국가 및 정부기구 밖의 사적인 행위자(시민단체, 시장(market) 및 다양한 이해관계자)도 정책영역의 의사결정 과정에 참여할 수 있다. 이러한 다층 거버넌스는 민주시민교육 제도의 도입, 확대 및 실행과 관련하여, 민주시민교육에 대한 국가의 책무성을 부각하여 관련 정책수립 및 결정에 대한 권위의 소재를 분산시키는 효과를 도출할 수 있다.

그림 11 다층 거버넌스 모형

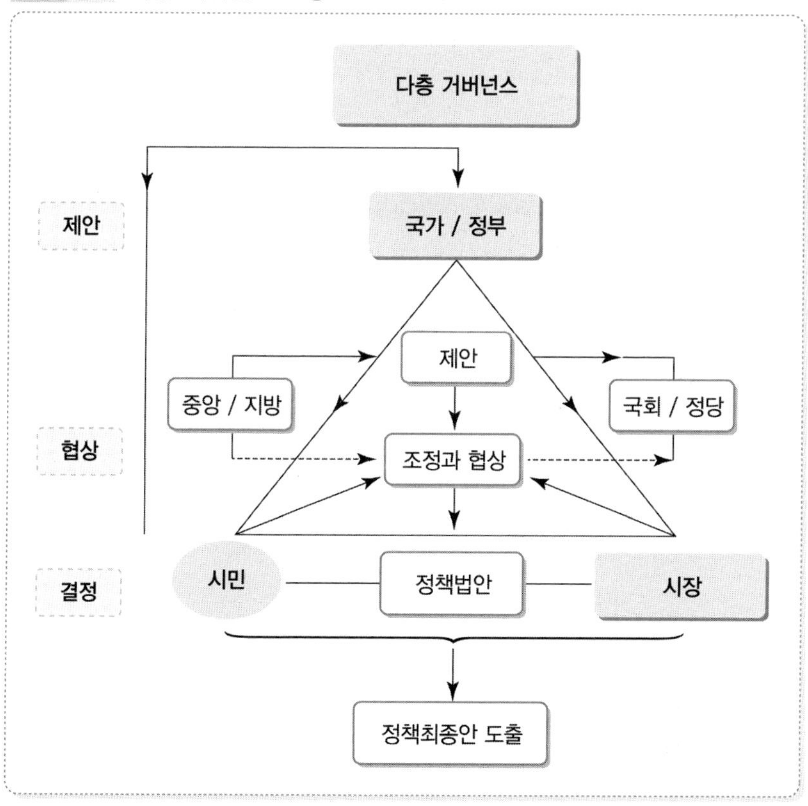

출처: 안순철 · 정창화 외, 2008.

54 민주시민교육의 제도화 추진을 위한 보충성의 원칙과 정부의 역할은 어떻게 설정할 수 있는가?

유럽의 대륙법체계는 사무수행에 관하여 지방자치단체에 상당히 많은 재량권과 자율성을 부여하고 있다. 즉, 행정사무(Verwaltungsaufgaben)의 수행이 가능한 가장 낮은 단계의 행정단위에서 수행되며, 이에 대한 책임이 부여되는 '보충성의 원칙'(Subsidiaritätsprinzip)에 근거한다.

이러한 보충성(Subsidiarity)의 원칙은 업무관할권과 재정지원에 관계된다. 업무관할권 측면에서, 보충성이란 "더 큰 단위(a larger unit)는 그것을 구성하는 더 작은 단위(smaller units)가 수행할 수 없거나 또는 수행하기가 적합하지 않은 기능만을 담당해야 함"을 의미한다(Kavaloh, 2011: 5). 이것은 상위의 행정주체는 단지 부차적이고 보충적인 역할만을 담당해야 한다는 것이다. 또한 재정지원적인 측면에서, 보충성(Subsidiarität)의 의미는 상위의 행정주체인 국가 또는 중앙정부가 재정적인 지원을 보충적으로 지원하는 것을 의미한다. 이러한 두 가지 측면을 종합해 보면, 상위단위(중앙)의 권한은 하위단위 수준에서 효과적으로 수행될 수 없는 일(task)에만 적용되며, 그러한 경우에 재정지원이란 보충적 기능만을 수행해야 한다는 것이다(Dubach, 1996: 18).

민주시민교육의 제도화 추진과 관련하여, 이러한 '보충성의 원칙'은 일반적으로 중앙집권화(Zentralisierung)에 대한 지방분권화(Dezentralisierung)의 논리에 대한 이론적인 기초를 제시하고 있다.

사무배분과 관련하여, '보충성의 원칙'에 대한 독일의 사례를 언급하면 다음과 같다. 독일의 헌법인 기본법(GG) 제23조 제1항에 명문화된 '보충성의 원칙(Grundsatz der Subsidiarität)'에 따라, 지방자치단체의 사무배분에 있어서 상급의 자치단체보다는 기초의 자치단체를 우선한다.

이것은 "중앙 또는 상급자치단체는 기초자치단체가 효과적으로 수행할 수 없는 사무만을 담당하는 것"을 의미한다. 둘째로 독일 기본법(GG) 제28조 제2항에는 '全관할권의 원칙'이 명문화되어 있다. 즉, 지방자치단체의 기초단위인 '게마인데'(Gemeinde)의 경우, 어떤 행정사무를 담당해야 할 것인가를 자기 스스로 관리하고 결정할 수 있다. 즉, 지방자치단체의 모든 행정사무를 전속적으로 '게마인데'가 결정·관리할 수 있다는 것이다. 실제로 독일에서 대부분의 행정사무의 집행은 기초지방자치단체인 '게마인데'가 담당하고 있으므로(Knemeyer, 1997: 204), '게마인데'는 집행권의 가장 중요한 부분인 것이다. 셋째, 기본법 제28조 제2항에서는 또한 "게마인데에게는 법률의 범위 내에서 그 지역사회의 모든 사무를 자기책임 하에 규율할 권리가 보장되어야 한다"는 기초자치단체의 '자기책임성(Eigenverantwortlichkeit)의 원칙'을 선언하고 있다(하인리히 숄러/김해룡 역, 1994: 39).

그림 12 보충성의 원칙과 사무배분(독일사례)

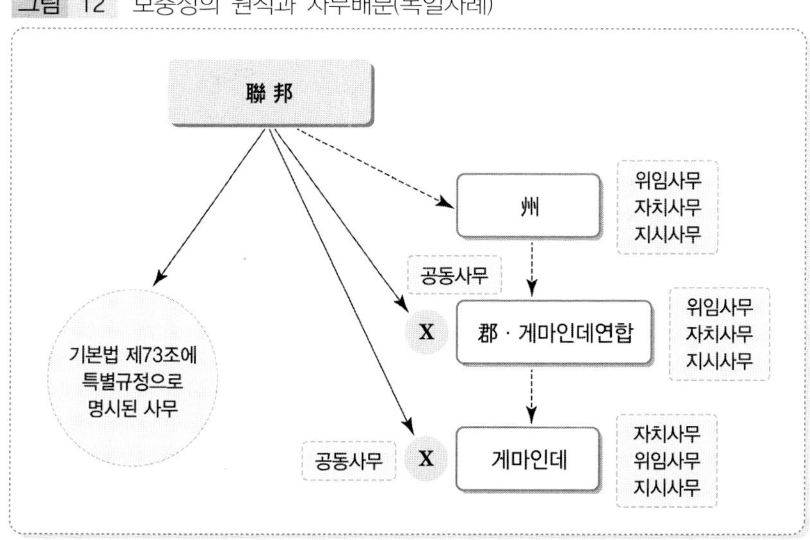

출처: 정창화·한부영, 2005: 47.

민주시민교육의 제도화와 관련하여 '보충성의 원칙'은 교육실행의 중심축(Hauptachse)이 지방자치단체가 되어야 하며, 지방자치단체 중심의 교육사무의 배분원칙을 확실히 설정한다는 데 중요한 의미가 있다(Dubach, 1996: 19-20). 이것은 민주시민교육의 제도화를 위한 두 가지의 시사점을 제시한다. 첫째, 기초의 행정단위(기초자치단체)에서 일정한 행정사무를 더 잘 수행할 수 있다면, 상급의 행정단위가 개입해서는 안 된다는 것을 의미한다. 결국, 민주시민교육의 실행과 관련하여, 중앙정부는 보조적이고 보충적인 역할만을 수행하라는 것이다. 둘째, 상기한 중앙정부의 보조적・보충적인 역할이란 상급행정기관이 기초행정기관에 대하여 재정적인 지원 및 보조 등과 같이 기초자치단체가 사무수행을 용이하게 할 수 있도록 행정상의 지원을 해야 한다는 것이다. 따라서 현재 55개 지방자치단체 및 시도교육청에 의해 민주시민교육관련 조례 제정이 종결된 상황 하에서 중앙정부의 역할은 보충성의 원칙에 따라 가장 낮은 단계의 행정단위가 민주시민교육의 기초단위가 되어야 하는 것이다.

55 한국에서 민주시민교육의 법제화 또는 입법화는 어떻게 진행되고 있는가?

민주시민교육의 제도적 실행을 위한 입법안은 지난 1997년 10월 제15대 국회에서 박명환 의원에 의해 「민주시민교육지원법안」이 최초로 발의되었다. 국회소속의 별도의 법인으로 민주시민교육원의 설치에 대한 내용이 포함되었지만, 국회의 회기만료로 인하여 자동적으로 폐기되었다. 제17대 국회에서도 이은영 의원에 의해서 국회에 초당적 기관으로서 민주시민교육원에 대한 조직설치를 명문화한 「민주시민교육지원법안」이 발의되었다.

제19대 국회에서 황영철 의원이 대표 발의한 「선거정치교육지원법률안」에 따르면, 「선거정치교육원」을 중앙선거관리위원회 산하에 설치하고 선거관련 유권자를 대상으로 정치교육을 실시하도록 하였다. 또한 이언주 의원이 발의한 「민주시민교육지원법안」에서는 독립기관으로 민주시민교육위원회의 설치와 위원회 산하에 민주시민교육원을 설치·운영하는 내용이 포함되었다. 남인순 의원은 중앙행정기관장인 행정자치부장관 소속의 민주시민교육위원회를 설치하고 법인으로 민주시민교육원을 설치하는 방안을 제안하였다.

제20대 국회에서도 민주시민교육관련 3건의 제정안이 발의되었다. 먼저 남인순 의원은 제19대와 동일하게 행정안전부 소속으로 민주시민교육위원회를 두고, 독립법인으로서 민주시민교육원을 설치할 수 있는 「민주시민교육지원법안」을 제출하였다. 소병훈 의원의 경우, 국무총리 소속 하에 민주시민교육원을 설치하여 관련 소관 업무를 담당하도록 한 「민주시민교육지원에 관한 법률안」을 제출하였다. 이철희 의원은 교육과정에 학교민주시민교육을 포함시키고, 교육부 산하 학교민주시민교육위원회를 설치하는 안을 제시하여 「학교민주시민교육법안」을 발의하였다.

제21대 국회가 개원되기 전에 남인순 의원에 의해 「민주시민교육지원법안」이 발의되었다(발의자 18명). 동 법안에 따르면, 민주시민교육의 실시 및 지원을 체계적으로 추진하기 위하여 민주시민교육 기본계획을 5년 단위로 수립하도록 하며(제7조), 행정안전부장관 소속으로 민주시민교육위원회가 설치된다(제9조). 또한 민주시민교육과 관련된 업무를 지원하기 위하여 민주시민교육원이 설립되며(제12조), 지역의 민주시민교육 활성화를 위하여 시도와 시군구에 지역민주시민교육센터를 설치 또는 지정한다.

표 25 민주시민교육관련 법안(1997–2020)

국회 회기	민주시민교육관련 법안(1997–2020)		
	법안명	발의의원 (발의일자)	주요내용
제15대	민주시민교육지원법안	박명환 ('97.10.31)	국회소속 민주시민교육원 설치
	시민교육진흥법안	김찬진 ('00.01.03)	국무총리소속 시민교육위 설치
제17대	민주시민교육지원법안	이은영 ('07.06.05)	국회소속 민주시민교육원 설치
제19대	선거정치교육지원법률안	황영철 ('97.10.31)	중앙선관위에 선거정치교육원 설치
	민주시민교육지원법안	이언주 ('15.01.22)	독립기관으로 민주시민교육위원회 설치 동위원회 산하에 민주시민교육원 설치
	민주시민교육지원법안	남인순 ('15.02.05)	행자부 산하에 민주시민교육위원회 설치 법인으로 민주시민교육원 설치 지역민주시민교육센터 운영
제20대	민주시민교육지원법안	남인순 ('16.09.19)	행자부 산하에 민주시민교육위원회 설치 법인으로 민주시민교육원 설치 지역민주시민교육센터 운영
	민주시민교육지원법안	소병훈 ('19.03.07)	국무총리소속의 민주시민교육원 설치 지역민주시민교육센터 운영

	학교민주시민교육 법안	이철희 ('19.11.12)	교육과정에 학교민주시민교육 포함 교육부 산하에 학교민주시민교육위원회 설치 국가와 지자체에서 학교민주시민교육 지원
제21대	민주시민교육지원 법안	남인순 ('20.06.01)	행안부소속 민주시민교육위원회 설치 법인으로 민주시민교육원 설치 지역민주시민교육센터 운영

출처: 이정진, 2020: 3 일부수정.

지난 1997년 이후 민주시민교육 법률 제정의 핵심은 민주시민교육의 시행주체에 대한 것이며, 국회, 중앙선거관리위원회 그리고 행정안전부 등이 언급되었다.

56 민주시민교육을 위한 법률에는 무슨 내용을 담아야 하는가?

지난 1997년 이후 23년 동안 발의된 민주시민교육 관련 법안에는 민주시민교육의 활성화를 위해 필요한 행정과 재정지원에 관한 내용, 민주시민교육 관련 조직 또는 기구의 설치, 민주시민교육 기본계획 수립, 시도 및 시군구에 지역 민주시민교육센터의 설치·운영, 국가 및 지자체의 민주시민교육에 대한 지원 등에 관한 내용이 공통적으로 제안되었다.

그러나 향후 민주시민교육의 법제화에는 다음의 4가지 사항이 충분히 검토되어야 한다.

첫째, 민주시민교육의 개념 정의와 범위 설정이다. 시민교육, 민주주의교육, 인권교육, 통일교육, 평생교육, 헌법교육, 정치교육 등의 개념 및 범위를 설정해야 한다. 민주시민교육이 국가의 근본적인 헌정질서인 자유민주적 기본질서 내에 이념적 갈등과 분쟁을 해소함을 목적으로 한다. 또한 사회 구성원이 정치적 사안에 대하여 합리적인 판단과 사고(思考) 그리고 행위능력을 제고하며, 자율성, 독립성 및 책임성을 부여하기 위한 의미를 포함해야 한다.

둘째, 민주시민교육 추진체계 구축의 문제이다. 즉, 민주시민교육 운영주체와 지원체계를 구축해야 한다. 현재 지방자치단체의 경우, 민주시민교육을 민간기구에 위탁하거나 중간지원조직을 통하여 운영하고 있다. 따라서 민주시민교육의 정교한 추진체계 구축을 위하여, 공법국가에서 적합한 추진체계가 논의되어야 한다.

셋째, 민주시민교육의 실행기관에 대한 위상정립과 조직기능의 활성화에 대한 문제이다. 한국에서 민주시민교육의 제도적인 정착을 위해서는 법·제도적인 지원이 중요하다. 또한 해당 민주시민교육 실행기관이 민주시민교육관련 교수학습원칙, 교육의 기본계획과 방향 설정, 각종 교재 및 교수법 개발 그리고 연구 및 출판 등의 기능을 실질적으로 수행할 수 있어야 한다. 이러한 내용이 법제화 이전에 충분히 논의되어야 한다.

마지막으로, 민주시민교육에 대한 실행예산의 확보 및 지속적인 제도적 지원의 문제이다. 민주시민교육 실행기관의 설립과정을 전후하여 상당한 예산이 투입되어야 할 것으로 예상된다. 특히 지속적인 민주시민교육의 실시를 위하여 매년 일정한 운영예산의 지원도 불가피하다. 왜냐하면, 행정기관의 장 또는 지자체의 장이 교체될 때마다 관련 재원확보가 불투명하다면, 민주시민교육의 지속성은 훼손될 수 있기 때문이다. 따라서 국가와 지방자치단체로 하여금 민주시민교육기관의 재정적 지원에 관한 명문규정이 필요하다.

57 한국에서 현재 어떤 기관과 단체가 **민주시민교육**을 실시하는가?

현재 한국에서 민주시민교육은 다양한 기관과 단체가 공식적 또는 비공식적인 차원에서 다양한 방식으로 실시되고 있다. 우선 공공기관을 포함하여 국가기관으로 중앙선거관리위원회 선거연수원, 지방자치단체, 국회사무처 의정연수원, 민주화운동기념사업회, 통일교육원, 민주평화통일자문회의 등이 있다. 반면에 민간기관으로 전국 민주시민교육 네트워크 등이 있다. 이중에서 핵심적인 민주시민교육 실시기관은 다음과 같다.

첫째, 중앙선거관리위원회 선거연수원이다. 선거연수원은 지난 1996년 선거관리위원회 소속 공무원 및 정당의 선거사무관계자에 대한 교육과 연수를 목적으로 출범한 교육 훈련기관이다. 그러나 2000년 이후, 금권·부정선거와 불법정치자금을 근절하기 위한 방안으로서 시민 정치의식의 바탕이 되어야 한다는 인식이 증대되면서 선거연수원은 그 업무영역을 일반시민을 대상으로 한 민주시민교육 분야로 확대되었다(신두철, 2010: 33). 2019년 현재 선거연수원은 민주시민교육 및 연수과정으로 17개 과정을 운영하고 있으며, 연간 약 13만명이 참여하고 있다. 강의전문가를 발굴하여 민주시민교육 이론 및 방법론을 학습함으로써 민주시민교육 전문강사를 양성하고 있다.

둘째, 국회 의정연수원이다. 의정연수원은 일반 시민 및 학생을 대상으로 시민의정연수를 실시하고 있으며, 초등학생을 대상으로 어린이국회 프로그램을 운영·실시하고 있다. 의정연수원은 국회의 교육기관이라는 성격상 의회관련 교육이나 의정체험 교육에 중점을 두고 있으며, 지방의회 의원과 직원을 대상으로 하는 의정지원 교육, 시민 대상의 민주주의 교육으로 그 영역을 확대하고 있다(이정진, 2020: 1-2). 또한 최근 국회직원 및 일반시민을 대상으로 민주시민교육과정으로서 '열린 국회 시민아카데미' 과정을 설치하여 민주시민교육을 확대하고 있다.

셋째, 행정안전부 산하의 공공기관인 민주화운동기념사업회이다. 동 기관은 2002년 설립 이후 민주화운동 기념 관련 사업과 더불어 민주시민교육을 실시하고 있다. 동기관은 민주시민교육센터를 설치하여 시민들을 대상으로 한 연수 및 체험 프로그램 등을 운영하고 있으며, 시민교육활동가 아카데미, 민주시민교육 교사연수, 서울 민주시민아카데미, 청소년 사회참여발표대회 등의 프로그램을 운영하였다(이정진, 2020: 2).

마지막으로, 2018년 전국 민주시민교육 네트워크가 출범하여 시민사회가 주도하는 민주시민교육이 추진되고 있으며, 민주시민교육학회 및 민주시민교육거버넌스 등이 민주시민교육에 대한 광범위한 사회적 합의 및 도출을 추진하고 있다.

58 민주시민교육을 위한 조직은 어떻게 설계될 수 있는가?

조직설계(Organizational Design)는 조직구조와 조직과정을 통하여 조직의 목표와 효과성을 달성하려는 조직관리 및 변화의 과정이다. 이때 조직구조란 규칙, 과업 그리고 권한관계의 공식적인 체계 등으로 정의할 수 있다. 이러한 조직구조(Organizational Structure)에 따라 조직구성원의 활동에 대한 관리 체계, 자원할당, 조직구성원의 상호작용, 보고체계 그리고 행정과업의 할당방식 등이 결정된다. 결국, 조직구조는 해당 조직활동의 원활한 직무수행을 위해 필요한 사무나 하부조직, 직위 및 직급에 따른 권한관계 등을 사전에 설계한 구조적인 틀을 의미한다.

조직설계에서 중요한 사항은 기구, 기능 그리고 인력에 대한 부분이다. 또한 공식화 측면에서는 업무분장의 공식화를 어떻게 해야 할지, 그리고 집권화 측면에서도 공식적인 권한의 할당보다는 비공식적 권한의 할당을 어떻게 처리해야 할지에 관한 문제도 제기될 수 있다.

그러나 중요한 사항은 특히 지난 20여 년 동안 민주시민교육의 조직구축과 관련하여 제도화 주체, 즉 시행주체와 관련기구의 운영주체가 누가 되는 것이 바람직한가에 대한 논의가 논쟁적으로 지속되었다. 따라서 이하에서는 그동안 논의되었던 다섯 가지의 조직운영주체 또는 시행주체 모형에 대하여 기술하고자 한다.

첫째, **행정부 주체형**이다. 행정부 주체형의 장점은 ① 재정확보 및 행정지원이 용이하며, ② 전국적인 행정조직망을 가동하기 쉬우며, ③ 민주시민교육기관의 운영에 있어서 지속성을 유지할 수 있을 것이다. 또한 ④ 교육대상의 선발 및 동원, ⑤ 교육의 통합성 유지 그리고 ⑥ 기관이 추진하는 기타 사업을 능률적으로 집행할 수 있으며, ⑦ 각 부처간의 업무협조 및 조정이 가능할 것이다.

그림 13 민주시민교육의 조직설계 모형

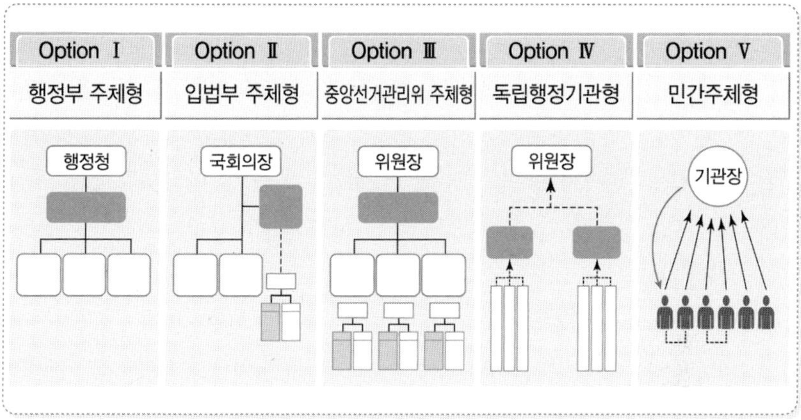

출처: 정창화(2019), 민주시민교육의 제도화를 위한 조직설계, 한국민주시민교육학회/선거연수원 학술대회 발표자료(2019.5.14).

단점으로는 ① 민주시민교육의 정치적 중립성을 유지할 수 없으며, ② 과거 권위주의적 정권하에서 정부주도의 정치교육에 대한 부정적인 인식과 불신 때문에 국민의 지지를 획득하기 어려울 것이다. 또한 ③ 교육의 운영이 관료주의와 행정편의주의에서 탈피하기 어려울 수 있으며, ④ 내실보다는 실적에 치우쳐 교육이 형식적으로 될 수 있을 것이다. 그밖에 ⑤ 민주시민교육의 다양성을 침해하고 관주도적인 획일화의 우려, ⑥ 작은 정부를 지향하는 행정개혁의 방향과 상반 그리고 ⑦ 여야간의 합의도출의 어려움 등이 고려될 것이다.

둘째, **입법부 주체형**이다. 행정부로부터 독립된 헌법기관으로서 입법부가 민주시민교육의 주체가 된다면 다음과 같은 장점이 있다. 우선, 예산확보 측면에서 용이하며, 동시에 행정관료의 영향을 덜 받을 수 있다. 또한 민주시민교육 관련 제도개선에 필요한 입법권을 행사할 수 있으며, 국회도서관을 비롯하여 다양한 시설과 정치관련 각종 자료와 해당 전문 인력을 활용할 수 있을 것이다. 지난 1997년 제15대 국회에서 발의된 민주시민교육지원법안(박명환 의원)은 국회소속의 민주시민교육의 설치에 대한 내용을 포함하였다.

단점으로는 만일 여・야간 합의하에 국회가 민주시민교육의 실행주체가 되더라도 타협과 합의의 정치문화가 미흡한 현실, 정당의 제도화 수준에 대한 미흡성 및 불안정성, 정당의 붕당성과 파벌성, 여・야간 대립과 투쟁적인 자세 등으로 자칫 민주시민교육기관이 정치적인 논리에 의해 운영될 가능성이 높다. 즉, 정권획득이 목적인 현실세계에서 여・야가 초당적・초정파적・초정권적으로 국가사업의 하나로서 민주시민교육을 공동으로 추진하기는 기대하기 어려울 것이다(홍득표, 1997: 166).

셋째, **중앙선거관리위원회 주체형**이다. 헌법상 명문화된 국가기관으로서 중앙선거관리위원회가 민주시민교육의 운영주체가 되는 경우에 이하의 장점이 있다. 먼저 ① 헌법상 정치적 중립성이 확보된다는 점이다. 이것은 운영주체로서 해당기관에서 실시하는 기관사무 및 교육내용에 있어서뿐만 아니라, 기타의 정부기관, 정당조직 그리고 또한 지방자치단체와 같은 공공단체로부터 자율성, 독립성 그리고 중립성을 확보할 수 있다. ② 헌법기관으로서 지속적인 재정지원이 가능할 수 있다. ③ 중앙선거관리위원회는 광역 및 기초자치단체에 설치되어 있는 하부조직을 통하여 전국 규모의 민주시민교육 체계를 확립할 수 있다. ④ 민주시민교육과 관련하여 입법안 제정 및 개정시 헌법기관으로서 지속성을 유지할 수 있다. ⑤ 특히, 현재 선거연수원 내에는 민주시민교육을 전담할 관련 하부조직이 이미 설치되어 있다는 점이 특징적이다. 이를 통하여 실질적인 교육을 위한 민주시민교육 인프라 구축이 가능하다.

단점으로는 ① 민주시민교육의 실질적인 운영과 관련하여, 조직내부에서 관료가 주도적인 역할을 할 경우, 민주시민교육의 관료화에 대한 폐단이 지적될 수 있다. ② 만일 조직내부에 民이 주도적인 역할을 할 경우 조직관리의 비효율성과 비전문성 그리고 독립성이 훼손될 수 있다. 이를 보완하기 위하여 ③ 운영조직을 민(民)과 관(官)으로 연계한 혼합조직 또는 위탁조직으로 설치한 경우인데, 이 경우에는 책임소재가 불분명하며 향후에는 갈등이 발생할 수 있다. 또한 ④ 민주시민교육을 전담할 전문 인력의 부족(신두철, 2004: 125-126)과 ⑤ 민주시민교육기관의 발전과 연계된 교육의 내용과 방법론 측면에서의 취약성(허영식, 2004: 71-73)을 지적할 수 있다.

넷째, **독립행정기관형**이다. 독립행정기관(Unabhängige Behörden)은 입법부로부터 고유한 기능을 수행하기 위하여 법령의 집행에 필요한 권한을 위임받고, 그에 따라 행정부로부터 독립적으로 정책을 결정 및 집행할 수 있는 행정기관을 의미한다(서보국 외, 2012: 18). 우리나라의 경우 현행법상 입법부, 사법부 및 행정부(대통령 및 국무총리)에 속하지 않은 기관으로서 국가인권위원회가 유일하다. 독립행정기관의 설치 조건으로서 ① 업무의 비전형성 요건과 ② 업무의 중립성 요건을 고려한다면(김소연, 2013), 민주시민교육의 실행과 관련하여 독립행정기관으로 설치가 가능하다.

마지막으로 **민간주체형**이다. 민간주체형은 민주시민교육에 뜻이 있는 개인이나 민간단체가 민주시민교육기관을 설립하여 운영하는 방법이다.

이러한 유형의 장점은 조직설립 및 관리·운영에 있어서 민주성, 독립성 그리고 자율성을 확보하기가 용이하다. 따라서 민주시민교육의 정치적인 중립성을 보장받을 수 있다. 특히, 이러한 유형은 민주시민교육의 진정한 의미인 다양성을 유지하기가 쉬우며, 시민의 자발적인 참여를 유도하기가 용이하다. 또한 시민의 요구를 시민단체가 수용할 수 있으며, 교육의 내용과 운영에 있어서도 국가와 사회의 요구에 객관적으로 부응할 수 있을 것이다.

단점은 재정확보의 문제, 기관설립에 참여하는 다양한 이해당사자간의 입장조정의 문제, 조직운영의 일관성과 효율성 확보 문제, 의사결정에서 주도권 문제 등으로 발생할 수 있는 갈등해소 문제, 대외적인 공신력 획득의 문제 그리고 민간단체로서 전국적인 규모의 교육기관을 설립·운영하는 것은 전례가 드문 일로 현실적으로 가능한가에 대한 문제 등이다.

59 지방자치단체의 **민주시민교육** 운영 및 추진체계는 어떻게 구축해야 하는가?

일반적으로 지방자치단체의 공공서비스 전달방식은 운영주체에 따라 ① 직접관리방식과 ② 간접관리방식으로 이분된다.

직접관리방식은 각종 공공사업 또는 시설을 행정조직의 체계 내에서 정부 부문(지자체 등)이 직접 운영·관리하는 방식이다. 지방자치단체가 공급주체로서 공익을 목표로 공공사업이 전체 주민에게 필수적으로 공급되어야 할 경우에 일반적으로 직접관리방식을 선택한다.

그림 14 지방자치단체 공공사업 관리운영방식

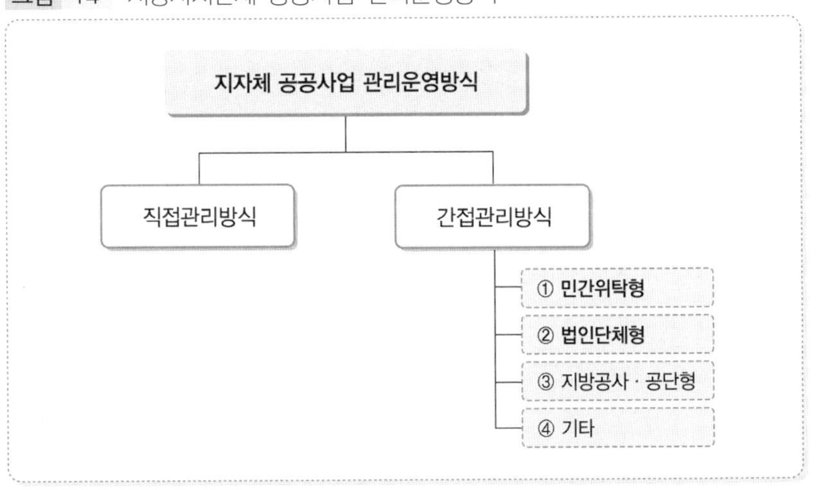

출처: 장준호·정창화·정하윤, 2019: 64.

간접관리방식은 지방자치단체에게 최종적인 관리책임을 부여하며 동시에 비용부담의 책임도 부가한다. 간접관리방식은 공공서비스의 제공에 있어서 공익성과 수익성을 동시에 고려해야 하므로, 정부 부문만이 서비스 공급의 주체가 될 경우 효율성의 부분에서 문제가 제기될 수 있다. 또한 간접관리방식의 경우, 지방자치단체가 시설의 감독권 및 소유권을 행사한다. 반면에 운영에 있어서 특별법에 근거하여 특수법인 등의 형태로 운영·관리된다. 이에는 민간위탁형, 법인단체형, 지방공사·공단형 등의 유형이 있다. 민주시민교육 추진체계 구축과 관련하여, 민간위탁형과 법인단체형이 해당될 수 있다.

첫째, **민간위탁형 민주시민교육 추진체계 모형**이다. 민간위탁은 법령에 규정된 행정기관의 사무 중 일부를 지방자치단체가 아닌 법인·단체 또는 그 기관이나 개인에게 맡겨 그의 명의로 그의 책임 아래 행사하도록 하는 것을 의미한다. 민간위탁형 운영체계의 특징은 경쟁입찰을 통하여 외부기관 및 단체에 일정기간 사무를 위탁하고 계약을 갱신하며, 민간위탁 기관은 적합한 조직을 설치하고 자율적으로 인력을 선발하여 운영한다. 지방자치단체가 재산권을 보유하지만, 운영적 측면에서 외부단체에 경쟁위탁의 방식으로 경영은 소유와 분리된다. 시설 운영기관은 재정에 대하여 법적인 의무가 없으며, 반면에 성과관리·운영에 대해 행정적인 차원의 통제 및 관리는 가능하다.

표 26 민간위탁형 민주시민교육 운영체계의 장단점

	민간위탁형 민주시민교육 운영체계
장점	① 조직관리·운영의 수요변화의 대응성 및 탄력성이 높음 ② 재정적 부담이 가장 낮음 ③ 성과지향적인 관리 유연성이 높음 ④ 민간의 관리운영방식을 적용하여 운영 효율성을 제고하고 규모의 경제가 가능
단점	① 수탁기관이 이익에 치중하는 경우 공공서비스의 품질 및 공공성이 저하될 수 있음 ② 정보의 비대칭으로 역선택이 발생할 수 있음 ③ 성과위주의 운영으로 장기적인 서비스에 대한 투자가 약화될 수 있음 ④ 수익성이 높지 않은 시민교육의 특성상 정확한 민간위탁비용 산정이 어려울 수 있음

민간위탁형 추진체계모형은 다시 ① 평생교육진흥원 사무위탁형과

② 중간지원조직 위탁형으로 분류될 수 있다.

(1) 평생교육진흥원 사무위탁형

민주시민교육 운영을 위한 추진체계를 시·도평생교육진흥원 중심으로 연계·추진하여, 시도 및 시군구 내 평생교육기관을 활용할 수 있다. 기초자치단체를 포함하여, 지자체 민주시민교육조례 29개(기초자치단체 포함) 중 3개를 제외한 26개 지자체의 조례에는 민주시민교육 운영기구 설립에 대한 명문규정이 존재하지 않는 상황에서 평생교육진흥기관에 민주시민교육에 관한 사무를 위탁하여 운영할 수 있다. 그러나 장기적으로는 조례개정을 통하여 민주시민교육 지원기구 설립 및 운영에 대한 명문화가 필요하다.

(2) 중간지원조직 위탁형

중간지원조직은 정부 정책의 미흡한 부분을 보충하는 역할을 수행한다. 특히, 민간과 행정의 중재자, 민간과 민간 간의 조정 및 협력자 등의 전문조직으로서의 중간지원조직의 필요성이 제기될 수 있다.

우리의 경우 지난 2000년 이후부터 중간지원조직에 대한 개념은 부각되었으며, 중앙행정기관에서 정책적인 사업을 실시하기 위한 방안으로 시작되었다. 특히, 고용노동부가 사회적 기업에 대한 육성 및 지원정책을 실시하기 위하여 도입된 개념이 그 출발점이 되었다(고경호·김태연, 2016). 일본의 경우 중간지원조직(Intermediary) 또는 MSO(Management Support Organization), 영국의 Umbrella Organization 그리고 미국의 경우 Infrastructure Organization으로 지칭된다.

민주시민교육 중간지원조직 운영사례는 2007년 서울시의 2017년 「생활속 민주주의 학습지원센터」를 언급할 수 있다. 서울시는 민주시민교육 조례제정(2014년)이후 민간의 전문성과 노하우 그리고 네트워크 활용을 통하여 체계적이고 지속적인 '생활 속 민주주의 시민학습' 지원이 확산될 수 있도록 현장 중심의 중간지원조직으로 그 운영을 위탁하였다. 「생활속 민주주의 학습지원센터」의 위탁기간(2017.2.1.-2019.1.31.) 동안 생활속 민주주의 시민학습을 지원하는 사업을 운영 및 관리하였다.

위탁사무는 ① 민주주의 시민학습 지원사업 운영 사업계획 수립 및 시행, ② 시민교육학습 프로그램의 기획 및 개발, 교육학습에 대한 커뮤니티 활성화, 워크숍 및 포럼 개최, 멘토단 운영, 연구 및 조사 등 다양한 프로그램의 개발 및 운영, ③ 기타 '시민학습 지원사업' 추진에 필요한 사항 등으로 구성되었다.

「생활속 민주주의 학습지원센터」는 중간조직으로서 현장 중심의 시민학습 지원사업 운영 및 프로그램 개발 등을 통하여 민주시민교육을 내실화하여 시민사회의 자율적인 활동이 체계적이고 지속적으로 확산될 수 있도록 지원 역할을 수행하였다. 2016년 센터의 예산 총 8억원은 인건비(1억 5천만원), 사업비(6억 2천만원), 운영비(1천 2백만원), 자산취득비(1천만원) 등으로 구성되었다.

둘째, **법인단체형 민주시민교육 추진체계 모형**이다. 동 모형은 지자체의 출자 및 출연기관은 민법, 「공익법인의 설립·운영에 관한 법률」, 상법 및 개별 법률에 근거를 둔다. 또한 지자체의 조례에 따라 다양하게 설립하고 운영될 수 있다.

특히, 재단법인형 조직형태는 다음과 같은 특징을 지닌다. 재단은 독립적인 기금과 독립 이사회를 두고 있으며, 비영리기관에 대한 재정지원으로 공공복지 실현에 기여할 수 있다. 또한 재단은 교육, 종교, 자선 등의 다양한 활동을 지원하는 비영리·비정부기관을 의미한다. 민법 제32조에 따라 학술, 종교, 자선, 기예, 사교, 기타 영리 아닌 사업을 목적으로 재단 및 사단은 주무관청의 허가를 받아 이를 법인으로 전환할 수 있다. 지방자치단체는 조례 제정을 통하여 재단법인을 설립하고 관련 시설의 운영을 위탁할 수 있다.

재단법인으로 민주시민교육 기구를 설립할 경우, 일정한 재산에 법인격(legal personality)이 부여된 것이므로 그 성질상 영구적인 존속이 가능하며, 민주시민교육 사업 추진의 자율성, 전문성, 공공성의 확보가 가능하다. 또한 안정적인 조직운영을 통하여 전문 인력의 양성과 발전 가능성을 제고할 수 있다. 운영체계 측면에서, 재산권은 광역자치단체에서 보유하고 산하기관에 운영을 전담하는 재단법인을 설립하여 소유와 경영을 분리하여 조직을 운영할 수 있다. 그러나 재단설립 초기에 지방자치단체의 재정부담이 될 수 있다.

결국, 민주시민교육의 추진체계는 공공성, 전문성, 경제성, 안정성 등을 고려하여 설계되어야 한다(경기도, 2011).

① 공공성의 측면에서 민주시민교육의 공공성은 직접관리방식의 경우가 가장 높다. 민주시민교육을 민간에 위탁하는 경우에는 단기이윤의 추구로 인하여 공공성이 자칫 훼손될 가능성이 있다. 반면에 재단법인을 통하여 교육을 실시할 경우, 일정한 부분의 공공성과 이에 대한 결과의 책임성도 확보할 수 있을 것이다. ② 민간위탁 또는 재단법인은 운영의 주체 및 인력의 전문성 측면에서 평가하면 직접관리방식보다 상대적으로 선호될 수 있다. 특히, 재단법인의 경우, 민주시민교육 전문인력의 양성이 용이할 수 있다. ③ 직접관리방식의 경우 다른 두 형태 추진체계와 비교하면, 경제적 효율성은 상대적으로 미흡할 수 있다. 민간위탁의 경우, 수익이란 측면에서 경제적 효율성이 제고될 수 있다. ④ 민주시민교육의 조직 안정성은 직접관리방식이 가장 높다. 반면에 민간위탁의 경우 가장 낮은 안정성이라고 평가된다. 비교적 안정적인 조직운영을 위해서는 재단법인의 조직형태가 선호될 수 있으며, 동시에 관리운영측면에서 다양한 방법론의 축적도 가능하다고 평가될 수 있다.

60 지방자치단체(광역)의 **민주시민교육** 제도화를 위한 로드맵은 어떻게 설계될 수 있는가?

지난 2014년 서울시에서 민주시민교육지원조례가 처음으로 제정되고, 최근 수년간 전국적으로 조례제정이 확산되고 있지만, 민주시민교육의 제도화 수준은 매우 미흡한 실정이다. 2020년 7월 현재 17개 광역자치단체 중 11개의 광역자치단체에서 민주시민교육관련 조례가 제정되었다.

지방자치단체(광역)의 민주시민교육 제도화를 위한 로드맵 구축은 이하의 4단계로 진행될 수 있다. 제1단계와 2단계는 도입단계로 민주시민교육 조례제정과 종합계획 수립이 추진되며, 제3단계는 발전단계로서 「(가칭)인천민주시민교육 정보센터」설립을 추진한다. 마지막으로는 민주시민교육의 제도적인 착근단계이며, 「(가칭)인천민주시민교육원」을 설립·운영하는 제4단계로 분류될 수 있다.

그림 15 지방자치단체 민주시민교육 로드맵안

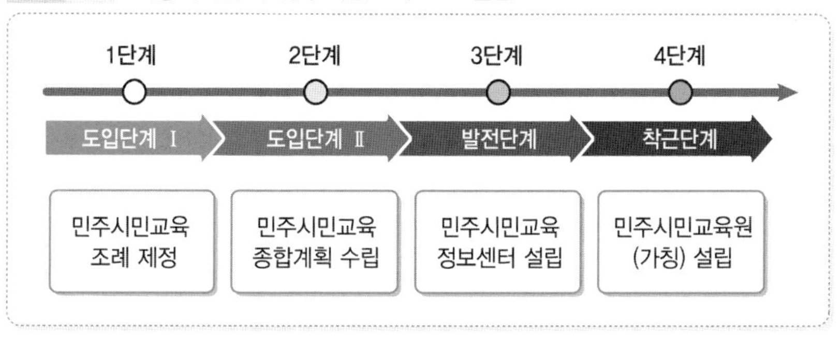

첫째, 로드맵 제1단계(도입단계 I)는 민주시민교육 조례를 제정하는 단계이다. 상기하였듯이, 2020년 7월 현재 11개의 광역자치단체가 「민주시민교육에 관한 조례」를 제정하여 민주시민교육 제도화를 추진하고

있다. 대다수의 조례는 조례의 목적, 정의, 기본원칙, 적용대상, 종합계획, 민주시민교육의 내용과 방법 등이 일반적·추상적으로 규정되어 있다. 특히, 민주시민교육에 대한 종합계획을 수립·시행하고, 기타 민주시민교육에 관한 전문적이고 다양한 의견을 수렴하기 위하여 민주시민교육자문위원회의 설치를 위한 규정을 두고 있다. 그러나 동위원회는 자문위원회의 기능만 수행할 수 있으므로, 민주시민교육 실시를 위한 실효성 있는 의사결정기구 측면에서 소극적인 규정이라고 평가할 수 있다. 추진체계 구축에 관하여, 대부분 민주시민교육의 민간위탁을 규정함으로써 기타의 광역자치단체와 같은 사무위탁 형태의 취약한 운영기구를 두고 있다.

둘째, 로드맵 제2단계(도입단계 Ⅱ)는 민주시민교육 종합계획을 수립하는 단계이다. 대부분의 조례에는 민주시민교육의 전문화와 활성화를 지원하기 위하여 「민주시민교육 종합계획」을 수립하고 시행해야 함을 명문화하고 있다. 이러한 「민주시민교육 종합계획」에는 ① 민주시민교육의 정책 목표 및 그 추진방향에 관한 사항, ② 민주시민교육 사업의 지원을 위한 소요재원 및 재원조달에 관한 사항, ③ 민주시민교육사의 양성 등 민주시민교육 사업의 전문성 강화를 위한 인적·물적·제도적 기반의 구축 및 활성화에 관한 사항 등이 우선적으로 포함되어야 한다.

셋째, 지방자치단체의 「민주시민교육 종합계획」에는 ④ 민주시민교육과정을 위한 프로그램과 민주시민교육에 관한 연구, 개발 그리고 평가관련 사항, ⑤ 시민생활영역과 지역사회를 연계한 민주시민교육의 활동과 관련 프로그램 개발, ⑥ 기타 민주시민교육의 실효성 제고를 위한 지원과 활성화를 위한 사항 등이 반영되어야 한다.

넷째, 로드맵 제3단계(발전단계)는 「민주시민교육 정보(미디어)센터」 설립의 단계이다. 민주시민교육의 전문화 및 활성화를 위하여 「(가칭)민주시민교육 정보(미디어)센터」의 설립이 추진되어야 한다. 독일의 경우, 연방정치교육원의 사업예산 중에서 약 55% 이상이 인쇄출판물과 멀티미디어 관련 정치교육(민주시민교육)의 정보제공 비용이다.

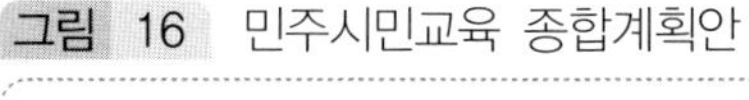
그림 16 민주시민교육 종합계획안

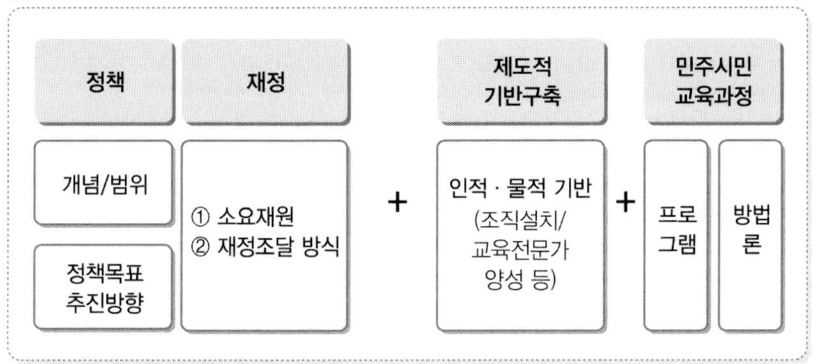

출처: 장준호 · 정창화 · 정하윤, 2019: 80.

이러한 「민주시민교육 정보(미디어)센터」는 다음과 같은 활동을 추진해야 한다. 즉, 민주시민교육을 위한 신문과 잡지 등의 정기간행물을 발간하며, 민주시민교육 관련 도서의 출판, 해당 지방자치단체의 민주시민교육 관련 학술행사 자료, 그리고 각종 사회단체의 민주시민교육 관련 정보(미디어)자료 등을 지원해야 한다.

독일 연방정치교육원의 경우, 정기간행물로서 「의회(Das Parlament)」를 발간하여, 연방과 지방자치단체 등에서 논의되는 중요 정치적 사안과 정치현상 등을 주제별로 심층 분석하여 제공하고 있다. 그 밖에 「Aus Politik und Zeitgeschichte」, 「Informationen zur Politischen Bildung」, 「P/Z Wir in Europa」 등을 발간하여 정보를 제공하고 있다.

지방자치단체 민주시민교육의 효율성 제고라는 측면에서, 「민주시민교육 정보(미디어)센터」는 소규모 예산으로 민주시민교육 관련 활동을 적극적으로 추진할 수 있다. 특히, 민주시민교육을 위한 전문교육사가 양성되지 않은 상황에서 민주시민교육활동의 1차적인 활동으로서 추진할 수 있다.

그림 17 독일 민주시민교육의 미래를 위한 15개 테제

출처: Thomas Krüger, 2015: 10－11; 장준호 · 정창화 · 정하윤, 2019: 81.

마지막으로, 로드맵 제4단계(착근단계)는 독립법인으로서 「지방자치단체 민주시민교육원」을 설립 · 시행하는 단계이다. 「지방자치단체 민주시민교육원」은 재단법인으로서 설립된다. 이러한 비영리 재단법인은 다음과 같은 절차에 따라서 설립을 준비할 수 있다. 첫째, 설립준비단계로서 우선적으로 설립 목적의 비영리성이 선언되어야 한다. 또한 일정한 재산이 출연되고, 법인의 명칭과 정관이 작성되어야 한다. 둘째, 재단법인의 설립허가 단계이다. 즉, 설립목적에 부합되는 해당 주무관청을 확인하여 법인 설립허가 신청을 하고 허가를 취득해야 한다. 마지막으로 설립등기의 단계이다. 설립허가를 득한 재단법인은 관할 법원등기소에 설립등기를 해야 한다(민법 제33조).

특히, 비영리재단법인의 설립과 관련하여, 민법 제32조는 학술, 종교, 자선, 기예, 사교 기타 영리 아닌 사업을 목적으로 하는 법인을 비영리법인으로 명문화하고 있다. 이에 「지방자치단체 민주시민교육원」의 목적사업은 민법의 "학술", "기타 영리 아닌 사업"(제32조)에 부합되며, 공익법인법의 "학문 또는 과학기술의 연구 · 조사 · 개발 · 보급을 목적으로

하는 사업"(제2조)에 해당된다.

그림 18 지방자치단체 민주시민교육원 재단법인 설립절차

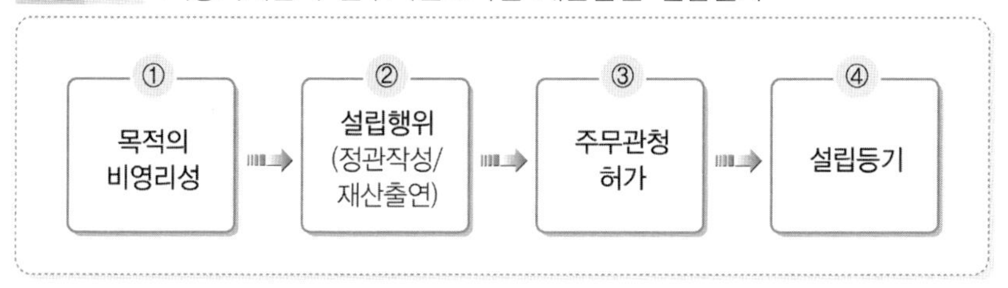

출처: 장준호 · 정창화 · 정하윤(2019), p. 82.

재단법인을 설립하고자 하는 자는 재산을 출연하여야 한다. 공익법인법에 의하면 재단법인의 설립허가를 받은 자는 그 허가를 받은 후 지체 없이 출연하고자 하는 재산을 법인에 이전해야 한다(공익법인법 시행령 제8조). 현재 대부분의 광역자치단체의 경우, 해당 지자체 평생교육진흥원의 사례가 존재하므로, 민주시민교육원의 재단설치 방향은 지방자치단체 평생교육원 설립과 유사하게 추진될 수 있다.

특별히, 「지방자치단체 민주시민교육원」의 조직설계는 내부변수와 외부변수를 고려하여 조직구조관련 핵심이슈를 검토한 후 조직설계원칙을 도출해야 한다. 특히 조직설계를 위한 시나리오를 구성한 다음, 상위 및 하위조직의 편제를 설계하는 순으로 진행될 수 있다. 또한 민주시민교육원은 기존의 행정기관과는 달리 계선(Line)조직이 강조되기보다는 참모(Staff)조직의 활용도가 높다. 따라서 참모조직의 효율성을 제고하기 위한 방향으로 하부조직의 설계가 진행되어야 한다.

참고문헌

강현석. 『인문 · 사회과학의 새로운 연구방법론. 내러티브학 탐구』. 서울: 한국문화사, 2016.

강희영. "독일 성인 정치교육 영역에서 보이텔스바흐 합의가 가지는 의미." 서울대학교 석사학위논문. 2018.

경기도. "경기평생교육진흥원 설립 타당성 분석 및 평생교육 출연기관의 조직 운영 방안." 2011.

고경호 · 김태연. "민간분야 중간지원조직의 실태와 활성화 방안 - 충남 지역 산업 협의체 사례", 『한국산학기술학회논문지』. 제17권 제5호 (2016), pp. 294-304.

김상무. "독일의 정치·사회적 쟁점교육 원칙으로서의 보이텔스바흐 합의와 한국 학교교육에 적용가능성 탐색." 『교육문화연구』. 제25권 제6호 (2019), pp. 177-197.

______. "한국과 독일의 학교 민주시민교육의 비교: 사회과와 정치교육 교육과정을 중심으로." 『포용국가 형성을 위한 민주시민교육의 체계화 Ⅱ』. 한독정책연구소 학술대회 자료집 (2020), pp. 29-54.

김소연. "독립행정기관의 헌법적 체계화에 관한 연구- 중앙행정기관으로서의 독립위원회를 중심으로." 『법조』. 제62권 제9호 (2013), pp. 5-52.

김우철. "백워드 설계에 기반한 중학교 사회과 민주시민교육 단원 개발." 경북대학교 석사학위논문. 2018.

김진희. 『다문화교육과 세계시민교육의 이론과 쟁점』. 서울: 박영스토리, 2019.

남경희. "민주시민교육 교재. 일본 시나가와구 시민과 안내." 『민주시민 양성 사회 수업 방향 탐색』. 2020년도 한국사회과수업학회 동계 학술발표 연수회 자료집 (2020), pp. 113-126.

노경주 · 강대현. "시민교육 관점에서 본 쟁점 중심 교육의 의의와 전략." 『시민교육연구』. 제50권 제4호 (2018), pp. 49-76.

서보국 · 이상경 · 윤혜선 · 한동훈 · 홍종현. 『독립행정기관의 설치 · 관리에 관한 연구』. 한국법제연구원, 2012.

신두철. “한국 민주시민교육의 제도화.” 『한국민주시민교육론』. 서울: 엠-애드, 2004.

______. “한국 국가기관의 민주시민교육 실태와 제도화.” 『한국민주시민교육학회 세미나』. (2010), pp. 31-50.

심익섭. “한국 민주시민교육의 기본논리”, 「한국민주시민교육론」. 서울: 엠-애드, 2004.

안순철·정창화 외. 『정부신뢰 제고를 위한 정책총괄기능의 합리적 운영방안』. 행정안전부 연구과제 보고서. 단국대 산학협력단, 2008.

오기성. “학교 통일교육의 사회적 합의를 위한 탐색: 독일과 한국의 사례를 중심으로.” 『교육문화연구』. 제24권 제5호 (2018), pp. 565-586.

유제순. “교과와 창의적 체험활동의 통합적 설계를 통한 민주시민교육 방안.” 『공정사회와 민주시민교육』. 한국민주시민교육학회 민주시민교육 특별학술대회 자료집 (2017), pp. 283-303.

이윤복·허영식. “사회적 관점 취득을 적용한 다학문적 통합단원의 통일교육 가능성 탐색.” 『학습자중심교과교육연구』. 제20권 제12호 (2020), pp. 969-995.

이정진. “민주시민교육 현황과 개선과제.” 국회입법조사처. 『이슈와 논점』. 제1662호(2020.2.25), pp. 103-131.

잔더, 볼프강. “독일 정치교육의 역사, 이론적 구상, 최근의 도전.” 전득주·페터 마싱·허영식 편. 『민주시민교육의 이론과 실제』. 서울: 엠-애드, 2006, pp. 9-27.

장원순. “정치현상이해를 위한 내용분석모형.” 신두철·허영식 편. 『민주시민교육 핸드북Ⅱ: 방법론』. 서울: 오름, 2009, pp. 39-50.

장준호·정창화·정하윤. 『인천광역시 민주시민교육 추진방안』. 인천: 인천평생교육진흥원, 2019.

정창화. “Diversity Management in der oeffentlichen Organisation.” 『한독사회과학논총』. 제25권 제4호 (2015), pp. 133-156.

______. “민주시민교육의 제도화를 위한 조직설계.” 한국민주시민교육학회/선거연수원 학술대회 발표자료(2019.5.14.).

______. “독일의 국가통일과 민주시민교육.” 『한독사회과학논총』. 제30권 제1호 (2020), pp. 103-131.

정창화 · 한부영. “지방분권화의 이론과 원칙 탐색 — 독일과 한국의 지방자치 단체의 사무배분을 중심으로.” 『지방행정연구』. 제19권 제2호(통권 61호) (2005), pp. 35-64.

정한기. “일상생활에 대한 비판적 성찰과 고통공감에 기초한 통일교육.” 한국교원대학교 박사학위논문. 2004.

최영돈. “독일의 정치교육과 관점의 다양성에 대한 사회적 합의: 보이텔스바흐 합의.” 『사회적 합의 형성 기반으로서의 민주시민교육』. 선거연수원 제12회 민주시민교육 국제심포지엄 자료집 (2016), pp. 70-77.

최종덕. “미국의 시민교육 현황과 쟁점.” 『포용국가 형성을 위한 민주시민교육의 체계화』. 한독정책연구소 학술대회 자료집 (2020), pp. 37-45.

최치원. “간문화적 성찰과 시민교육 그리고 정체성 문제 고찰.” 허영식 · 정창화 · 최치원 · 김진희 · 바이세노(Weisseno). 『간문화주의와 다양성관리』. 서울: 박영스토리, 2014a, pp. 11-54.

______. “대한민국 헌법 그리고 정체성에 대한 간문화적 성찰.” 허영식 · 정창화 · 최치원 · 김진희 · 바이세노(Weisseno). 『간문화주의와 다양성관리』. 서울: 박영스토리, 2014b, pp. 55-87.

허수미. “통합사회 성취기준과 수행과제에 반영된 핵심역량 특성 분석.” 『사회과교육연구』. 제25권 제4호 (2018), pp. 109-129.

______. “학교노동인권교육의 문제점과 개선 방안: 사회과 연계를 중심으로.” 『사회과수업연구』. 제7권 제2호 (2019), pp. 55-75.

______. 외. “사회과 노동인권 수업 구성 및 실천 사례.” 『민주시민 양성 사회 수업 방향 탐색』. 2020년도 한국사회과수업학회 동계 학술발표연수회 자료집 (2020), pp. 75-92.

허영식. “독일 정치교육 논쟁사: 갈등과 합의.” 한국교원대학교 박사학위논문. 1999.

______. 『다양성과 세계시민교육』. 서울: 박영스토리, 2017a.

______. “독일의 정치교육: 합의문제와 다중관점.” 『세계시민』. 제10호 (2017b), pp. 44-51.

______. 『다양성과 사회통합 사이에서』. 서울: 박영스토리, 2019a.

______. “민주시민교육의 원칙에 관한 연구동향과 함의.” 『선거연구』. 제11호 (2019b), pp. 91-112.

______. “포용국가 형성을 위한 포용적 민주시민교육의 과제.” 『융합사회와

공공정책』. 제13권 제4호 (2020a), pp. 160-189.

______. "포용의 개념을 반영한 민주시민교육의 행위영역과 실천." 『한독사회과학논총』. 제30권 제1호 (2020b), pp. 3-38.

허영식 · 이윤복. "논쟁문화의 조성을 위한 논쟁교육의 과제." 『교육문화연구』. 제26권 제3호 (2020), pp. 5-24.

허영식 · 정칭화. "민주시민교육의 제도적 체계화를 위한 교수학습원칙과 실천 방안." 『내러티브와 교육연구』. 제8권 제1호 (2020), pp. 35-58.

홍득표. "한국 민주시민교육의 체제구축 방안 - 민주시민교육원 설립을 중심으로." 『한국민주시민교육학회보』. 제2호 (1997), pp. 1-29.

홍은영. "안네 프랑크 교육기관 사례로 본 독일 학교 밖 정치교육의 특징과 과제." 『교육문화연구』. 제25권 제2호 (2019), pp. 703-724.

______. "세계화 시대 독일 정치교육의 도전과 과제." 『포용국가 형성을 위한 민주시민교육의 체계화 II』. 한독정책연구소 학술대회 자료집 (2020), pp. 9-27.

홍은영 · 최치원. "문화적 실천으로서 독일의 정치교육 혹은 민주시민교육 - 제도적 이상과 현실." 『유럽사회문화』. 제17호 (2016), pp. 289-320.

Ackermann, P. "Aporien in der politischen Didaktik." Nitzschke, V. and Sandmann, F. (eds.). *Metzler Handbuch fuer den politischen Unterricht*. Stuttgart: Metzler, 1987, pp. 35-41.

______. et al. *Politikdidaktik kurzgefasst*. Bonn: bpb, 1995.

Arenhoevel, M. "Streitkultur in der Demokratie." *kursiv – Journal fuer politische Bildung*. No. 3. (2009), pp. 20-25.

Behrens-Cobet, H. and Richter, D. "Didaktische Prinzipien." Beer, W. et al. (eds.). *Handbuch politische Erwachsenenbildung*. Schwalbach/Ts.: Wochenschau, 1999, pp. 167-203.

Besand, A. and Jugel, D. "Inklusion und politische Bildung – gemeinsam denken!" Doenges, Ch. et al. (eds.). *Didaktik der inklusiven politischen Bildung*. Bonn: bpb, 2015a, pp. 45-59.

Besand, A. and Jugel, D. "Zielgruppenspezifische politische Bildung jenseits tradierter Differenzlinien." Doenges, Ch. et al. (eds.). *Didaktik der inklusiven politischen Bildung*. Bonn: bpb, 2015b, pp. 99-109.

bpb (Bundeszentrale fuer politische Bildung). "Dokumentation: Demokratie braucht politische Bildung - Muenchner Manifest vom 26. Mai 1997." *Aus Politik und Zeitgeschichte*. No. 32 (1997), pp. 36-39.

Breit, G. *Mit den Augen des anderen sehen - Eine neue Methode zur Fallanalyse*. Schwalbach/Ts.: Wochenschau, 1991a.

_______. "Fuehlen und Denken im politischen Unterricht." Schiele, S. and Schneider, H. (eds.). *Rationalitaet und Emotionalitaet in der politischen Bildung*. Stuttgart: Metzler, 1991b, pp. 58-78.

Detjen, J. "Politische Bildung fuer bildungsferne Milieus." *Aus Politik und Zeitgeschichte*. No. 32-33 (2007), pp. 3-8.

_______. "Bildungsaufgabe und Schulfach." http://www.bpb.de/ gesellschaft/kultur/politische-bildung/193595/bildungsaufgabe-und-schulfach (2015a; 2020년 6월 5일 검색).

_______. "Grenzen einer inklusiven Foerderung der Politik- und Demokratiekompetenz. Anstoesse zum Weiterdenken - eine Replik." Doenges, Ch. et al. (eds.). *Didaktik der inklusiven politischen Bildung*. Bonn: bpb, 2015b, pp. 223-228.

Dubach, Alexander, *Integration und Subsidiarität*, Bern: Verlag Stämpfli+Cie AG, 1996

Evens, J. "Post-unification civic education for democracy in the former East German region: Focused on social consensus." 『사회적 합의 형성 기반으로서의 민주시민교육』. 선거연수원 제12회 민주시민교육 국제심포지엄 자료집 (2016), pp. 5-21.

Giesecke, H. "Zur Krise der politischen Bildung." *Aus Politik und Zeitgeschichte*. No. 32 (1997), pp. 3-10.

GPJE. *Nationale Bildungsstandards fuer den Fachunterricht in der Politischen Bildung an Schulen. Ein Entwurf*. Schwalbach/Ts.: Wochenschau, 2004.

Grammes, T. "Unterrichtsanalyse - ein Defizit der Fachdidaktik." Schiele, S. and Schneider, H. (eds.). *Reicht der Beutelsbacher Konsens?* Schwalbach/Ts.: Wochenschau, 1996, pp. 143-169.

_______. "Kontroversitaet." Sander, W. (ed.). *Handbuch politische Bildung*. Schwalbach/Ts.: Wochenschau, 2005, pp. 126-145.

Gugel, G. and Jaeger, U. "Was heißt hier Demokratie?" *Thema im*

Unterricht. Arbeitsmappe. Bonn: bpb, 2004.

Heinrich, G. "Politische Bildung und Rechtsextremismus." Schmidt, J. and Schoon, S. (eds.). *Politische Bildung auf schwierigem Terrain*. Schwerin: lpb-mv (Landeszentrale fuer politische Bildung Mecklenburg-Vorpommern), 2016, pp. 22-36.

Henkenborg, P. "Schulen in paedagogischer Bewegung - Herausforderungen und Ansaetze fuer politische Bildung." *kursiv - Journal fuer politische Bildung*. No. 3 (2003), pp. 36-40.

Heyl, M. "Emotionalitaet und Kontroversitaet in der historisch-politischen Bildung." Schmidt, J. and Schoon, S. (eds.). *Politische Bildung auf schwierigem Terrain*. Schwerin: lpb-mv, 2016, pp. 37-57.

Hilligen, W. "Mutmassungen ueber die Akzeptanz des Beutelsbacher Konsenses in der Lehrerschaft." Schiele, S. and Schneider, H. (eds.). *Konsens und Dissens in der politischen Bildung*. Stuttgart: Metzler, 1987, pp. 9-26.

Himmelmann, G. "Demokratie - Lernen als Lebens-, Gesellschafts- und Herrschaftsform." Breit, G. and Schiele, S. (eds.). *Demokratie - Lernen als Aufgabe der politischen Bildung*. Bonn: bpb, 2002, pp. 21-39.

Huh, Y.-S. *Interesse und Identataet. Eine Untersuchung zu Wertbezuegen, Zielen, Inhalten und Methoden des politischen Unterrichts nach dem Beutelsbacher Konsens*. Frankfurt/M.: Peter Lang, 1993. (Zugl.: Frankfurt (Main), Univ., Diss., 1992).

Kaiser, K.-D. "Was bedeutet der Beutelsbacher Konsens als didaktische Grundlage im Blick auf die Vermittlung von DDR-Geschichte?" Schmidt, J. and Schoon, S. (eds.). *Politische Bildung auf schwierigem Terrain*. Schwerin: lpb-mv, 2016, pp. 58-66.

Kavaloh, Brighton G. "Analysis: EU Weekly Work-Free Sunday Legislative Proposal is Anomalous and Unconstitutional on the Grounds of Subsidiarity Doctrine", London - England, December, 2011, pp.1-11.

Koopmann, K. "Politische Bildung in den U.S.A." Sander, W. (ed.). *Handbuch politische Bildung*. Schwalbach/Ts.: Wochenschau, 2005, pp. 652-668.

Krek, J. "Quality Assurance in (Citizenship) Education." Georgi, V. (ed.).

The Making of Citizens in Europe: New Perspectives on Citizenship Education. Bonn: bpb, 2008, pp. 179-188.

Kronauer, M. "Politische Bildung und inklusive Gesellschaft." Doenges, Ch. et al. (eds.). *Didaktik der inklusiven politischen Bildung*. Bonn: bpb, 2015, pp. 18-29.

Krüger, Thomas, "15 Thesen zur Zukunft der politischen Bildung", Bundeszentrale für politische Bildung, 2015

Kultusministerium NRW (Nordrhein-Westfalen). *Rahmenkonzept: Gestaltung des Schullebens und Oeffnung von Schule*. Duesseldorf: Kultusministerium NRW, 1995.

Loerwald, D. "Oekonomische Bildung fuer bildungsferne Milieus." *Aus Politik und Zeitgeschichte*. No. 32-33 (2007), pp. 27-33.

lpb-bw (Landeszentrale fuer politische Bildung Baden-Wuerttemberg). *Der Beutelsbacher Konsens und die neuen Bildungsplaene. Unterrichtsmodelle fuer Gemeinschaftskunde und WBS in Baden-Wuerttemberg in der Sekundarstufe* Ⅰ. Ulm: Neue Sueddeutsche Verlagsdruckerei, 2017.

Mecheril, P. "Diversity Mainstreaming." Lange, D. and Polat, A. (eds.). *Unsere Wirklichkeit ist anders. Migration und Alltag*. Bonn: bpb, 2009, pp. 202-210.

Mickel, W. "Politische Bildung in der Europaeischen Union." Sander, W. (ed.). *Handbuch politische Bildung*. Schwalbach/Ts.: Wochenschau, 2005, pp. 635-651.

Neunreither, Karlheinz. "Euphoria about Subsidiary?" Political Science and European Unification, 2 (1991), p. 1+3.

Rudolf, B. "Teilhabe als Menschenrecht - eine grundlegende Betrachtung." Diehl, E. (ed.). *Teilhabe für alle?! Lebensrealitaeten zwischen Diskriminierung und Partizipation*. Bonn: bpb, 2017, pp. 13-43.

Sander, W. "Theorie der politischen Bildung: Geschichte - didaktische Konzeptionen - aktuelle Tendenzen und Probleme." Sander, W. (ed.). *Handbuch politische Bildung*. Schwalbach/Ts.: Wochenschau, 2005, pp. 13-47.

_______. *Poltik entdecken - Freiheit leben: Didaktische Grundlagen politischer Bildung*. Schwalbach/Ts.: Wochenschau, 2007.

_______. "Anstiftung zur Freiheit - Aufgaben und Ziele politischer

Bildung in einer Welt der Differenz." Overwien, B. and Rathenow, H.-F. (eds.). *Globalisierung fordert politische Bildung*. Opladen: Barbara Budrich, 2009, pp. 49-61.

Schelle, C. "Hermeneutisch-rekonstruktive Forschung und didaktische Theorie." *kursiv - Journal fuer politische Bildung*, No. 2 (2007), pp. 16-24.

Schiefer, F. et al. "Foerderung der Politik- und Demokrtiekompetenz bei Schuelerinnen und Schuelern mit kognitiven Beeintraechtigungen." Doenges, Ch. et al. (eds.). *Didaktik der inklusiven politischen Bildung*. Bonn: bpb, 2015, pp. 211-222.

Schiele, S. "Konsens und Konflikt." Mickel, W. and Zitzlaff, D. (eds.). *Handbuch zur politischen Bildung*. Bonn: bpb, 1988, pp. 72-76.

_______. "Der Beutelsbacher Konsens - Missverstaendnisse in der Praxis und Perspektiven fuer die Praxis." Schmidt, J. and Schoon, S. (eds.). *Politische Bildung auf schwierigem Terrain*. Schwerin: Schwerin: lpb-mv, 2016, pp. 7-21.

Schmiederer, R. "Einige Ueberlegungen zum Konsensproblem in der politischen Bildung." Schiele, S. and Schneider, H. (eds.). *Konsensproblem in der politischen Bildung*. Stuttgart: Klett, 1977, pp. 130-151.

Sutor, B. "Verfassung und Minimalkonsens. Die Rolle des Grundgesetzes im Streit um die politische Bildung." Schiele, S. and Schneider, H. (eds.). *Konsensproblem in der politischen Bildung*. Stuttgart: Klett, 1977, pp. 152-172.

_______. *Neue Grundlegung politischer Bildung*. Paderborn: Schoeningh, 1984.

Taam, M. "Teilhabe und Beteiligung von Menschen mit Migrations-hintergrund als notwendige Bedingung fuer eine moderne pluralistische Gesellschaft." Diehl, E. (ed.). *Teilhabe für alle?! Lebensrealitaeten zwischen Diskriminierung und Partizipation*. Bonn: bpb, 2017, pp. 206-230.

Waldmann, K. "Kann wertfrei ueber Demokratie informiert und diskutiert werden?" *Journal fuer politische Bildung*. No. 2. (2019), pp. 26-31.

Wehling, H.-G. "Konsens à la Beutelsbach? Nachlese zu einem Expertengespraech." Schiele, S. and Schneider, H. (eds.). *Konsens-*

problem in der politischen Bildung. Stuttgart: Ernst Klett, 1977, pp. 173-184.

_______. "Zehn Jahre Beutelsbacher Konsens - Eine Nachlese." Schiele, S. and Schneider, H. (eds.). *Konsens und Dissens in der politischen Bildung*. Stuttgart: Metzler, 1987, pp. 198-204.

Wiseman, E. "The Institutionalization of Organizational Learning: A Neoinstitutional Perspective", Proceedings of OLKC 2007 - "Learning Fusion", pp. 1112-1136.

Zurstrassen, B. "Zielgruppenorientierung. Anstoesse zum Weiterdenken - eine Replik." Doenges, Ch. et al. (eds.). *Didaktik der inklusiven politischen Bildung*. Bonn: bpb, 2015, pp. 110-114.

부 록

【붙임 1】 민주시민교육지원법안

【붙임 2】 독일 연방정치교육원 훈령, 2001.1.24.

【붙임 3】 뮌헨 선언, 1997.5.26.

【붙임 1】

민주시민교육지원법안
(남인순의원 대표발의)

의 안 번 호	54

발의연월일 : 2020. 6. 1.
발 의 자 : 남인순 · 송옥주 · 신동근
진선미 · 김철민 · 박홍근
인재근 · 이정문 · 이용선
천준호 · 맹성규 · 김성주
이학영 · 고용진 · 장경태
장혜영 · 강준현 · 박광온
의원(18인)

제안이유

진정한 민주주의 사회는 법과 제도만으로 이루어지는 것이 아니라 국민이 민주적 가치관 및 태도 등 민주사회 시민으로서 요구되는 자질과 역량을 갖출 때 실현될 수 있는 것임.

현재 「교육기본법」상의 교육이념에서는 '민주시민으로서 필요한 자질'을 언급하고 있고, 「평생교육법」에서는 6대 교육영역 중 하나로 민주시민교육의 일종인 '시민참여교육'을 설정하고 있지만, 우리 사회는 입시 위주의 교육제도 및 경쟁지상주의의 문화 등으로 인하여 민주시민교육이 제대로 실시되지 못하고 있을 뿐 아니라 이와 관련된 교육여건도 열악한 실정임.

이에, 민주시민교육을 체계적이고 종합적으로 실시 · 지원하기 위한 법적 기반을 마련함으로써 민주시민교육이 효율적으로 이루어질 수 있도록 하고 모든 국민에게 민주시민교육의 기회가 충분히 제공되도록 하려는 것임.

주요내용

가. 국가 및 지방자치단체의 책무로서 학교와 사회 각 영역에서 민주시민교육의 기회가 충분히 제공될 수 있도록 노력하고, 민주시민교육의 활성화를 위하여 필요한 행정적・재정적 지원을 하도록 규정함(안 제5조).

나. 민주시민교육의 실시 및 지원을 체계적으로 추진을 위하여 민주시민교육 기본계획을 5년 단위로 수립하도록 함(안 제7조).

다. 시・도지사는 기본계획에 준하여 연도별 민주시민교육계획을 수립하여 시행하도록 하고, 그 시행결과보고서를 행정안전부장관에게 제출하도록 함(안 제8조).

라. 민주시민교육의 기본방향과 실시 및 지원에 관한 주요사항을 심의・의결하기 위하여 행정안전부장관 소속으로 민주시민교육위원회를 둠(안 제9조).

마. 민주시민교육과 관련된 업무를 지원하기 위하여 민주시민교육원을 설립함(안 제12조).

바. 지역의 민주시민교육 활성화를 위하여 시・도와 시・군・구에 지역민주시민교육센터를 설치 또는 지정 수 있도록 하고, 지역 주민을 대상으로 한 민주시민교육 학습기관을 시・군・구에 설치 또는 지정・운영할 수 있도록 함(안 제13조 및 제14조).

사. 국가 및 지방자치단체로 하여금 민주시민교육기관에 대하여 그 활동에 필요한 경비를 지원할 수 있도록 함(안 제16조).

법률 제 호

민주시민교육지원법안

제1장 총 칙

제1조(목적) 이 법은 민주시민교육을 체계적으로 실시하고 지원·촉진하는 데 필요한 사항을 정함으로써 국민이 민주시민으로서의 자질과 역량을 함양할 수 있도록 하고, 나아가 진정한 민주주의사회 구현에 기여함을 목적으로 한다.

제2조(정의) 이 법에서 사용하는 용어의 뜻은 다음과 같다.

1. "민주시민교육"이란 모든 국민이 민주주의 사회의 구성원으로서 가지는 권리와 의무에 기초하여 일상생활의 각 영역에서 민주주의를 실현하는데 필요한 자질과 역량을 기를 수 있도록 하는 모든 형태의 교육을 말한다.
2. "민주시민교육기관"이란 민주시민교육을 실시하거나 민주시민교육을 실시할 지식과 능력을 갖춘 법인·단체 또는 시설을 말한다.

제3조(민주시민교육의 기본원칙) ① 민주시민교육은 민주시민이 지녀야 할 권리와 책임의식을 함양하는데 기여하여야 한다.

② 민주시민교육은 정치적 중립성을 바탕으로 하여야 하며, 특정 개인, 정당 또는 정치적 세력의 이익을 옹호하는 방향으로 실시되어서는 아니 된다.

③ 민주시민교육기관의 조직 및 활동의 독립성은 최대한 보장되어야 한다.

④ 민주시민교육은 학교와 사회 각 영역에서 모든 사람에게 평생 동안 장려되어야 한다.

제4조(민주시민교육의 내용) 민주시민교육의 내용은 다음 각 호와 같다.

1. 민주주의의 기본원리·가치·역사 및 민주주의 정치제도에 대한

이해

2. 시민의 권리와 의무, 정치참여 및 책임에 대한 이해와 실천
3. 민주적 토론방식 및 합리적 의사결정 절차에 대한 이해와 훈련
4. 그 밖에 민주시민의식의 함양과 실천을 위한 모든 교육

제5조(국가 및 지방자치단체의 책무) ① 국가 및 지방자치단체는 민주시민교육의 활성화를 위하여 학교와 사회 각 영역에서 민주시민교육의 기회가 충분히 제공될 수 있도록 노력하여야 한다.

② 국가 및 지방자치단체는 전문성 있는 민주시민교육 인력이 체계적으로 양성될 수 있도록 노력하여야 한다.

③ 국가 및 지방자치단체는 민주시민교육의 활성화를 위하여 필요한 행정적 지원과 재정적 지원을 하여야 한다.

제6조(다른 법률과의 관계) 민주시민교육의 실시 및 지원에 관하여 다른 법률에 특별한 규정이 있는 경우를 제외하고는 이 법에서 정하는 바에 따른다.

제2장 민주시민교육 기본계획 등

제7조(민주시민교육 기본계획의 수립) ① 행정안전부장관은 민주시민교육의 실시 및 지원을 체계적이고 종합적으로 추진하기 위하여 민주시민교육 기본계획(이하 "기본계획"이라 한다)을 5년 단위로 수립하여야 한다.

② 기본계획에는 다음 각 호의 사항이 포함되어야 한다.

1. 민주시민교육의 중·장기목표 및 기본방향
2. 민주시민교육의 활성화를 위한 행정지원 및 재정지원 계획
3. 민주시민교육의 수행을 위한 전문인력의 양성 및 역량강화를 위한 계획
4. 제13조에 따른 지역민주시민교육센터의 설치·지정에 관한 사항
5. 민주시민교육에 필요한 시설의 설치 및 운영에 관한 사항
6. 민주시민교육을 위한 교재 및 매체활용에 관한 사항
7. 민주시민교육의 조사·평가 및 시정에 관한 사항

8. 민주시민교육과 관련한 각 부처·기관 및 시민단체와의 협력체계 구축에 관한 사항
9. 그 밖에 민주시민교육의 수행을 위하여 필요한 사항

③ 행정안전부장관은 기본계획을 수립하는 때에는 제9조에 따른 민주시민교육위원회의 심의를 거쳐야 한다. 기본계획을 변경하는 경우에도 또한 같다.

④ 그 밖에 기본계획의 수립에 필요한 사항은 대통령령으로 정한다.

제8조(연도별 민주시민교육계획의 수립·시행 등) ① 특별시장·광역시장·특별자치시장·도지사·특별자치도지사(이하 "시·도지사"라 한다)는 기본계획을 기초로 그 관할구역에 있는 시장·군수·구청장(자치구의 구청장을 말한다. 이하 같다)의 의견을 들어 연도별 민주시민교육계획(이하 "연도별계획"이라 한다)을 수립하여 이를 시행하고, 그 시행결과보고서를 다음 해 2월 말일까지 행정안전부장관에게 제출하여야 한다.

② 연도별계획의 수립 및 시행결과의 보고에 관한 세부사항은 대통령령으로 정한다.

제9조(민주시민교육위원회의 설치 및 구성) ① 민주시민교육의 기본방향과 실시 및 지원에 관한 주요사항을 심의·의결하기 위하여 행정안전부장관 소속으로 민주시민교육위원회(이하 "위원회"라 한다)를 둔다.

② 위원회는 위원장 1명을 포함하여 11명의 민주시민교육위원(이하 "위원"이라 한다)으로 구성하되, 위원장은 위원 중에서 호선한다.

③ 위원은 다음 각 호의 어느 하나에 해당하는 사람 중에서 행정안전부장관이 임명 또는 위촉한다.

1. 민주시민교육기관에서 민주시민교육활동에 5년 이상 종사한 사람
2. 「비영리민간단체 지원법」 제4조에 따라 등록한 비영리민간단체에서 그 임·직원으로 5년 이상 활동하고 있는 사람
3. 대학이나 공공연구기관에서 민주시민교육 관련분야 연구업적이 있는 사람
4. 그 밖에 민주시민교육에 관한 전문지식과 경험이 풍부한 사람

④ 위원장과 위원의 임기는 2년으로 하며, 임기가 끝난 위원은 후임자가 임명될 때까지 그 직무를 수행한다.

⑤ 그 밖에 위원회의 구성 및 운영에 관하여 필요한 사항은 대통령령으로 정한다.

제10조(위원회의 기능) 위원회는 다음 각 호의 사항을 심의·의결한다.

1. 기본계획 수립에 관한 사항
2. 민주시민교육정책에 관한 평가 및 제도개선에 관한 사항
3. 민주시민교육 지원업무의 협력과 조정에 관한 사항
4. 민주시민교육기관 간의 협력과 운영지원에 관한 사항
5. 민주시민교육원 원장 추천에 관한 사항
6. 그 밖에 민주시민교육 지원을 위하여 대통령령으로 정하는 사항

제11조(공공기관 등에 대한 협조요청) ① 행정안전부장관과 시·도지사는 기본계획 또는 연도별계획을 수립·추진하기 위하여 필요한 때에는 관계 중앙행정기관, 지방자치단체 또는 공공기관 등의 장에게 협조를 요청할 수 있다.

② 제1항에 따른 협조를 요청받은 자는 특별한 사정이 없으면 이에 따라야 한다.

제3장 민주시민교육원 등

제12조(민주시민교육원) ① 국가는 민주시민교육과 관련된 업무를 지원하기 위하여 민주시민교육원(이하 "교육원"이라 한다)을 설립한다.

② 교육원은 법인으로 한다.

③ 교육원은 주된 사무소의 소재지에서 설립등기를 함으로써 성립한다.

④ 교육원은 그 활동과 운영에 있어서 독립성과 자율성이 보장된다.

⑤ 교육원에는 원장(이하 "민주시민교육원장"이라 한다) 1명을 둔다. 민주시민교육원장은 민주시민교육위원회에서 추천하고 행정안전부장관이 임명한다.

⑥ 교육원은 다음 각 호의 업무를 수행한다.

1. 기본계획 수립의 지원
2. 민주시민교육 프로그램 개발을 위한 연구 및 지원
3. 민주시민교육을 위한 전문 인력의 양성 및 지원
4. 민주시민교육기관에 대한 지원
5. 민주시민교육기관 간의 협력체제 구축
6. 민주시민교육기관의 운영현황에 관한 조사
7. 제13조에 따른 지역민주시민교육센터에 대한 지원
8. 제14조에 따른 민주시민교육 학습기관에 대한 지원
9. 민주시민교육 종합정보시스템의 구축·운영
10. 민주시민교육 사업의 지원
11. 그 밖에 교육원의 목적수행을 위하여 필요한 사업

⑥ 교육원의 정관에는 다음 각 호의 사항을 기재하여야 한다.

1. 목적
2. 명칭
3. 주된 사무소의 소재지
4. 사업에 관한 사항
5. 임원 및 직원에 관한 주요사항
6. 이사회에 관한 사항
7. 재산 및 회계에 관한 사항
8. 정관의 변경에 관한 사항

⑦ 제6항에 따른 정관의 내용을 변경하려는 때에는 행정안전부장관의 인가를 받아야 한다.

⑧ 국가는 예산의 범위에서 교육원의 설립·운영에 필요한 경비를 출연할 수 있다.

⑨ 교육원에 관하여 이 법에서 정하는 것을 제외하고는 「민법」 중 재단법인에 관한 규정을 준용한다.

제13조(지역민주시민교육센터의 설치 또는 지정) ① 시·도지사는 지역의 민주시민교육을 활성화하기 위하여 특별시·광역시·특별자치시·도·특별자치도에 지역민주시민교육센터를 설치 또는 지정할 수 있으며, 시장·군수·구청장과의 협의를 거쳐 시·군·구(자치구를 말한다.

이하 같다)에 지역민주시민교육센터를 설치 또는 지정할 수 있다.

② 지역민주시민교육센터는 다음 각 호의 업무를 수행한다.

1. 해당 지역의 연도별계획 수립의 지원
2. 해당 지역에 있는 민주시민교육기관에 대한 지원
3. 해당 지역에 있는 민주시민교육기관 간의 연계체제 구축
4. 해당 지역 민주시민교육 종합정보시스템의 구축·운영
5. 그 밖에 지역의 민주시민교육을 위하여 필요한 업무

③ 국가 및 지방자치단체는 예산의 범위에서 지역민주시민교육센터의 운영 및 사업에 필요한 경비의 전부 또는 일부를 지원할 수 있다.

④ 지역민주시민교육센터의 지정요건, 지원내용과 그 밖에 지정·운영에 필요한 사항은 대통령령으로 정한다.

제14조(시·군·구 민주시민교육 학습기관 지정) ① 시장·군수·구청장은 관할 구역의 주민을 대상으로 민주시민교육 프로그램 운영과 민주시민교육 기회를 제공하기 위하여 민주시민교육 학습기관을 설치 또는 지정·운영할 수 있다.

② 시장·군수·구청장은 민주시민교육 학습기관에 대한 재정적 지원 등 해당 지방자치단체의 민주시민교육을 진흥하기 위하여 필요한 사업을 실시할 수 있다.

③ 제1항 및 제2항에 따른 민주시민교육 학습기관의 설치 및 지정·운영과 지원 등에 필요한 사항은 해당 지방자치단체의 조례로 정한다.

제15조(지정취소 등) ① 행정안전부장관은 제13조제1항에 따라 지정된 지역민주시민교육센터가 다음 각 호의 어느 하나에 해당하면 그 지정을 취소하거나 6개월 이내의 범위에서 기간을 정하여 업무정지를 명할 수 있다. 다만, 제1호에 해당하는 경우에는 지정을 취소하여야 한다.

1. 거짓이나 그 밖의 부정한 방법으로 지정을 받은 경우
2. 지정요건을 갖추지 못하게 된 경우
3. 업무수행능력이 현저히 부족하다고 인정되는 경우
4. 제3조에 규정된 민주시민교육의 기본원칙을 현저히 훼손하는 행위를 한 경우

5. 그 밖에 이 법이나 이 법에 따른 명령을 위반한 경우
② 시장·군수·구청장은 제14조제1항에 따라 지정된 민주시민교육 학습기관이 제1항 각 호에 해당하면 그 지정을 취소하거나 6개월 이내의 범위에서 기간을 정하여 업무정지를 명할 수 있다. 다만 제1항 1호에 해당하는 경우에는 지정을 취소하여야 한다.
③ 제1항 및 제2항에 따른 지정취소와 업무정지 처분의 구체적 기준은 대통령령으로 정한다.

제16조(민주시민교육기관에 대한 경비지원 등) ① 국가 및 지방자치단체는 민주시민교육기관에 대하여 예산의 범위에서 대통령령으로 정하는 바에 따라 그 활동에 필요한 경비의 전부 또는 일부를 지원할 수 있다.
② 개인 또는 법인은 민주시민교육의 시설 및 운영을 지원하기 위하여 민주시민교육기관에 금전이나 그 밖의 재산을 출연할 수 있다.

제17조(학교 등에서의 민주시민교육 지원) ① 국가 또는 지방자치단체는 「초·중등교육법」 제2조 및 「고등교육법」 제2조에 따른 학교와 「평생교육법」 제2조제2호에 따른 평생교육기관 등에 대하여 민주시민교육 교재 보급, 교원 연수 등 민주시민교육에 필요한 사항을 지원할 수 있다.
② 제1항에 따른 지원대상, 지원내용, 지원절차, 그 밖에 필요한 사항은 대통령령으로 정한다.

제18조(민주시민교육인력의 양성) ① 국가 또는 지방자치단체는 민주시민교육을 하거나 민주시민교육에 관한 연구를 수행할 수 있는 지식과 능력을 갖춘 민주시민교육인력을 양성하고 민주시민교육인력의 교습능력을 향상시키기 위하여 연수와 재교육의 기회를 제공하도록 노력하여야 한다.
② 제1항에 따른 민주시민교육인력의 양성, 연수 및 재교육, 그 밖에 필요한 사항은 대통령령으로 정한다.

제19조(공공기관 등에 대한 협조요청) ① 행정안전부장관 및 시·도지사는 기본계획 또는 연도별시행계획을 수립·추진하기 위하여 필요한 때에는 관계 중앙행정기관, 지방자치단체 또는 공공기관 등의 장에게 협조를 요청할 수 있다.

② 제1항에 따른 협조를 요청받은 자는 특별한 사정이 없으면 이에 따라야 한다.

제20조(민주시민교육에 관한 연차보고) ① 행정안전부장관은 기본계획을 수립하거나 변경한 때에는 지체 없이 이를 국회에 보고하여야 한다.

② 행정안부장관은 제12조제1항에 따라 제출된 각 시·도의 연도별 시행결과보고서를 종합한 연도별 민주시민교육보고서를 작성하여 이를 매년 3월 말일까지 국회에 제출하여야 한다.

제21조(국·공유재산의 대부 등) 국가와 지방자치단체는 민주시민교육기관이 민주시민교육에 필요하여 요청하면 「국유재산법」 또는 「공유재산 및 물품 관리법」에도 불구하고 행정목적을 달성하는데 지장을 받지 않는 범위에서 국·공유의 시설·물품이나 그 밖의 재산을 무상이나 저렴한 대부료 또는 사용료로 대부하거나 사용·수익하게 할 수 있다.

제4장 보 칙

제22조(청문) 행정안전부장관과 시장·군수·구청장은 제15조에 따라 지역민주시민교육센터 또는 민주시민교육 학습기관의 지정을 취소하려면 청문을 하여야 한다.

제23조(지원된 경비의 반환) 국가 및 지방자치단체는 지역민주시민교육센터, 민주시민교육 학습기관 또는 민주시민교육기관이 이 법에 따라 지원받은 경비를 다른 용도에 사용하거나 허위의 신청 또는 그 밖의 부정한 방법으로 경비를 지원받은 때에는 이미 지원받은 경비의 전부 또는 일부의 반환을 명할 수 있다. 이 경우 경비의 반환과 관련된 절차는 「보조금 관리에 관한 법률」을 준용한다.

제24조(유사명칭의 사용금지) 이 법에 따른 민주시민교육위원회·민주시민교육원·지역민주시민교육센터 및 민주시민교육 학습기관이 아니면 이와 비슷한 명칭을 사용하지 못한다.

제25조(권한의 위임·위탁) 행정안전부장관은 이 법에 따른 권한 또는 업무의 일부를 대통령령으로 정하는 바에 따라 시·도지사 또는 시장·군수·구청장에게 위임하거나 교육원에 위탁할 수 있다.

제26조(과태료) ① 제24조를 위반하여 유사명칭을 사용한 자에게는 대통령령이 정하는 바에 따라 100만원 이하의 과태료를 부과한다.
② 제2항에 따른 과태료는 행정안전부장관이 부과·징수한다.

부 칙

제1조(시행일) 이 법은 공포 후 1년이 경과한 날부터 시행한다.
제2조(이 법의 시행을 위한 준비행위) 이 법에 따라 민주시민교육원을 설립하기 위하여 하는 준비행위는 이 법 시행 전에 할 수 있다.
제3조(민주시민교육원의 설립준비) ① 행정안전부장관은 이 법 시행 전에 7인 이내의 설립위원을 위촉하여 민주시민교육원의 설립에 관한 사무를 처리하게 하여야 한다.
② 설립위원은 민주시민교육원의 정관을 작성하여 행정안전부장관의 인가를 받아야 한다.
③ 설립위원은 제2항에 따른 인가를 받은 때에는 지체 없이 연명으로 민주시민교육원의 설립등기를 한 후 민주시민교육원의 장에게 사무를 인계하여야 한다.
④ 설립위원은 제3항에 따른 사무인계가 끝난 때에 해촉된 것으로 본다.

【붙임 2】

독일 연방정치교육원 훈령, 2001.1.24.

제1조

(1) 연방정치교육원(BpB)은 법률상 권한을 지니지 않는 연방기관으로서 연방내무부의 관할하에 둔다.

(2) 연방정치교육원은 본(Bonn)에 그 본부를 둔다.

제2조

연방정치교육원의 임무는 정치교육을 통하여 정치적인 사안에 대한 이해를 증진시키고, 민주의식을 확고히 하며, 정치적인 참여의지를 강화시키는데 있다.

제3조

(1) 연방정치교육원의 운영은 원장의 관리하에 있다.

(2) 원장은 연방내무부 장관에 의해 임명된다. 연방내무부 장관은 원장의 직속상관이다.

제4조

원장은 모든 법적 행위에 있어서 연방정치교육원을 대표한다.

제5조

(1) 연방정치교육원은 정치교육의 기본적인 사안에 대하여 연방내무부 장관이 4년 임기로 임명한 최대 12인의 전문가로 구성된 학술자문위원회를 통해 지원받는다. 1회에 한하여 연임이 가능하다. 학술자문위원회는 자문단의 신규 위원의 임명을 위한 제청을 할 수 있다. 신규 위원이 임명되기 전에 동 자문위원회의 견해가 존중된다.

(2) 자문위원회는 매년 최소 2회 이상 소집된다.

(3) 자문위원회는 위원 중에서 위원장 1인과 부위원장 1인을 선출하고, 연방내무부의 승인을 요하는 직무규정을 제정할 수 있다.

(4) 자문위원회의 회의에는 연방정치교육원 감독위원회 위원과 연방내무부 차관이 참석할 수 있다.

(5) 연방정치교육원장은 자문위원회의 만장일치 권고사항과 다른 내용을 결정하고자 할 때 연방내무부의 결정을 수용해야 한다.

제6조

(1) 연방정치교육원 업무의 정치적 중립성 유지와 정치적 영향력 행사 여부에 관해서는 연방의회 의원 22명으로 구성된 감독위원회의 통제를 받는다.

(2) 감독위원회 위원은 연방의회의 각 정당 교섭단체의 추천을 받아 연방의회 의장이 임명한다.

(3) 원장은 감독위원회에 예산안, 사업계획안, 활동보고서를 매년 제출하여 의견을 청취한다. 원장은 모든 중요한 계획과 학술자문위원회의 권고 및 입장을 적시에 감독위원회에 보고한다.

(4) 원장과 연방내무부 대변인은 감독위원회의 회의에 참석한다.

제7조

연방정치교육원은 주(州) 관할권에 영향을 미치는 모든 사안에 대해서는 각 주(州)의 최고 행정관청과 긴밀하게 협력한다.

제8조

이 훈령은 2001년 1월 24일부터 효력이 발생한다.

1992년 6월 24일 개정된 연방정치교육원 관련 규정(Z6-006-101-035/3(GMBI S. 526)은 이로 인해 무효가 된다.

2001년 1월 24일, 베를린

연방내무부 장관 오토 실리

Erlass über die Bundeszentrale für politische Bildung (BpB) vom 24. Januar 2001

§ 1

(1) Die Bundeszentrale für politische Bildung ist eine nichtrechtsfähige Bundesanstalt im Geschäftsbereich des Bundesministeriums des Innern.

(2) Sie hat ihren Sitz in Bonn.

§ 2

Die Bundeszentrale hat die Aufgabe, durch Maßnahmen der politischen Bildung Verständnis für politische Sachverhalte zu fördern, das demokratische Bewusstsein zu festigen und die Bereitschaft zur politischen Mitarbeit zu stärken.

§ 3

(1) Die Bundeszentrale wird durch den Präsidenten geleitet.

(2) Der Präsident wird vom Bundesminister des Innern in das Amt berufen. Der Bundesminister des Innern ist Dienstvorgesetzter des Präsidenten.

§ 4

Der Präsident vertritt die Bundeszentrale bei allen Rechtshandlungen.

§ 5

(1) Die Bundeszentrale wird in grundsätzlichen Angelegenheiten der politischen Bildung durch einen wissenschaftlichen Beirat aus bis zu zwölf sachverständigen Persönlichkeiten unterstützt, die der Bundesminister des Innern auf die Dauer von jeweils vier Jahren beruft. Einmalige Wiederberufung ist möglich. Der Beirat kann Vorschläge für die Berufung neuer Mitglieder unterbreiten. Er wird angehört, bevor ein neues Mitglied berufen wird.

(2) Der Beirat tritt mindestens zweimal jährlich zusammen.

(3) Der Beirat wählt aus seiner Mitte eine/n Vorsitzende/n und eine/n Vertreter/in und kann sich eine Geschäftsordnung geben, die der Genehmigung des Bundesministeriums des Innern bedarf.

(4) An den Sitzungen des Beirats können Mitglieder des Kuratoriums der Bundeszentrale und Vertreter des Bundesministeriums des Innern teilnehmen.

(5) Der Präsident hat die Entscheidung des Bundesministeriums des Innern einzuholen, wenn er von einstimmig gefassten Empfehlungen des Beirats abweichen will.

§ 6

(1) Die politisch ausgewogene Haltung und die politische Wirksamkeit der Arbeit der Bundeszentrale werden von einem aus 22 Mitgliedern des Deutschen Bundestages bestehenden Kuratorium kontrolliert.

(2) Die Mitglieder des Kuratoriums werden vom Präsidenten des Deutschen Bundestages auf Vorschlag der Fraktionen des Deutschen Bundestages berufen.

(3) Der Präsident leitet dem Kuratorium die jährlichen Haushaltsvoranschläge, Planungsberichte und Tätigkeitsberichte zur Stellungnahme zu. Er unterrichtet das Kuratorium rechtzeitig über alle bedeutsamen Vorhaben sowie über Empfehlungen und Stellungnahmen des Beirats.

(4) Der Präsident und Vertreter des Bundesministeriums des Innern nehmen an den Sitzungen des Kuratoriums teil.

§ 7

Die Bundeszentrale hält in allen Angelegenheiten, welche die Zuständigkeit der Länder berühren, enge Verbindungen zu den obersten Landesbehörden.

§ 8

Dieser Erlass tritt mit Wirkung vom 24. Januar 2001 in Kraft.

Der Erlass über die Bundeszentrale für politische Bildung (BpB) in der Fassung vom 24. Juni 1992 (Z6-006-101-035/3 (GMBl S.526)) ist aufgehoben.

Berlin, den 24. Januar 2001

Der Bundesminister des Innern Otto Schily

【붙임 3】

뮌헨 선언, 1997.5.26.

민주주의는 정치교육을 필요로 한다.

연방정치교육원과 주정치교육원의 과제에 대하여 – '뮌헨선언' (1997.5.26)

21세기로 넘어가는 문턱에 서서 사람들은 국내적으로나 국제적으로 근본적인 정치적, 사회적, 경제적, 생태적 도전에 직면하고 있다. 이 도전은 현재 그리고 장래 세대의 생활실존과 밀접한 관련이 있는 것이다. 산업사회에서 후기산업사회로 이행하면서 기술발전과 세계적인 경제적 전이(轉移)현상에 의해 거의 모든 사회적, 정치적 영역에서 심각한, 그리고 점점 더 가속적인 변화과정이 나타나고 있다. 후기산업사회에서의 변화는 특히 정보화사회의 개념을 통해 특징지어지고 있다.

이러한 기술적인 변화과정은 그 장기적인 효과와 세계적인 정향(定向) 때문에 이제 되돌릴 수 없는 것처럼 보이며, 더 이상 개관할 수 없는 자료, 사실, 정보의 홍수로 인해 인간은 특히 점점 더 불안을 느끼고 있다. 개개인은 정보의 거인으로 발달하지만, 그러나 교육의 소인으로 남아 있다. 이것은 사람들의 내면세계에서 일어난 가치변동과도 연관성이 있는데, 이러한 과정을 기술하는 주요개념으로는 개인주의, 이기주의, 연대성의 상실, 세대를 넘어서는 가치기준의 해체, 무조건적인 소비성향 및 태도 등을 들 수 있다. 이런 현상과 맥을 같이 하는 사회의 다원화는 영속적인 결속의 거부로 나타나거나 (개인적인 대인관계에 있어서뿐만 아니라 정당, 조합, 종교단체 등에 있어서도), 정치세계에 대한 거리가 점점 더 벌어지는 결과를 낳고 있다(이를테면 선거행태에서 관찰할 수 있는 바).

동시에 독일의 내적인 통일을 위해서도 더욱 노력해야 한다. 많은 사람들은 일반적으로 새로운 답과 해결책을 요구하는 체제변화를 감당해 내야 한다. 사람들은 그들에게서 요구되는 것이 무엇인지 감을 잡고 있지만, 종종 실제로 준비가 안 된 상태라서 자신은 감당할 수가 없다는 느낌을 갖게 된다. 이런 상태에서 적지 않은 사람들은 불안, 정향상실, 공격성과 같은 반응을 보이곤 한다. 따라서 동서 양쪽에서 독일의 내면적인 통일을 위해 적극적으로 참여하려는 자세가 필요하다.

민주법치국가는 시민의 자율적인 공동사고와 공동행위를 요구하며, 자기책임과 사회적 책임을 고려하면서 판단을 하고, 헌정규칙과 가치를 존중하며, 이것을 위해 능동적으로 참여하려는 자세를 필요로 한다. 공공의 과제로서 행해지는 정치교육은 개인적, 사회적 정향뿐만 아니라 민주적인 태도와 행동방식의 발전과 공고화를 위해 지속적이며 포기할 수 없는 기여를 한다. 사회적, 경제적, 기술적인 변화에 직면하여 정치교육은 새로운 과제와 도전 앞에 서 있다. 특히 이러한 변화의 조건을 고려할 때 정치교육의 미래정향은 중요한 의미를 갖게 된다.

1. 공공과제로서의 정치교육은 다원성, 초당파성, 독립성의 원칙에 따라 운영된다

연방정치교육원과 주정치교육원은 위에서 서술한 배경을 고려할 때, 다른 교육시설이 떠맡을 수 없는 과제를 수행한다. 학교교육과 평생교육을 담당하고 있는 다른 교육기관들은 정치교육을 위해 중요한 기여를 한다. 그들은 주정치교육원의 사업에 의미있게 그리고 효과적으로 포함될 수 있으며, 연방 및 주 정치교육원의 사업을 보완하면서 다원주의적인 정치교육에 기여할 수 있다. 여기서 특히 주정치교육원에 매우 중요한 기능이 부여된다. 주정치교육원은 다른 교육기관을 그들의 사업 안으로 끌어들이고 조정하면서 정치적 해석유형과 행위가능성의 다양성 및 프로그램의 형평성을 보장한다. 자문, 지원, 육성을 통해 다른 교육기관에서 제공하는 프로그램의 질과 효과성을 제고시키며, 다원성을 유지토록 할 수 있다.

나름대로의 법률 또는 조례에 근거하여 초당적으로 운영되는 정치교육원은 모든 민주세력을 끌어모을 수 있는 이상적인 대화의 광장을 제공한다. 정치교육원의 사업내용은 독립적으로 그리고 어떤 지시를 받지 않으면서 이루어진다. 그리고 정치교육원의 사업이 사람들로부터 인정받는 데 있어 바로 이것이 결정적인 요소가 된다. 공공과제로서의 정치교육은 포기할 수 없으며, 시장의 논리에 떠맡겨서도 안 된다. 그것은 모든 참여자의 공동체적 과제로서 간주하고 또한 그런 식으로 더욱 발전시켜야 한다.

2. 정치교육원은 시민의 정치참여를 장려한다

변혁의 과정에 있는 현대사회는 시민의 민주주의 능력을 특별한 방식으로 요구한다. 시민은 새로운 것과 낯선 것에 주의를 기울여야 한다. 이것은 특히 정치생활에 대다수가 참여하고 있지 않은 청소년들에게 해당되는 이야기이다. 회의, 경시대회, 청소년에 적합한 활동을 통해서 정치교육원은 민주적인 공동작용(또는 참여)에의 접근을 열어준다. 특히 여성은 정치분야에서 여전히 소수집단으로 남아 있기 때문에 정치교육원은 여러 사업을 통해 여성의 정치참여를 촉진시키려고 한다. 또한 세미나와 출판물을 폭넓게 제공함으로써 여러 다양한 표적집단(즉, 교육대상)에 접근하고 있으며, 시민들이 정치과정에 능동적으로 참여할 수 있도록 동기를 부여하고 그렇게 할 수 있는 능력을 키워주려고 한다. 의사결정과정에 능동적으로 참여할 수 있는 시민만이 사회변혁의 시대에 있어서도 역시 민주생활에 도움을 줄 수 있는 것이다.

3. 정치교육원은 세계적인 미래과제를 위해 준비한다

정치교육원은 사회적, 생태학적, 정치적 변혁을 고려하고, 그것과 연결된 문제를 비판적으로 취급한다. 교육사업에 있어서 새로운 주제설정을 수용할 뿐만 아니라, 앞으로도 새로운 내용(예를 들면, 세계화와 그 경제적 · 사회적 결과, 유럽, 기술발전과 그 결과, 생태문제)을 위해 개방적인 자세를 가져야 한다. 새로운 내용에 대한 개방성 이외에 정치교육의 새로운 교수방법을 발전시키고, 실천에 옮기며, 평가하는 일도 중요하다. 여기에는 교육영역에서의 새로운 기술과 매체의 이용뿐만 아니라 새로운 학습방식과 전달형식의 시험도 포함된다.

정치교육은 또한 직업생활에서 요구되는 능력의 개발과 어긋나지 않는다. 그래서 특히 창의성, 판단능력, 책임의식에 부응할 수 있도록 정치교육은 정치적 판단능력을 함양시키고 촉진시킨다.

4. 정치교육원은 경제적으로 어려운 시대에 있어서도 역시 민주주의의 안정을 위해 일을 한다

정치교육원은 경제의 세계화 및 그 결과를 고려하면서 합리적이고 보다 더 객관적인 정치적 논의가 이루어지도록 하며, 사회가 자기 분수를 넘지 않도록 해야 민주주의도 보다 더 안정된다는 인식을 사람들이 갖도록 한다. 다시 말하면, 국가를 모든 시민의 총체로서 파악하고, 단순히 국민을 위해 봉사하는, 말하자면 일종의 용역회사처럼 간주하지 않는 능동적인 시민사회의 확립을 위해 애를 쓴다. 이런 맥락에서 볼 때, 어려운 시기에 정치교육사업이 위험에 처하지 않도록 하려면, 정치교육을 담당하고 있는 많은 기관 또는 단체의 노력을 재정적으로 지원해 줄 수 있는 여건이 마련되어야 한다.

5. 신연방주에 있어서 정치교육은 특별한 과제를 안고 있다

신연방주, 즉 구동독 지역에서 정치교육은 독재에서 민주주의로, 그리고 중앙집권적 계획경제에서 사회적 시장경제로의 변혁과정을 겪고 있는 시민들이 자기책임적인 정치적 행위를 할 수 있는 자세를 갖추도록 해야 한다는 매우 중요한 과제를 안고 있다. 여기서는 민주적인 제도와 법치국가의 구조에 대한 지식의 전달을 넘어서서, 민주적인 논쟁문화와 견해의 다양성을 연습시킬 수 있는 프로그램이 필요하다. 그렇게 해야 비로소 시민들은 정치적 활동을 할 수 있는 능력을 갖게 된다. 동시에 정치교육은 행정부와 정당의 책임자들에게 시민의 의사를 전달하며, 시민의 의사에 가까이 있으면서 동시에 투명한 의사결정이 이루어질 수 있도록 사람들의 고충과 기대를 주제화하고, 이런 의미에서 중개(매개)작용을 하면서 의사결정과정에 개입할 수 있다.

6. 독일역사에 대한 비판적인 취급은 정치교육의 핵심적인 과제이다

정치교육은 전체주의적인 경험을 집중적으로 다룸으로써 과거의 오류가 앞으로는 재발되지 않도록 해야 한다. 이런 맥락에서 정치교육원은 역사기념관 또는 기념장소와 밀접한 관계를 맺고 협력한다.

7. 정치교육은 다양한 방법과 학습방식을 활용한다

정치교육원 사업은 방법적인 측면에서 볼 때, 다음과 같은 특징을 갖고 있다.

- 회의, 세미나, 대화의 광장, 수학여행
- 중요한 주제에 관한 출판사업
- 정치교육을 위한 교육·학습자료
- 새로운 방법의 개발과 새로운 정보전달기법의 이용
- 전시회와 경시대회
- '정치교육네트워크'의 구성과 조정
- 다원주의적 교육 프로그램의 지원 및 장려

이상과 같은 입장 정리에 기초하여 연방 및 주 정치교육원은 나름대로의 법적인 근거에 따라 특정한 사업을 자기 책임하에 수행한다.

확실히 정치교육의 수익은 투입과 산출이라고 하는 경제적인 범주로는 계산할 수가 없다. 마찬가지로 단기적인 효율성을 따지려는 생각은 정치교육사업을 위해 적합한 기준이 되지 못한다. 하지만 확실한 점은, 교육은 사람의 생각과 행동을 변화시키며, 정향을 제공하고, 따라서 미래에 대한 투자가 된다는 것이다. 교육사업, 즉 자료개발, 다원적 정보제공의 마련, 여러 다양한 교육행사의 실시는 그에 대응하는 재정적인 비용을 필요로 한다. 따라서 물질적인 면에서 충분한 여건이 마련되어야 공공책임을 떠맡고 있는 정치교육사업도 성공적으로 이루어질 수 있다. 요컨대, 정치교육에 투자되는 돈은 말하자면 상당히 높은 이자를 기대할 수 있는 것이다.

독어원문: Münchner Manifest vom 26. Mai 1997

DEMOKRATIE BRAUCHT POLITISCHE BILDUNG

Zum Auftrag der Bundeszentrale und der Landeszentralen für politische Bildung

An der Schwelle des 21. Jahrhunderts stehen die Menschen national wie international vor grundlegenden politischen, sozialen, wirtschaftlichen und ökologischen Herausforderungen, die existentiell in das Leben gegenwärtiger und zukünftiger Generationen eingreifen. Im Übergang von der Industrie– in die postindustrielle Gesellschaft werden durch technologische Entwicklungen und globale ökonomische Transfers in fast allen gesellschaftlichen und politischen Bereichen gravierende und sich ständig beschleunigende Veränderungsprozesse ausgelöst. Soziale und ökologische Effekte folgen. Die Veränderungen in der postindustriellen Gesellschaft sind äußerlich vor allem gekennzeichnet durch eine multimediale Informationsflut von unterschiedlichen Nachrichten, denen der einzelne ausgeliefert ist (Informationsgesellschaft). Chancen und Risiken sind nicht mehr regional eingrenzbar. Sie werden verteilt und wirken auf alle zurück. Besonders deutlich zeigt sich diese Entwicklung z.B. bei der drastischen Reduzierung der Arbeitsplätze und den damit verbundenen einschneidenden Veränderungen in der Lebenssituation der Menschen.

Diese technischen Veränderungsprozesse scheinen aufgrund ihrer langfristigen Wirkungen und globalen Orientierung unumkehrbar und korrespondieren u.a. mit einer zunehmenden Verunsicherung der Menschen angesichts der unüberschaubaren und zeitgleich angebotenen

Fülle von Daten, Fakten und Informationen. Der einzelne entwickelt sich zum Informationsriesen, bleibt aber ein Bildungszwerg. Denn innerlich hat sich parallel ein gewaltiger Wertewandel vollzogen, der gleichsam Voraussetzung zur Beschleunigung dieses Prozesses war und nun im Ergebnis selbst von dieser multimedialen Flut befördert wird: Individualismus, Egoismus, Entsolidarisierung, Auflösung von generations-übergreifenden Wertmaßstäben der christlich-abendländischen Tradition, bedingungslose Konsumorientierung und -haltung sind Stichworte, die diesen Prozeß beschreiben. Die damit einhergehende Pluralisierung der Gesellschaft mündet in eine wachsende Ablehnung dauerhafter Bindungen (in den individuellen Beziehungen genauso wie in Parteien, Verbänden, Kirchen usw.) und einer ausgeprägten Distanz zu der Welt der Politik (s. z.B. Wahlverhalten). Wenn auch diese Distanz zu spezifischen Formen der Politik und Parteienwelt nicht mit politischem Desinteresse überhaupt verwechselt werden darf, so ist sie dennoch eine Herausforderung für die politische Bildung.

Zur gleichen Zeit muß weiter an der inneren Einheit Deutschlands gearbeitet werden. Viele Menschen haben einen Systemwechsel zu verkraften, der generell neue Antworten und Lösungen erforderlich macht. Die Menschen spüren, was ihnen abverlangt wird, und da sie sich oft nicht wirklich vorbereitet, sondern überfordert fühlen, reagieren nicht wenige mit Ängsten, mit Orientierungslosigkeit und Aggressivität. In Ost und West muß engagiert an der inneren Einheit Deutschlands weitergearbeitet werden.

Der demokratische Rechtsstaat lebt vom mündigen Mitdenken und Mittun seiner Bürgerinnen und Bürger und ihrer Bereitschaft, sich selbst- und sozialverantwortlich ein Urteil zu bilden, in der Verfassung normierte Regeln und Werte zu respektieren und sich für sie zu engagieren. Demokratie muß in jeder Generation neu erworben werden: gerade in Deutschland aufgrund der Erfahrungen der jüngsten Geschichte. Politische Bildung im öffentlichem Auftrag leistet insbesondere hier einen fortdauernden und unverzichtbaren Beitrag zu persönlicher und gesellschaftlicher Orientierung sowie zur Entwicklung und Festigung demokratischer Einstellungen und Verhaltensweisen.

Angesichts der umfassenden gesellschaftlichen, ökonomischen und technischen Veränderungen steht die politische Bildung vor neuen Aufgaben und Herausforderungen. Der Zukunftsorientierung der politischen Bildung kommt insbesondere auf dem Hintergrund sich verändernder Rahmenbedingungen eine große Bedeutung zu.

1. Politische Bildung im öffentlichen Auftrag arbeitet pluralistisch, überparteilich und unabhängig.

Die Bundeszentrale und die Landeszentralen für politische Bildung erbringen auf dem dargestellten Hintergrund Leistungen, die von keiner anderen Einrichtung übernommen werden können. Andere Träger der schulischen und außerschulischen politischen Jugend– und Erwachsenenbildung sind in der Bildungslandschaft von größter Bedeutung und leisten wichtige Beiträge für die politische Bildungsarbeit. Sie können in die Arbeit der Landeszentralen sinnvoll und effektiv einbezogen werden und ergänzend zum Angebot der Landeszentralen und der Bundeszentrale zu einer pluralistischen politischen Bildung beitragen. Den Landeszentralen kommt dabei eine originäre Schlüsselfunktion zu, indem sie die Einbindung dieser Bildungsträger in ihre Arbeit koordinieren und damit die Vielfalt politischer Deutungsmuster und Handlungsmöglichkeiten sowie die Ausgewogenheit des Angebots garantieren. Durch Beratung, Unterstützung und Förderung kann die Qualität und Effektivität des Bildungsangebots anderer Träger gesteigert und die Pluralität gesichert werden.

Die aufgrund der jeweiligen Gesetze bzw. Erlasse überparteilich arbeitenden Zentralen bieten das ideale Forum, um alle demokratischen Kräfte zusammenzuführen. Sie erreichen auch Menschen, die dem mitverantwortlichen Handeln in Parteien und anderen gesellschaftlichen Organisationen zurückhaltend gegenüberstehen. Die inhaltliche Arbeit der Zentralen vollzieht sich unabhängig und ohne Weisungen. Das ist ein entscheidendes Element für die Akzeptanz ihrer Arbeit.

Die Arbeit der Bundeszentrale und der Landeszentralen ergänzen sich optimal. Bei der föderalen Struktur ist es möglich, auf die Bedürfnisse der Menschen auch in ihrem heimatlichen Bereich einzugehen und so die Arbeit den jeweiligen Gegebenheiten der verschiedenen Bundesländer anzupassen.

Politische Bildung im öffentlichen Auftrag ist unverzichtbar und darf nicht dem Markt überlassen werden. Vielmehr muß sie als Gemeinschaftsaufgabe aller Beteiligten angesehen und weiterentwickelt werden.

2. Die Zentralen für politische Bildung fördern die politische Partizipation der Bürgerinnen und Bürger

Unsere moderne Gesellschaft im Umbruch – zumal in einem zusammenwachsenden Europa – fordert die Demokratiekompetenz der Bürgerinnen und Bürger auf eine besondere Weise heraus. Sie müssen sich auf Neues und Fremdes einlassen. Das gilt besonders für die Jugendlichen, die sich nicht in großer Zahl am politischen Leben beteiligen. Durch Tagungen, Wettbewerbe und jugendgemäße Aktivitäten eröffnen die Zentralen Zugänge zum demokratischen Mitmachen. Besonders Frauen sind nach wie vor zu wenig in der Politik vertreten. In vielen Projekten fördern die Zentralen daher das politische Engagement von Frauen. Darüber hinaus sprechen sie mit einem breiten Seminar- und Publikationsangebot verschiedene Zielgruppen – insbesondere Mittlerinnen und Mittler – an und motivieren und befähigen zahlreiche Bürgerinnen und Bürger zur aktiven Beteiligung an politischen Prozessen. Nur eine Bürgerschaft, die auf qualifizierte Weise am Zustandekommen dessen teil hat, worüber entschieden wird, steht auch in Zeiten gesellschaftlicher Umbrüche zur Demokratie.

3. Die Zentralen für politische Bildung bereiten auf die globalen Zukunftsaufgaben vor

Da sich der Wandel in unserer Gesellschaft so dramatisch und rasant vollzieht, muß man den Menschen Hilfestellung anbieten. Die Zentralen stellen sich den gesellschaftlichen, ökologischen und politischen Umbrüchen und setzen sich mit den damit verbundenen Problemen auseinander. Sie nehmen neue Themenstellungen in ihre Bildungsarbeit auf und müssen auch zukünftig für neue Inhalte offen sein (z.B. Globalisierung und ihre wirtschaftlichen und sozialen Folgen, Europa, Technikfolgen, Ökologie). Ihnen kommt darüber hinaus die Aufgabe zu, ggf. auch unpopuläre Themen zu besetzen und in die politische Bildung einzubringen. Die Arbeit der Zentralen für politische Bildung trägt dazu bei, komplexe Zusammenhänge besser zu verstehen und verschiedene Lösungsansätze kritisch zu diskutieren. Neben der Öffnung für neuartige Inhalte ist die Entwicklung, Umsetzung und Evaluierung neuer Methoden und Beiträge zur Didaktik der politischen Bildung von großer Bedeutung. Hierzu gehört neben der Nutzung neuer Techniken und Medien im Bildungsbereich (z.B. Internet) auch die Erprobung neuer Arbeitsweisen und Vermittlungsformen (z.B. Einbeziehung externer Kompetenz aus Wissenschaft, Politik, Praxis; Kooperationen mit anderen Trägern).

Politische Bildung steht nicht im Gegensatz zur beruflichen Qualifikation, sondern ist Voraussetzung für ein erfolgreiches berufliches Handeln. In einer veränderten Arbeitswelt, in der das Gebot der ökonomischen Rationalität längst an ihre Grenzen stößt, sind vom einzelnen neue Qualitäten gefordert, die Kreativität, Urteilsfähigkeit und Verantwortungsbewußtsein einschließen. Die politische Bildung stellt mit der Heranbildung und Förderung politischer Urteilsfähigkeit eine wichtige Schlüsselqualifikation dar, die auch in der Arbeits- und Wirtschaftswelt zunehmend gefragt ist.

4. Die Zentralen für politische Bildung arbeiten für die Stabilität der Demokratie auch in wirtschaftlich schwierigen Zeiten

Eine wetterfeste" Demokratie muß auch in wirtschaftlich schwierigen Zeiten stabil bleiben. Die Zentralen tragen im Zuge der Globalisierung der Wirtschaft und ihrer Folgen zur Versachlichung der politischen Auseinandersetzung bei und verhelfen der Einsicht zum Durchbruch, daß die Demokratie dann sicherer ist, wenn eine Gesellschaft nicht über ihre Verhältnisse lebt. Sie arbeiten für eine aktive Bürger-gesellschaft, die den Staat als Summe aller Bürgerinnen und Bürger begreift und nicht als ein dienstleistendes Gegenüber.

Die finanzielle Unterstützung der Bemühungen der vielen freien Träger politischer Bildung muß staatlich garantiert und verantwortet werden, damit die Arbeit gerade in schwierigen Phasen nicht gefährdet wird.

5. In den neuen Bundesländern hat die politische Bildung besondere Aufgaben

In den neuen Bundesländern fällt der politischen Bildung die wichtige Aufgabe zu, im Umbruch von Diktatur und zentralistischer Planwirtschaft zu Demokratie und sozialer Marktwirtschaft die Bereit-schaft der Bürger für eigenverantwortliches politisches Handeln zu wecken und zu fördern. Über die Vermittlung von Kenntnissen über demokratische Institutionen und rechtsstaatliche Strukturen hinaus sind Angebote für die Einübung in eine demokratische Streitkultur und Meinungsvielfalt notwendig. Zugleich muß die Achtung vor anderen Einstellungen geweckt werden. Nur so können Bürgerinnen und Bürger für politische Aktivitäten befähigt werden. Zugleich kann politische Bildung den Verantwortlichen in Verwaltung und Parteien den Bürgerwillen nahebringen, die Nöte der Menschen und ihre Erwartungen nach bürgernahen und transparenten Entscheidungen thematisieren und in diesem Sinne vermittelnd und mobilisierend in Entscheidungsfindungen eingreifen.

Es ist darüber hinaus eine zentrale Aufgabe politischer Bildung, den Vereinigungsprozeß für die Menschen in Ost und West begreifbar zu machen. Das erfordert ein aktives und verstärktes Aufeinander-Zugehen.

6. Die kritische Aufarbeitung der deutschen Geschichte ist eine zentrale Aufgabe der politischen Bildung.

Politische Bildung muß sich mit den totalitären Erfahrungen intensiv auseinandersetzen, damit durch die Erinnerungsarbeit die Irrtümer der Vergangenheit künftig vermieden werden können. Die Zentralen für politische Bildung arbeiten eng mit den Gedenkstätten zusammen.

7. Die politische Bildung verfügt über vielfältige Methoden und Arbeitsweisen

Das Profil der Arbeit der Zentralen ist gekennzeichnet durch

- Tagungen, Seminare, Foren, Kongresse und Studienfahrten
- Publikationen zu wichtigen Themen
- Lehr– und Lernmittel zur politischen Bildung
- Entwicklung neuer Methoden und Nutzung neuer Informations-vermittlungstechniken
- Ausstellungen und Wettbewerbe
- Aufbau und Koordination eines Netzwerks der politischen Bildung
- Unterstützung und Förderung eines pluralistischen Bildungsangebots

Den Zentralen für politische Bildung kommt mit der Vielfalt ihrer Methoden und Arbeitsweisen sowie ihren Möglichkeiten, diese auch künftig weiterzuentwickeln, eine unverkennbare Funktion zu, die nur von ihnen erfüllt werden kann.

Auf der Basis dieses Positionspapiers leisten die Landeszentralen und die Bundeszentrale für politische Bildung eigenverantwortlich ihre gemäß den jeweiligen rechtlichen Grundlagen spezifische Arbeit.

Gewiß läßt sich der Ertrag politischer Bildungsarbeit nicht mit ökonomischen Kategorien von Input und Output berechnen. Ebenso können kurzfristige Effizienzüberlegungen kein taugliches Kriterium für politische Bildungsarbeit sein. Dennoch ist sicher: Bildung verändert

Denken und Verhalten der Menschen, vermittelt Orientierung und ist damit eine Investition für die Zukunft. Bildungsarbeit – d.h. Entwicklung von Materialien, die Bereitstellung eines pluralen Informationsangebots, die Durchführung vielzähliger und verschiedener Bildungsveranstaltungen – erfordert einen hohen finanziellen Aufwand. Eine ausreichende materielle Ausstattung ist daher Voraussetzung für eine erfolgreiche politische Bildungsarbeit in öffentlicher Verantwortung. Gelder, die in die politische Bildung investiert werden, tragen gute Zinsen.

찾아보기

ㄱ

ㄴ

ㄷ

ㅁ

ㅂ

ㅊ

ㅌ

ㅍ

ㅎ

[저자 소개]

■ 정창화(Chang-Hwa Jung)

- 한국외국어대학교 독일어과 졸업
- 독일 슈파이어(Speyer) 국립행정대학교 행정학 석・박사(Dr. rer. publ.)
- 한국행정연구원 수석연구원
- 한독사회과학회 회장 역임
- 한국조직학회 회장 역임
- 한독정책연구소장(2017–현재)
- 현) 단국대학교 행정학과 교수

[저 서]

『조직학의 주요이론(법문사, 2019)』
『국가와 좋은 행정(서울대 출판부, 2017)』
『한국 행정관료의 혁신과 통일준비(아시아, 2016)』
『독일의 입법평가지침에 관한 연구(한국법제연구원, 2009)』 외 다수

E-mail: speyerjung@dankook.ac.kr

■ 허영식(Young-Sik Huh)

- 서울대학교 독어교육과 및 동 대학원 사회교육과 졸업
- 독일 프랑크푸르트(Frankfurt)대학교 사회과학부 철학박사(Dr. phil.) (사회과학교육학 전공)
- 한국민주시민교육학회 회장 역임
- 한독사회과학회 회장 역임
- 현) 청주교육대학교 사회교육과 교수

[저 서]

『다양성과 사회통합 사이에서(박영스토리, 2019)』
『다양성과 세계시민교육(박영스토리, 2017)』
『다양성과 간문화(박영스토리, 2015)』
『다문화사회와 간문화성(강현출판사, 2010)』 외 다수

E-mail: huhyousi@cje.ac.kr

문답식 민주시민교육 60選

2021년 1월 10일 초판 인쇄
2021년 1월 15일 초판 1쇄 발행

저 자 정 창 화 · 허 영 식
발행인 배 효 선
발행처 도서출판 法 文 社

주 소 10881 경기도 파주시 회동길 37-29
등 록 1957년 12월 12일/제2-76호(윤)
전 화 (031)955-6500~6 FAX (031)955-6525
E-mail (영업) bms@bobmunsa.co.kr
(편집) edit66@bobmunsa.co.kr
홈페이지 http://www.bobmunsa.co.kr

조 판 법 문 사 전 산 실

정가 24,000원 ISBN 978-89-18-91165-6